U0598744

# 一招成名

## 网红经济浪尖上的人物 IP

大 尤 德 叔 赵 敏 著

电子工业出版社·
Publishing House of Electronics Industry
北京•BEIJING

## 内 容 简 介

移动互联网去中心化的众媒体时代，品牌所代表的心智资源已然由人物IP逐步接管占据。本书先是解读了泛IP的发展，分析泛IP时代人物IP化的必要性，阐述了人物IP化营销的好处、人物在IP化过程中的重要地位及个人品牌如何通过魅力营销占领心智；然后展示了人物IP化方法论的四部曲：定位、塑造、发布、传播。并从内容生态、人格化营销、IP预热和引爆、IP内外兼修的沉淀及用户转化等方面展开论述，进一步地梳理了人物IP化操作的具体步骤和关于IP化内容创业、科技创业和教育创业的路径解析。最后通过典型案例剖析了人物IP化的不同呈现。

本书适合想要塑造自我IP形象、挖掘IP价值红利的中小型企业创始人及对此方面有需求的朋友阅读。

**图书在版编目（CIP）数据**

一招成名：网红经济浪尖上的人物IP／大尤，德叔，赵敏著. —北京：电子工业出版社，2016.8

ISBN 978-7-121-29241-5

Ⅰ. ①一… Ⅱ. ①大… ②德… ③赵… Ⅲ. ①网络经济—研究 Ⅳ. ①F062.5

中国版本图书馆 CIP 数据核字（2016）第 149381 号

策划编辑：董亚峰
责任编辑：董亚峰　　文字编辑：徐　烨
印　　刷：三河市双峰印刷装订有限公司
装　　订：三河市双峰印刷装订有限公司
出版发行：电子工业出版社
　　　　　北京市海淀区万寿路 173 信箱　邮编　100036
开　　本：720×1 000　1/16　印张：23.25　字数：380 千字
版　　次：2016 年 8 月第 1 版
印　　次：2016 年 8 月第 2 次印刷
定　　价：58.00 元

凡所购买电子工业出版社图书有缺损问题，请向购买书店调换。若书店售缺，请与本社发行部联系，联系及邮购电话：（010）88254888，88258888。

质量投诉请发邮件至 zlts@phei.com.cn，盗版侵权举报请发邮件至 dbqq@phei.com.cn。

本书咨询联系方式：（010）88254694。

从微博开始，社交媒体逐渐取代传统媒体，成为公众获取信息的主要渠道。以人为信息中介的传播生态愈演愈烈，众媒时代已然来临。

在众媒时代，能连接更多人的人，便成为稀缺的传播资源。但真相还不仅如此，因为人是活生生的，有意识，有灵魂，有爱憎，有专长，人不可能成为一个商品，却可以喜欢一个商品或品牌，可以喜欢一种生活方式，可以引领一种观念认知。

相对的，人就取代了品牌，成为更适合社交生态，备受关注跟随的对象。那些拥有巨大粉丝量，且可以在某一个领域占领用户心智的人，我们称为人物 IP，I Park In Your Mind。

因此，人物 IP 和网红是决然不同的两个概念。我们在 2015 年首次提出"人物 IP 化"、"一招成名"、"IP 化营销四部曲"的概念，正是基于对整个行业的深刻认知。

换言之，网红可能是时代、媒介、呈现、模式变化形成的产物，安迪·沃霍尔曾说，在未来，每个人都能成名 15 分钟。要摆脱这种精彩转瞬即逝的魔咒，就必须遵循人物 IP 化的四部曲：定位、塑造、发布、传播。

人的意识是一个奇怪的东西，我们对自己喜欢的人所说的事情，会产生一种信赖感，虽然不知道其深层理由，不过它却强大到足以促使我们行动。从20世纪90年代的蔡澜，到当红的咪蒙、同道大叔、罗振宇，无不深谙个中道理，他们的影响力，至今不衰。

人物IP化四部曲，本质上是一个方法论，是极尽全力强化公众认知观感上的辨识度，并全力获得更多喜欢和赏识你的人群的一套行之有效的步骤。这涉及人物IP的底层构建，涉及人物的文化底蕴、价值观理念，从深层次唤起人们的情感共鸣和价值认同，这是个人品牌魅力的核心所在。

归根结底，IP化的终极目的，并不仅仅只是颜值、内容、宣传的斗争，而是大众感知的斗争。一个成功的人物IP，能够凭借自身的个人魅力，收获精准粉丝，挣脱那些单一平台的束缚，实现多平台多场景分发。同时在跨界拓展中有能力维系粉丝忠诚度，并以此延续大众感知的生命力，最大限度地获取多元化的IP认知红利。

同样的道理，随着中心化媒体的失效，企业家IP化也成为市场营销的杀手铜。乔布斯就重新定义了发布会，并把企业家IP化发挥得淋漓尽致，他苛求细节和近乎偏执的要求，把苹果推向了世界第一品牌的宝座。

中国企业家也越来越多地通过个人品牌魅力诠释企业和产品的价值内涵。乔布斯重新定义了手机，表现出对产品极致的追求；雷军重新定义了安卓手机，表现出发烧友级的热情；贾跃亭重新定义了生态，表现出对商业版图的雄心；罗永浩重新定义了手机设计，表现出匠人的情怀；傅盛重新定义了逆袭的创业精神，表现出百折不挠的坚持；就连诸多争议的董明珠，也重新定义了传统制造业，表现出对质量的把控和女性的坚韧。

人物IP化营销四部曲，无论是占领用户心智的准确定位、核心价值观的诠释、品牌势能的蓄积和拉动，还是人物IP和内容的多平台宣发，都是为了抓住品牌势能爆发的最佳时期借势推广，促成口碑效应的持续发酵，维持粉丝的黏性和忠诚度，在爆款之后多元化撬动 IP 红利。

为了清晰解读人物 IP 的概念，基于我们十几年专注新媒体的从业经验和深度行业观察，我们将本书分为 7 章，循序渐进地层层揭开人物 IP 的面纱。第 1 章探讨 IP 的定义，解读泛 IP 的概念和发展；第 2 章分析泛娱乐时代 IP 化的必要性、IP 孵化的多平台生态圈；第 3 章阐述人物 IP 化营销的好处、人物在 IP 化过程中的重要地位及个人品牌如何通过魅力营销占领心智；第 4 章全方位展示人物 IP 化方法论的四部曲，探讨人物 IP 化的心智卡位、内容诠释的载体选择、一鸣惊人的发布以及宗教热情般的传播；第 5 章进一步理清人物 IP 化操作的具体步骤，从内容生态、人格化营销、IP 预热和引爆、IP 内外兼修的沉淀及用户转化等方面展开论述；第 6 章是关于 IP 化内容创业、科技创业和教育创业的路径解析；第 7 章通过案例进一步剖析人物 IP 化的不同呈现。

实际上，在移动互联网高速发展的今天，微博、微信、今日头条、喜马拉雅、知乎、直播平台、视频门户和各种或大众或小众的社群网络纵横交错，已经形成一个潜能巨大的平台生态圈。

这是一个信息碎片化、抢夺注意力的网络环境，一个人人都可能一夜成名、全民争当网红的时代，一个 IP 为王的时代。在这个时代，能否成功品牌 IP 化、能否急速凝聚粉丝，关键是能否拥有独特的"一招"。

因此我和赵敏、德叔创立了"一招"，将我们在新媒体领域的十多年经验、感悟和理论以直播教学的方式进行沉淀、传播和迭代，我们希望通过输出正确的营销新认知，为更多企业家、创业者和市场人士寻觅到行之有效的方案。

我们同时通过"一招成名"，在人物 IP 化领域积累了丰富的案例和经验，逐渐形成了自己的运作体系，并拥有成熟的人物 IP 生产线。

本书的出版，是业内多方促成的绝佳机缘，也是我们成果的总结。我们希望借此机会，与更多的在各自领域拥有独特一招的人，有更多的交流，甚至达成合作。如果本书可以抛砖引玉，获得更多专业人士的参与和不吝指正，那是我最感开心的事情了！

感谢一招的众多合作伙伴及我最好的创业拍档赵敏和德叔，感谢一直以来努力奉献自己智慧、越战越勇的团队成员，感谢为本书出版辛勤付出的出版社工作人员！

只是把事情做正确是不够的，因为你缺少独一无二的东西。假如你有这一招，这个时代所赋予的最大机遇，就在你的眼前。

一招科技创始人 大尤

2016 年 7 月

于 北京

# | 目　录 |

Part 1

# 人物IP开启知识变现时代

乔布斯以超凡的偶像号召力成为消费者眼中的万人迷，"乔帮主"独特的个人魅力成就了苹果的品牌拓展；董明珠将自己打造成坚韧的女企业家形象，强悍的个性标签成为格力空调的无形财产；俞敏洪通过21年的耕耘向数亿人次输出自己的价值观与认知理念，以企业品牌的布道者角色引领整个新东方的品牌扩展及产品延伸。

移动互联网去中心化的众媒体时代，品牌所代表的心智资源已然由人物IP逐步接管占据。从乔布斯到贾跃亭，从董明珠到雷军，从王健林到王思聪，人物IP营销时代已然开启。企业不能再像以往那样，依托冰冷的产品、依靠中心化媒体，完成产品、品牌的传播。人物IP营销是依据自身的人格化魅力，实现多平台分发，收获最佳的用户转化效能的营销。人物IP营销所具有的独特人性魅力，让产品和品牌更容易在情绪上感染用户，进而传播得更远，体现出无比强大的影响力。

人物IP化让默默无闻的创始人声名鹊起，让业绩一筹莫展的CEO华丽转身，让名不见经传者成为行业的品牌领袖。

人物 IP 因其强烈的个人特质和持续的关注热度，能够调动起粉丝的情绪资本，让粉丝流量转化为生产力，这昭示一个 IP 红利时代盛宴的开启。"互联网+"刚刚风起云涌，"IP+"时代就这样不期而至，一名普通创客明天就可能摇身变成众媒时代的人物"IP 范"。

"IP 是什么鬼东西，是网络地址吗？"2015 年 8 月 18 日，在华谊兄弟的北京发布会上，张国立问起冯小刚对 IP 的想法时，冯导不假思索地给出了冯氏答案。

那么，IP 到底是什么？在网络文学、泛娱乐化生态链条和人物领域中，IP 都传递出一个什么样的概念？我们将对此做出层层推进的解构分析。

# 解构IP：优质内容成就IP策源地

普罗大众早期对 IP 的理解，主要来源于知识产权（Intellectual Property）的缩写和认知，人们在生产劳动的过程中，对自己创造的智力成果享有独有的专属财产权利。这项专有权利被大众认可，并被法律法规所保护，体现出智力成果也就是知识产权的专有特性。换句话说，IP是被套上法治"紧箍咒"的知识所属权，保护的是权利人的"智力成果权"，一般只在有限时期内有效。一般意义上的知识产权涵盖著作权和工业产权，前者也可理解为版权，后者主要包括发明专利、注册商标等。

因独享而衍生的"无形"资产，是知识产权的一个重要特点，正因为"无形"而导致权利的归属难以驾驭，容易酿成纠缠不清的产权纠纷。在泛化的 IP 概念中，无论是概念 IP、内容 IP 还是人物 IP，都依然继承知识产权的这种"无形"属性，为 IP 化提供多平台跨界的广阔延伸性。

专利权的概念起源于英国，就是"我发明的，你不能据为己有"。1331年，英王爱德华三世谕授佛兰德的工艺师约翰·卡姆比"独专其利"，以表彰其先进的染织和缝纫技术，激励工艺师们精益求精。1474 年，威尼斯颁布了第一部最接近现代专利制度的法律，成为第一个建立专利制度的国家。1898 年，"戊戌变法"中光绪皇帝签发《振兴工艺给奖章程》，奖励新学人士，是中国历史上第一部专利性质的法规。

著作权又称版权（Copyright），简而言之是"我写的，你不能擅自抄袭"。著作权是指所有者对诸如文学、艺术和科学作品这一类的具有独创性的智力成果，在财产权利和精神权利上享有法律保护。世界上第一部版权法《安娜法》，是由英国议会在 1709 年通过的，正文第一条就指出作者是第一个享有作品产权的人。

在中国泛娱乐产业链条中，网络文学是 IP 生态发展的核心，对电影、电视、戏剧、游戏等不同领域的授权改编权，体现出版权的内涵。网络文学的优质内容 IP，可以被影视公司、游戏公司或其他公司二次开发，在多个领域延伸，赋予传统 IP 价值扩展的空间。

网络文学成为原创内容的发源地，人气最旺的网络小说几乎是热门 IP 的代名词，甚至出现了"得 IP 者得天下"的论调。各大影视公司燃起网络小说争夺战的硝烟，授权改编热哄抬了网络小说的"物价"。

但在影视娱乐圈内，IP 又不是简单的知识产权概念，其外延被大大拓展。IP 是一个可以反复开发并跨平台进入不同领域的优质内容，它可以是一个来自文学作品、电影、电视、漫画、动画、话剧、游戏中的人物形象，也可以是一个被大众关注的人物或团体。只要有足够的粉丝基础，IP 就可以衍生开发出影视、游戏、音乐、周边创意等各种文化产品。

IP 在中国刚刚兴盛两三年，但在国外影视娱乐圈内却不是一个新鲜事物。在美国好莱坞，迪士尼、漫威等公司都是 IP 开发大师，迪士尼的白雪公主、灰姑娘等形象经久不衰，卡通大片《冰雪奇缘》中的艾莎和安娜的形象，横扫图书、文具、服装等衍生品市场；漫威打造了近百个强势 IP 形象，如奇异博士、再生侠、蜘蛛侠、钢铁侠、美国队长、银河护卫队等超级英雄，也被泛娱乐化跨界延伸，开发成不计其数的系列电影、游戏以及周边衍生品，形成多元变现的泛娱乐生态圈。同样，在日臻成熟的日本 ACG 动漫产业链中，一部大量凝聚粉丝人气的漫画，也会被改编成动画或游戏以形成品牌势能，然后延展到影视领域实现 IP 引爆。

总而言之，在影视娱乐领域，IP 首先应该是具有重复开发能力的原创内容，如果不能被重复开发，IP 就不能重复衍生商业价值，也就难以产生经济效益。

其次，IP 还须具备多平台分发优质内容的能力，好的内容只能吸引粉丝的注意力，只有多平台多场景延伸，才能将博眼球的注意力升华为博品牌的影响力，并将这种影响力扩展到其他多个领域，形成跨界的多元化产业生态圈，并在跨界转化中实现"多元变现"。多元变现的主要出口是游戏和电影。

## 1.1.1 游戏衍生品让"IP 魔力"突破码字结界

有人说，2014 年是 IP 元年，2015 年是 IP 爆发年。所谓的 IP 爆发，归根结底是网络小说的大爆发。网络小说 IP 的价值在于粉丝点击量，没有粉丝热捧的网络小说往往半途而废，很难持续到创作完成。

与传统文学创作截然不同的是，网络小说是文学商品化的产物，从创作之初骨子里就透着商品属性，读者和作者之间是沟通互动、共同创作的关系。粉丝是衣食父母，这是网络作家最深刻的体会。那些能积累巨大粉丝量的小说，必然有别具特色的人物塑造和引人入胜的情节构思，符合某类社会人群的欣赏需求。

网络文学已经兴起十多年，兴起之初被视为非主流的低端消费品，属于部分人的娱乐消遣，不具备太多的欣赏价值和商业价值。

曾几何时，网络文学成为许多新手的文字"练靶场"，成为鱼龙混杂的码字场所，因此沦为"垃圾文学"和"快餐文学"。海量写手的涌入导致写作内容的同质化，文字堆砌的是情节相仿的故事，而不是文化底蕴和思想结晶。

随着时代的变迁，作为网络小说的主要读者群，80 后和 90 后年轻人渐渐成为主流文化消费者，带动网络文学从小众爱好的亚文化升级为大众主流文化；同时，硬件载体的迭代发展，也给网络文学的兴盛起到催化剂的作用，尤其是智能手机和平板电脑的出现，掀起移动阅读的风潮。

起点中文网创办者、现任阅文集团 CEO 的吴文辉，亲历网络文学在2013 年前后的巨大变迁。据他回顾，2013 年之前网络小说是少有人问津的"门前冷落"，2014 年后行情看涨，变得"洛阳纸贵"。目前，排在起点中文网前 50 位的作家，都有作品被改编成影视剧的机会，将来网络小说跨界延伸的前景更加广阔。

2015 年，影视娱乐界已开始热炒 IP 概念，质量好的网络小说变得奇货可居。《致我们终将逝去的青春》，从网络小说改编而成的强势 IP，凭借"青春"、"校园"、"恋爱"，轻取获得 7.2 亿元的票房，令网络文学热门 IP 变得趋之若鹜，成为受资本市场青睐的"点金石"。

这些热门 IP 是自带粉丝的重量级人气作品，即使没有偶像级明星参演，也会因本身的品牌势能效应，形成巨大的票房号召力。由网络小说改编的电影《左耳》，就是弃用明星效应，全部用新人担纲表演，结果票房收获 4.5 亿元，令人感叹势不可挡的"IP 魔力"。

同样有一部讲述青春故事的爱情电视剧《何以笙箫默》，也体现了 IP 营销的非凡之处。演员高颜值担当、顾漫同名小说改编，都给这部电视剧加分加彩。从 2015 年 1 月在江苏卫视和东方卫视首轮播出后，收视率一路飙升，截至 2015 年 3 月 2 日网络总播放量刷新纪录突破 64 亿，集均播放量超过 2 亿，集均播放量和总播放量均为现代剧第一，"何以体"也被广泛效仿和应用。

另外，在 2015 年最受观众期待的电视剧排行榜中，以《花千骨》《芈月传》为代表的热播剧，几乎都由网络小说改编而成。被誉为"小言情剧天后"的顾漫，其 2003 年开始创作的小说《何以笙箫默》，电视剧版权费高达七位数。

为了争夺热门 IP 的稀缺资源，许多影视公司开始囤货，有的还待价而沽"倒手转卖"。从《甄嬛传》《古剑奇谭》《花千骨》到《何以笙箫默》，这些现象级改编剧反复印证一个道理：IP 在手，无往不利。同样，游戏领域也掀起了追捧 IP 的浪潮。

热门 IP 在中国影视娱乐市场号令天下，很大程度上得益于 2013 年游戏产业的兴起。《西游·降魔篇》和《西游记之大闹天空》，选取西游题材 IP 孙悟空，唤起新旧几代人的回忆和激情，短期积聚大量人气，豪取 10 亿元票房，引爆势能后都选择进军游戏领域，实现在多种媒介之间的跨平台转换，被认为是国内电影市场上的"超级 IP"。

同时，在蓬勃发展的中国网络游戏产业中，热门 IP 已经成为不少游戏厂商眼中的"金矿"，他们通过挖掘游戏 IP 的潜在商业价值，开发围绕游戏 IP 的周边衍生产品，从一个环节爆款带旺整体产业链条。

目前，众多网络文学 IP 改编游戏和电视剧的势头不减，网络小说 IP 越发受到追捧。对手游来说，IP 最高的小说则是那些正在连载中的当红网络小说。

起点白金级作家天蚕土豆的巅峰作品《大主宰》，百度指数值高达 260

万，多次蝉联百度小说榜首，成为最强玄幻类 IP。以其为蓝本打造的 2016 年游戏大作《全民大主宰》，在 2015 德国科隆展荣获最佳移动游戏提名，并在 2016 年东京电玩展期间多次获日本权威媒体强力推荐。而且，该手游正在筹拍小说的同名大片，在电影等不同领域延展其商业价值。

超强 IP 源自超强作者，天蚕土豆在 2009 年创作的《斗破苍穹》，点击率高达一亿四千万，长期占据百度热门小说搜索第一位；2011 年创作的小说《武动乾坤》发布后，短短数月点击量就突破 3200 万，稳居百度搜索风云榜小说榜单的前三名；2013 年，小说《大主宰》更是创作成熟后的问鼎之作，堪称一部真正现象级的人气小说。

2014 年，手游行业加入抢购热门 IP 的阵营中，在经典动漫、热门影视和网络小说中诞生的强 IP 骤变新宠，成功卡位粉丝心智，成为稀缺 IP 资源，引得各大游戏厂商竞折腰。

在内容 IP 的原创性上，网络文学独占鳌头。2015 年，网络小说 IP 改编成手游的热潮袭来，授权价一浪高过一浪，一年暴涨 10 倍者屡见不鲜，有些作品甚至拍卖出百万元级版权费。2015 年下半年，这种上涨趋势仍然不减，500 万元已是部分"大神"级作者的作品起拍价，凸显网络小说 IP 的强势地位。

2014 年 8 月 1 日，盛大文学举办首届"网络文学游戏版权拍卖会"，谁能想到，拍出了 810 万元手游改编权的网络文学作品，竟然只有书名，内容尚未落笔。有一部比起拍价高出 70 万元成交的网络文学作品，吸引了 20 多家知名公司的关注抢拍，其总字数也不过 24 万。盛大文学与纵横中文网的精品作品共同参与了版权拍卖。《不败王座》、《雄霸蛮荒》、《大圣传》等 6 部作品拥有庞大的粉丝基础和千万级的网络点击量和付费订阅次数，被游戏公司和投资公司相中，累计拍卖价格达到 2800 万元。

网络小说作家方想的作品《不败王座》，其手游改编权拍出 810 万元的高价，被一家手游公司竞拍夺得。蝴蝶蓝《天醒之路》的手游改编权以 465 万元拍出。白金作家耳根的转型问鼎之作《我欲封天》，以 665 万元的天价在盛大文学游戏版权拍卖会上拍出，他在起点中文网发表了三本百盟书，文学 IP 的价值让人不由惊叹。80 后网络小说作家唐家三少也是网络文学界的一块金字招牌，粉丝铺天盖地。他的第 4 部作品《惟我独仙》，是他第一部仙侠小说，以 500 万元的高价版权费拍给游戏厂商。

拍卖本是艺术品和奢侈品的竞技场，如今成为"轻资产"网络文学版权的舞台，这是因为游戏厂商看重网络文学 IP 的潜在商业价值，将 IP 自带的粉丝流量实现跨领域变现。

当前，网络小说是以 IP 为核心的文学商业化，这种模式下创造出来的作品内容，不仅仅是原创内容，同时还连带了网络社区、粉丝流量、社群属性等数据，天生就具有商业潜力和开发前景。盛大文学 CEO 邱文友认为：由于原创作品拥有大量的基础粉丝，有着精准营销的基础，这些数据在文学 IP 衍生产品的开发上的应用，将会降低 IP 衍生产品开发风险，同时还会有更多的衍生商机。

在这里，IP 等同于内容，IP 就是小说、剧本、游戏、模式这样的内容源，只要其中一项内容形式形成品牌价值，其余衍生产品也就依次蔓延，在整个产业链条中实现跨平台延伸。

## 1.1.2 影视争夺 IP 瞬间白热化

从个人计算机时代的网络文学到如今移动时代的网络文学，经历着阅读载体的变迁，还有付费阅读到免费阅读的变迁。但天下没有免费的午餐，免费所衍生的长尾生态价值变现已进入行业视野，价值势能的释放如箭在弦。火爆 IP，非最具人气的网络小说莫属。

纵观 2015 年最具人气的电视剧榜单，以《芈月传》《花千骨》《盗墓笔记》《何以笙箫默》等为代表的热播剧，无一不是由网络文学作品改编而来，网络文学 IP 已然占领大半电视剧市场。

痞子蔡（蔡智恒）的成名作品《第一次的亲密接触》，是网络小说改编成影视剧的先驱。2015 年前，百余部网络小说单凭影视版权就获利颇丰，时代背景跨度大，题材选择各有千秋。在网络小说 IP 承包电视剧荧屏的追风热潮中，《琅琊榜》异军突起，成为这股浪潮中的佼佼者，以高颜值演员唤起明星号召力，以大制作团队打造影片质感，占尽收视率，又赢得口碑，获得收视与口碑的双丰收，傲视群雄，颇有谁与争锋的架势，令人惊讶这是哪来的一股"邪火"。

然而，《琅琊榜》的火爆并非没有原因，高收视率的背后是成功的 IP 化运作。《琅琊榜》的制作团队来自山东影视传媒集团，该集团早前的多部精品剧大多来自原创作品，从未涉猎过网络小说的改编。《琅琊榜》就是该公司在网络文学 IP 兴盛大环境下的试水之作。

当前大环境下，网络小说改编成影视剧的代价并不低，仅版权授权费用就是很大一笔开销，如果不是《琅琊榜》拥有庞大的粉丝基础，就不会有未播先红的粉丝红利出现，影视作品制作与发行的成本就会很高，能否正常上线还是个难题。所以各大影视、游戏公司不惜血本抢夺热门 IP，也在情理之中。

《琅琊榜》套用的是"高颜值+大制作+高成本"的 IP 转化模式，这也是行业内不少人认可的成功赚钱公式。

很多影视公司在取得文学 IP 的改编权后，都会邀请原著者出任影视作品制作过程的重要角色，因为这样在尽量保持原著风格的同时，又可以最大限度地挖掘原作品的粉丝群体。《琅琊榜》也不例外，编剧就是原作者海宴。为了尽可能地挖掘《琅琊榜》的 IP 势能，制作过程也投入巨本，资金成本一加再加，甚至超过了演员薪资，单集成本 200 万元左右。

山东影视传媒集团选剧本看中的是网络小说的 IP 价值，在买下《琅琊榜》版权后四年磨一剑，不仅进一步梳理和整合书中人物的情感关系，强化原著中略显薄弱的语言表述，还从剧本打磨到拍摄制作的流程中精耕细作，完全采用传统正剧的制作模式。

所以，《琅琊榜》的 IP 化运作不是简单的"炒热饭"，还体现了一种匠人精神。制片方最初选择购买《琅琊榜》，并非仅看中原著的粉丝流量基础，还有其内容的影视化跨界潜力，这种潜力的开发需要精良制作。

经过精心打造的《琅琊榜》在国内外热评如潮。山东影视传媒集团的 IP 化运作成效显著，收回上亿投资后又能赚得盆满钵满，《琅琊榜》的未来 IP 价值还将在游戏等领域持续延烧。《琅琊榜》的成功运作，说明大视频及娱乐产业正经历现象级节目模式的探索与开发，在商业链条层面更加重视强势 IP 的多元化开发。

目前，影视行业自身 IP 资源的增长能力，已经完全无法满足行业整体爆炸性发展的现状。有视频网站负责人表示，过去 20 年积累的 IP 开发集中度在 2～4 年，短短几年就会把过去几十年积累的 IP 全部开发完。IP 之争已进入白热化，一夜之间可能从蓝海跨入红海。

### 1.1.3 粉丝变现集体供养明星 IP

影视明星 IP 拥有大量的"死忠粉"，而粉丝流量就是金钱。拥有巨大粉丝号召力的明星本身就成为一种生产力，将粉丝流量通过各种渠道多元化变现。这种"明星驱动 IP"的商业模式，是拓展明星自带的粉丝经济，近一段时间在中国的影视投资市场上变得火热。

2015 年 11 月，华谊兄弟入股冯小刚担任控股股东的东阳美拉，收购这家 2015 年 9 月才成立的公司的 70% 股权，令资本市场为之惊艳。华谊兄弟曾坦诚，对目标公司进行股权收购，是华谊兄弟"明星驱动 IP"商业模式的延续。

同样，唐德影视在登陆创业板之时，引入范冰冰等演艺人才作为公司的直接或间接股东，也是看中明星 IP 的粉丝号召力。范冰冰以 291 万元的价格认购 128.99 万股，其他众多影视明星也成为唐德影视的股东。唐德影视在招股书中直言不讳，公司吸引范冰冰等演艺明星入股，希望利用他们的明星 IP 效应，引导影视产业链上下游重要资源的整合，利于公司的持续经营和发展。

范冰冰身上蕴藏的粉丝经济魔力，在《武媚娘传奇》这部电视剧上充分显现，尽管优秀编剧资源和导演资源功不可没，但是范冰冰的明星号召力立竿见影。

有"范爷"雅号的范冰冰，给人性格豪爽的印象，塑造过金大班、武媚娘等众多"铁娘子"形象，以高冷女神风格示人，具有鲜明的明星 IP 特征。范冰冰拥有超过 4000 万的微博粉丝，堪称吸粉狂魔，她的一举一动经常占据娱乐新闻头条。范冰冰在时尚领域也颇具号召力，服饰穿着总能引起粉丝的追捧和效仿，其明星 IP 的商业价值潜力巨大。

从股权上"绑定"范冰冰，给唐德影视带来很多直接或间接的潜在利益。范冰冰就是一块金字招牌，如果范冰冰被锁定担任一部电视剧的主演，许多优秀导演就会趋之若鹜。

还有一个经典案例就是以杨幂为核心 IP 打造的电影《孤岛惊魂》。

杨幂主演的国产惊悚片《孤岛惊魂》，凸显明星 IP 的票房号召力，该影片预售票在一小时内宣告售罄，2011 年上映的首周便斩获 5000 万元票房，成为当年暑期档的最大黑马，最终以 9000 万元票房创造国产惊悚片的最高票房纪录。而这部惊悚片不过是小成本制作，投资成本不超过 400 万元，其成功的原因，就是女主角杨幂的明星影响力及其粉丝的热捧。

在杨幂的"死忠粉"中，有人连续 3 天泡在电影院，共看了 6 遍《孤岛惊魂》，有人成为《孤岛惊魂》的推销员，鼓动身边熟人进电影院看片，以表达对杨幂的"一片忠心"。拥有强大粉丝团的杨幂，其强 IP 价值岂是一般小演员可比。

从范冰冰和杨幂的例子可以看出，能够催生粉丝经济的影视明星 IP，需要具备独特的魅力输出和内容输出能力。一是高颜值的影视明星，更容易累积下超人气的粉丝群体。二是一位有内涵和出色演技的明星，能成为演艺圈的不谢玫瑰和不倒翁。三是培养自己的"故事范"。影视明星的亲情、爱情和友情故事，或催人泪下，或缠绵悱恻，或令人启迪，能让观众在感同身受的同时，更进一步增强对明星的亲切感和忍受度。四是激发情感共鸣让影视 IP"保鲜"。

比如施瓦辛格，把自己塑造成硬汉形象，刚韧、不屈；哈里森·福特，雕刻自己的铁血柔情，面对危难一怒为红颜。观众一旦感受到这种情感共鸣及对明星价值观的认同，就会产生一种持久的黏合力，形成影视明星 IP 最为核心的要素。

影视巨头早已将注意力瞄向了影视明星 IP 身上承载的粉丝红利，从好莱坞不遗余力地塑造影视明星 IP 上，可见一斑。好莱坞是全球明星云集的竞技场，在追求最高经济价值的好莱坞，看重的不只是颜值和演技，还有"名字"的流通价值，因为这是一个明星能够跨国界、跨平台延展的 IP 价值所在。所有的电影明星都是电影演员，但并非所有电影演员都是明星，其中一个不可逾越的鸿沟，就是你的名字够不够响亮，你的名字能够传播多远。

一部电影可以有成千上百位演员，但是叫得响的"名字"却是凤毛麟角，这些名字大多数情况下是想当然的主角，是具有票房号召力的稀缺资源。他们是票房卖点，是卖座演员中的高级精英。

好莱坞在打造明星 IP 方面也是不遗余力，演员的等级结构在各种场合下显露无遗，如在电影宣传海报上，明星的名字会出现在电影标题的附近，相当醒目。无论是演职员表排名、商业活动排名还是海报上的形象和位置，明星名字的突出安排，是最明显的符号化证据，代表着明星是用来刺激销售的名字。这个名字具有传播价值，这个明星成为一个可以辨认的价值符号和流通货币。

尽管明星不是直接的商品，到任何一家影院买票都不可能买到某位明星，但是明星的 IP 价值会引导消费者产生"买入"电影的冲动，明星的人气招牌吸引消费者花钱买票或者租买影碟，任何获得良好口碑和票房纪录的演员，都被赋予了符号化的身份定价。

在电影天堂好莱坞，无论拍摄何种题材电影，仅凭演员或导演个人的名字，就具有巨大的票房号召力，就能够为电影吸引到融资。重金打造一个"名字"，自然成为好莱坞市场营销的利器。

## 1.1.4　多平台认知输出撬动多元变现

我们认为，IP 是一种无形的文化资产。在文化认同成为最直接消费路径的网红经济时代，我们把 IP 解读为具象化进行心智卡位的品牌，即

I Park In You Mind（我占据你的心智）。人物 IP 输出认知、占领心智、引领消费。

人物 IP 输出的认知就是优质的内容，它可以聚集人气、覆盖用户、裂变传播，可以反复开发并进入不同领域，具有类似病毒式传播的自推广效应，实现跨平台延展、多场景呈现，形成生态化产业链条。所以，人物 IP 是粉丝经济的进化体，自带多元变现的营销红利。

综合而言，人物 IP 就是能够在多个领域反复开发的优质内容+多平台分发+多元变现+长期存活，优质内容能够袭领粉丝的心智，实现心智卡位。

人物 IP 与粉丝经济是双向互动的，粉丝流量是人物 IP 的支撑，给 IP 提供持续、足够的关注度；人物 IP 拓展粉丝经济，从粉丝流量中产生经济效益。

同时，在移动互联网时代，人物 IP 的作品更新速度和裂变途径能够放大功率，转化原生用户和新增用户，从而延续人物 IP 品牌的生命价值周期。

# 互联网 **IP** 营销考验粉丝忠诚度

移动互联网时代是"粉丝+"经济时代，IP 的营销红利与粉丝流量息息相关。决定网络小说跨界多元变现的，是粉丝数量与忠诚度+原创作品内容；决定游戏市场盈利的，是粉丝数量与忠诚度+游戏制作质量；决定电影票房和电视剧收视率的，是粉丝数量与忠诚度+明星知名度。

这种"粉丝+"带来的 IP 营销红利模式，开发的是粉丝的"情绪资本"。具有高度黏合度的粉丝，正是企业重点挖潜开发的优质客户。

## 1.2.1　立白：综艺冠名实现 IP 养成生态

立白冠名《我是歌手》，正是瞄准明星 IP 所承载的营销红利，而不仅仅是湖南卫视的强力炒作和节目创新所带来的巨大品牌关注。

许多冠名综艺节目的广告主都遇到这样一个困惑：自己冠名赞助的节目无论请多少大咖、再怎么火爆，自我品牌的关注度也不会等量挂钩，成为一个恶性魔咒。因为粉丝对娱乐的关注永远大于品牌。

立白在冠名《我是歌手》后也发现，品牌 IP 的养成，仅靠单纯的品牌曝光还远远不够，目标消费群体对品牌价值的认知十分混乱，对品牌 IP 所要传达的价值处于浅记忆状态。立白若想养成一个占领消费者心智的品牌 IP，就需要对节目中的明星 IP 营销价值进行深度挖掘。

发现问题之后，立白对《我是歌手》的前两季粉丝群体进行了数据分析，发现粉丝群体对节目的需求比预想的要复杂很多，单凭直播并不能准确地传达出品牌价值。粉丝们有自己的喜好，还需要情绪宣泄平台释放自己的情感，表达自己的感受。他们对喜欢的歌手会反复欣赏参赛歌曲，还会搜索喜爱歌手演唱过的其他歌曲，品阅相关视频和娱乐新闻。

综艺粉们的这些爱好，令立白感到发现了一块营销"金矿"，立白决定在这些粉丝们频繁出现的场景布局，展开潜移默化的情景渗透和情景融合，让粉丝们对明星 IP 本身的关注度，悄无声息地向品牌方向转化。立白依托 QQ 音乐的产品功能，分发节目音频、视频，吸引粉丝关注，同时在腾讯平台上营造热点话题，吸引粉丝参与其中。立白在粉丝们频繁出现的场景花了很多心思，重新布局，利用节目制造的明星歌手话题营销，最终实现了多场景的品牌传播和价值传递。立白还借助《我是歌手》的全网独家音频版权，在以明星 IP 搭载的社交互动平台上进行电视直播和音乐分享。节目播出期间立白发起活动，粉丝纷纷参与互动，《我是歌手》整个节目共吸引了高达 5498 万网友的关注。

立白在人物 IP 营销红利的开发上巧夺天工，让第 3 季中的 115 首优质好歌曲都携带着立白的品牌信息，不时亮相在爱音乐网友的 PC 端和手机屏幕上。含带立白品牌信息的歌曲播放总次数达 10 亿+，歌曲分享带来的次级传播量达 42 亿+，让立白的品牌得到了充分曝光。"参与+规则+最大化用户覆盖"，让立白冠名的《我是歌手》实现了 IP 养成生态。

## 1.2.2　乐视：自产自销"超级 IP 季"

乐视重磅推出"超级 IP 季"计划，将自制 IP 内容打包整合成视听盛宴，连续一个季度播放热门 IP 电视剧，反复开发影视人物形象 IP 的营销红利。这种套餐式观剧体验，让乐视用户大呼过瘾，同时也对人物形象 IP 的品牌价值进行了二次升级（见图 1.1）。

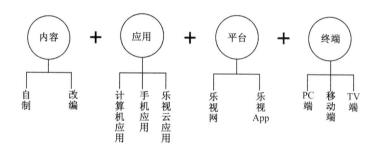

图 1.1　2015 年乐视"超级 IP 季"规划

乐视自制"超级 IP 季"概念，是根据大数据分析策略入手，为用户定制了三款不同的 IP 产品。一是将音频跨界转化为视频的《张震讲故事》，这是该有声品牌 IP 的首次影像转化，意图唤起 80 后难忘的青春记忆；二是热血校园巨制《我的老师是传奇》，作为 2014 年"网络剧王"的品牌 IP，该剧是根据热门小说《STB 超级教师》改编而成，播放量轻松破亿；三是《朝内 81 号》网络剧版，是根据知名网络作家于雷的同名小说改编，该网剧刷新国产惊悚票房的十几项纪录。

作为"超级 IP 季"中的重磅剧目，乐视自制出品的《朝内 81 号》以大投入、大制作、大 IP 成为标签，成为 2015 年规模最大的惊悚网剧。剧组斥资百万元，在天津 1:1 实景还原原著描述的鬼宅，以全电影制作班底组建团队，为该剧打造出惊心动魄的惊悚视觉效果。

乐视自制"超级 IP 季"意味深长。"季"代表时间和周期，意图在一个季度的时间里，集中呈现热门 IP 产品；谐音取"继"之意，暗合此次的 IP 网络自制衍生是品牌价值的延续；另一番含义是"绩"，代表成绩和纪录，是对乐视自制 IP 内容整合予以期许。

"超级 IP 季"依托的是"内容+应用+平台+终端"的乐视生态，力图最大化挖掘和转化影视剧 IP 价值，通过乐视网、乐视视频 App、乐视 TV 超级电视、乐视超级手机等终端为用户呈现极致的视听盛宴，实现与观众零距离的分享和交流，用乐视生态颠覆"大电影"的欣赏价值。

其实，中国文化传统源远流长，从群雄并起的春秋战国到清代的闭关锁国，蕴含取之不尽的人物形象 IP 资源，历史故事有《三国演义》《隋唐英雄传》等，社会生活有《红楼梦》《金瓶梅》等，神化传奇有《封神榜》《聊斋》等，爱情歌颂有《西厢记》《孔雀东南飞》等，英雄热血有《三侠五义》《白眉大侠》等，诸葛亮、李世民、贾宝玉、潘金莲、姜子牙、聂小倩、崔莺莺、焦仲卿、展昭、徐良等形象，在中国家喻户晓，在一代又一代人的记忆中延续，潜在 IP 红利巨大。

从乐视"超级 IP 季"的大胆尝试中可以看出，IP 整合和再造是打造超级 IP 的一个渠道，可以实现 IP 价值升级，保持人物形象 IP 的持久生命周期。

## 1.2.3 迪士尼：卡通 IP 的垂直一体化

每个人的梦中都有一个白雪公主，每个人的记忆中都有一个灰姑娘，这些都是迪士尼卡通明星 IP 化运营的结果。如今，爆款大片《冰雪奇缘》中的艾莎和安娜公主，又成为孩子们喜爱的卡通形象，两人的形象玩偶、贴纸图书和公主裙，成为同龄人争相追捧的消费品。

这些卡通片中的众多虚拟明星 IP，铸就了迪士尼的庞大娱乐帝国，是迪士尼造星模式下诞生的超级人物 IP。迪士尼将这些超级 IP 的品牌价值，向品类繁多的消费者领域扩展，每年仅授权消费品的零售总额就超过 400 亿美元，不愧为全球公认的 IP 运营巨头。

迪士尼卡通人物 IP 向消费品的垂直一体化延伸，涵盖玩具、服饰、派对饰品、书包文具、食品饮料、电子产品、家庭装饰和图书报刊。由于衍生品的延伸领域纵横交错，迪士尼专门成立消费品部，对庞大的分销渠道进行系统的品牌管理。

迪士尼卡通人物 IP 的品牌拓展如此广阔，是因为提前预想到消费品甚至主题乐园等衍生业务的跨界延展，在卡通片热卖之后接拍续集，不断试水票房市场和衍生品市场的需求饱和度。

《玩具总动员》连拍三部，因为巴斯光年的形象深入孩子们的童心，有关巴斯光年的玩具和图书至今还摆放在商场的货架上。《汽车总动员》虽然票房成绩稀松平常，但因为片中角色是绝配的车模玩具原型，因此在十年间规划出了三部曲。

迪士尼自制和收购 IP，通过联合制作、自主制作、授权制作，进入包括媒体网络、主题公园等发行系统，在其旗下各品牌网站、电视电台、第三方媒体、游乐设施、专营商店和第三方零售商进行传播、分销、零售。

正是因为迪士尼是卡通明星人物 IP 的制作、发行、渠道高手，使得迪士尼在电影、电视、音乐、游戏、舞台剧、图书报纸杂志和主题公园度假区，形成了 IP 商业运营最具代表性的全球传媒版图。

迪士尼打造了垂直一体化的产业链，这是为了保持核心竞争力，打造高品质的卡通明星 IP，也是为了提高产业效率，打造系统化的发行网络，从而覆盖更多的用户群体，实现规模经济、延长 IP 周期。

迪士尼的品牌授权战略，截至目前已有超过 100 年的历史，众多授权商织就了迪士尼纵横交错的庞大销售网络。迪士尼提升被授权方的本地市场知名度，进而借力打力迅速渗透当地的市场缺口，为迪士尼系列消费品开掘异域市场。

目前中国整个娱乐产业也正在发生翻天覆地的变化，成功作品很大程度上依赖于优质 IP。IP 资源正逐渐显示其所拥有的强大内容价值、粉丝价值和营销价值。而就在当下的泛娱乐化潮流下，各娱乐文化公司正朝着以 IP 为核心的全产业生态链方向发展。

国内影视娱乐产业对 IP 资源的重视始于 2013 年，以 IP 为核心的泛娱乐生态圈的打造还刚刚起步。不过，在生产制作、销售和宣发过程中，IP 逐渐开始居于产业链最顶端。在整个泛娱乐化的产业链条中，网络小说、电影、电视剧、游戏、漫画等的每一个环节，都可能孵化出爆款热门 IP，凝结着粉丝的高度关注，带有超高的话题性。

# 企业家 IP 重新定义品牌价值

乔布斯用品位重新定义了智能手机，表现出对产品极致的追求；雷军用小米社区重新定义了安卓手机，表现出发烧友级的热情；贾跃亭用垂直整合重新定义了生态，表现对乐视商业版图的雄心；罗永浩用锤子精神重新定义了手机设计，表现出匠人专注的情怀；董明珠用创新重新定义了传统制造业，表现出追求品质的坚韧。

一个属于企业家 IP 化的时代已经到来，成为超强 IP 的企业家和创始人，凭借已经积累的巨大粉丝流量，可以在多个平台分发内容，传递自己的品牌价值观，因此就拥有了更多的品牌曝光场景及产品宣传机会。

2016 年开启人物 IP 化的时代，我们正处于企业家 IP 化的红利期。每个企业家都应该静心思考，如何实现自身的 IP 化拓展，如何让自己的企业和品牌捕获这一红利，在社会化营销中开拓和转化用户，在"互联网+"模式下获得高速发展。

### 1.3.1 雷军：玩转粉丝共振唤起情感认同

微博有粉丝群，微信有朋友圈，众媒体时代的圈子非常重要。企业家若想实现自己的品牌自营销，必须依托圈子，没有圈子就如同无根之水，无本之木。现在是粉丝经济时代，凝聚粉丝流量是硬道理，增强粉丝黏性是关键。

所以，在小米成立早期，雷军深知粉丝用户是衣食父母、创业之源，每天都殚精竭虑地与米粉展开互动。米粉的抱怨仔细倾听，米粉的点赞欣然接受，而且无论是赞美还是怨言，雷军看到了都会顺手转发或予以评论。一旦有某个粉丝的创意引发触动，他会甘当伯乐帮助对方在论坛里迅速扬名，甚至还会邀请该粉丝加盟小米。雷军正是通过米粉所在的社区，广泛地收集信息，广泛地与粉丝接触，广泛地倾听网民心声进行产品迭代。粉丝互动唤起的情感认同，吸引了越来越多的"死忠粉"，雷军从而获得了自己的梦想赞助商。

### 1.3.2 董明珠：自带标签的 IP 励志传奇

为格力品牌进行人格化背书，频频上新闻头条展开自推广，将品牌的传播价值最大化，董明珠对眼球经济进行着最好的诠释。

董明珠为自己贴上"强悍女性"的标签，带着鲜明的个人品牌特征，与传统意义的女性定义划清界限。作为一位雷厉风行的女企业家，她不追求"高颜值"，也不在乎"亲和力"，用勇气、硬派、拼劲谱写企业家IP 的励志传奇，而这些也成为她的鲜明个性标签。她的霸气给外界留下深刻印象：这个女人走过的地方，寸草不生；还有人这样评价她的狠劲：霸道强悍，六亲不认。

"做，就做得彻底；做，就做得特别"。董明珠的幕后团队深谙这其中的法门：只有与众不同，才能让人刻骨铭心地记住。董明珠的自身特质被挖掘到极致，这种犹如"悍女"般的个性标签，确实令人印象深刻。

董明珠的职场生涯，堪称一部女性职场逆袭的励志传奇。36 岁的她走进格力，从一名普通业务员开始，创造了一个个商界奇迹，个人销售额曾高达 3650 万元，带领格力在中国制造业史上留下不少佳话，格力曾连续十年全国销量第一。

董明珠个人品牌的塑造，是将其个人的核心价值观予以提炼，坚忍不拔的执着与奋不顾身的硬气，与所代言的品牌达到气质契合，烘托出格力高举中国造、打造民族品牌的精神牌。近期，董明珠甚至开通了自媒体，她极具个性标签的 IP，无疑已成为格力宝贵的无形资产。

### 1.3.3　王健林：摘掉光环的超级 IP 更接地气

2016 年，万达集团内部新春联欢会上，一向不怎么在会议上高调唱歌的王健林，一曲摇滚《假行僧》，全球点击量 25 亿次。

王健林受到如此关注和追捧，不是因为他的唱功了得，而是他体现出的张扬个性。一边踮脚打拍，一边唱着"我要从南走到北，我要从白走到黑"，彻底颠覆了中国企业家埋头赚钱、韬光养晦的形象，给中国企业家的风格添上了真性情的色调，赢得了人们的尊重和喝彩。

随后王健林被百万数量级网友隔空喊话上春晚，体现了人们对中国企业家真性情、接地气的喜爱和赞赏。人们喜爱的不是一个冷冰冰的企业领导人，也不是一个高高在上的华人首富，当他褪去头上的"首富"、"企业家"的光环时，人们会发现王健林有着和普通人一样的爱恨悲欢，甚至唱歌还不如自己的时候，就会品味他的愉悦，触发心底的共鸣。

"超级 IP"王健林的诞生，不仅是他向人们灌输了他的创富理念和管理思想，重要的是他向企业家的整体形象注入了新的内容，那就是个性鲜明的个人品牌魅力，表现得不装腔作势，真实得有血有肉。

另外，图书《万达哲学》的畅销也彰显王健林的企业家 IP 魅力。这部书是王健林首次自述经营理念，道出这位超级 IP 的 60 载人生智慧，解密练就 5000 亿元企业帝国的制胜 DNA。《万达哲学》上市后持久热销，15 个月内国内销量就达 75 万册，这是很多畅销书都无法相比的。

王健林的背后有着一个传奇的万达商业集团，也有着一个传奇的万达故事。王健林和万达都是超级 IP，两个大 IP 组合在一起，就成了 CP 组合，注定会吸引不少人的眼球。28 年的辛苦奋斗，万达集团不仅完成了地方企业向跨国企业的巨变，还完成了耀眼的蜕变，在全球商业地产、文化产业领域发展迅速，战绩不凡。万达集团发展增速连续 9 年超过 30%，让民众对其成长充满了关注和好奇，都想了解为什么会如此迅速发家致富，《万达哲学》就成为他们希望了解万达背后故事的路径。

而且在这个需要新创富英雄的新时代，大众渴望倾听首富背后的创富神话，《万达哲学》热卖也就不足为奇了。

# 网红经济助燃人物 IP 多元变现

2015 年年度"十大流行语"排行榜上,"网红"一词荣登第九名,顾名思义,网红就是"网络上的被大众关注的人"。延续到 2016 年,网红的热度依然未退烧。多数网红都是草根,孵化的是"颜值经济",打造的是偶像崇拜。移动互联网时代从个性张扬、社交媒体到直播工具,都为草根网红成为人物 IP 提供了无限契机。而拥有巨大粉丝号召力的网红已经成为一种生产力,将粉丝流量用各种渠道变现(见图 1.2)。

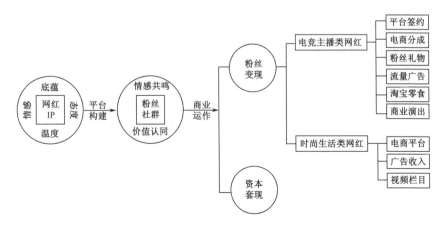

图 1.2  网红经济变现之路

## 1.4.1　从 1.0 到 4.0 时代，网红拉开全民娱乐大幕

1990 年，从榕树下到《第一次的亲密接触》，普通网民开始在互联网上文思泉涌，参与网络文学创作，以今何在的《悟空传》为里程碑开启了文学网红时代。2000 年后，网红 2.0 迎来网红"审丑"文化泛滥，罗玉凤和芙蓉姐姐等各路奇葩，因一系列雷人言论在网络上瞬间走红。在微博平台应运而生后，网红 3.0 揭开网络大 V 如潘石屹、李开复等意见领袖的面纱。而进入移动互联时代，网红 4.0 揭开了全民娱乐盛宴大幕，YY 娱乐当红女主播沈曼，发布星座漫画的同道大叔，王思聪的 90 后女友淘宝店主雪梨，以及 2016 年一拍成名的 papi 酱，一个团体运作、围绕网红孵化的网红经济产业链正在形成，网红的迅猛成长犹如雨后春笋。

### 1.　网红 1.0 时代：文学网红初见端倪

痞子蔡率先在网络上出名，1998 年《第一次的亲密接触》席卷中国各大文学网站，在全球华文地区掀起痞子蔡热潮，成为文学网红第一人。

痞子蔡的小说一石激起千层浪，催生了第一代粉丝热潮，全世界各地华文读者纷纷向他的邮箱写信，倾诉《第一次的亲密接触》的读后感，表达对痞子蔡的崇拜，自此开启了网络红人发展的先河。随后，宁财神、今何在、慕容雪村等纷纷在网络文学挥洒笔墨，红极一时。在《第一次的亲密接触》走红网络后，痞子蔡便开始网上创作小说，线下撰写学术论文，虽然战线拉长，但是仍然佳作频出。

安妮宝贝涉猎众多领域，也供职过很多企业，最终在文学网站落脚，代表小说有《七年》《告别薇安》《七月和安生》等，引发读者热评和追崇。今何在的成名作是《悟空传》，有着"网络第一书"的美誉，初期

见于网络时就引发大量粉丝群体聚集，成就了当时最高网络文章的阅读量，也带动了很大一批网络写手，成为中国网络文学史上的标志事件。

## 2. 网红 2.0：奇葩网红掀"审丑"趣味

2000 年后，政府对网络建设力度加大投入，网络带宽首次迎来加速，间接开启了网络图片时代。互联网世界开始变得鱼龙混杂，一些人为了网上出人头地，开始追求内容的争奇斗艳，诉诸个性化甚至追求恶俗化。丑态搞笑、言行奇葩的凤姐和芙蓉姐姐，开始在虚拟世界指点江山，成为 2.0 版网红的领军人物。

新千年后刚提速的网络世界相对浮躁，大多数网民都比较喜欢关注新奇事物。个性，就成为当时的代名词。只要极致地展示自己的个性，就能在浮躁的网络世界占据一席之地。网络作家木子美就是这段时间火热起来的，其代表作是《遗情书》，讲述自己的体验，在网上自爆与某摇滚乐手的"一夜情"细节，通过这种出格的异类方式捧红自己，当时一度被冠以"木子美现象"。

随后，炫富女、宝马女等接踵而至，系列草根红人粉墨登场，凤姐、芙蓉姐姐等更是将网络恶俗文化炒至极致，完全颠覆大众审美情趣，真是"不恶心死你，绝不罢休"。

同期也有很大一部分人凭靠雷人言论、奇装异服走红，典型的就是"凤姐"、"大衣哥"。凤姐自我吹嘘 600 年来无人能及，琴棋书画无一不通，智商也是前后 300 年无人可比，依靠奇言怪论吸引了不少注意力。2015 年 7 月，作为主笔，成功被某媒体签约。

## 3. 网红 3.0：微博霸占公众话语权

随着新浪微博、腾讯微博、网易微博、搜狐微博的竞争，微博氛围逐渐形成，一个新的网红世界悄然而生。从传统论坛、博客发展到微博，网络平台不断调适着普通民众的生活节奏，适时分享、适时引爆的热点事件层出不穷，段子手也纷纷涌现，大量金句在网上流传，满足了人们的娱乐需求。

由于微博的短小精简，它给予网民更多的随意发声和讨论的舞台，交流互动变得更加轻松惬意，极大地激活了粉丝经济，网络大V作为一种新鲜事物冒出，嬉笑怒骂，畅所欲言。

大嘴明星姚晨、青年导师李开复、天使投资人薛蛮子、"国民老公"王思聪名噪一时。网络大V的出现，打破原有的网络话语格局，引导互联网话题和舆论环境，给信息传播方式带来了颠覆式的变化。

### 4. 网红4.0时代：全民娱乐盛宴大幕拉开

随着网络的再一次提速，互联网又有了新的成长，视频平台的兴起，让网红的孵化和成长有了更快速的发展。言语恶俗、行为奇葩的网红也被摒弃，高颜值的"网红脸"开始充斥各大网络直播平台，一个美女网红的背后是"一群人在战斗"。

由于网红日渐多元化，并披上商业化的外衣，寻求粉丝变现的网红经济进入视野。网红正在成为新的生产力，背后蕴藏的巨大IP红利，引得各大商家、知名公司瞄向这一市场。网红不再是单打独斗的个体户，不再是孤军奋战的自创客，他们的背后是大规模的团队作战，精心策划的内容创业。

网红2.0的"审丑疯狂"，不过是短暂的轨道偏离，博眼球便名噪一时，随后即陷入审丑疲劳。人们对美的欣赏是持久的，高颜值更能增强粉丝的黏合度，更能形成稳定的忠诚粉丝群，更能激发出粉丝经济的巨大商业潜力。

在大众网红都走高颜值路线的今天，papi 酱却一反常态，以素颜出境，靠吐槽视频走红网络，前后不过半年时间，她的粉丝数已超千万，鬼魅般的增粉速度让她一跃成为 2016 年第一网红。从 2015 年 10 月开始，papi 酱把自己打造成一个普通女青年的形象，穿着朴实，仿佛生活中随处可以遇到的一样，在视频网站上传原创视频，对公众生活中遇到的不顺心的事情发起吐槽，幽默和无厘头的风格赢取了粉丝的追捧。

2015 年底，"网红"一词就在十大流行语排行榜上排行第九名。延续到 2016 年，网红的热度依然未退。网红经济是大众消费升级的必然产物，是从物质上"吃饱"到精神上"玩好"的消费档次升级。无论你是名媛范儿、高冷女神范儿，还是整容脸、自黑卖萌，只要逗我一笑，我就愿意为这样的快乐买单。

## 1.4.2  网红 IP 化：从拼脸到拼内涵

在一个拼脸的网红时代，往往是你方唱罢我登场的宿命，借助目前的直播平台混个脸熟，随即黯然谢幕。在颜值营销之外，网红们还需靠内容营销聚集粉丝人气，段子营销娱乐大众，自黑营销靠无厘头接地气，个人品牌营销打造知名度，事件营销在茫茫网海中聚集眼球。但网红只是仅仅具备了强大的粉丝号召力的前提，还并未成为占领心智的人物 IP。网红借助庞大的粉丝群体拉动势能，成为某一细分品类的认知输出者，完成心智卡位，才能成为为产品与品牌造势的人物 IP。

拼内涵的代表人物之一就是同道大叔。从 2013 年开始，同道大叔在 12 星座话题中糅合恋爱和生活两方面优质内容，并以漫画的形式表达出来，在 2015 年 4 月，同道大叔就成功吸粉 500 万之多。

众多粉丝如此热衷同道大叔是有原因的。同道大叔精于内容的创意和原创性，话题始终围绕 12 星座的恋爱方面，优缺点最容易吸引粉丝注意力，同时诙谐幽默的文风让粉丝迫切想了解下一篇文章，进而关注同道大叔的账号。其独特的内容往往吸引大量粉丝对号入座，并感叹"这说的就是我啊"。

蔚丹和蔚青是一对双胞胎姐妹，合作创作"呛口小辣椒"账号，凭借甜美火辣的时装搭配吸引粉丝围观，独特的表现风格让粉丝纷纷关注并模仿。每次网帖点击量达百万级，回复量过千很是平常，火爆程度可想而知。

### 1.4.3 网红的经济价值：魅力人格体的消费引领

在未来，每个人都能出名 15 分钟。安迪·沃霍尔曾经的一句话，道出对现今网红经济火爆的一次预言。

从凤姐到咪蒙，从天王嫂到 papi 酱，从韩寒到同道大叔，网红已经成为互联网时代的一大新生事物，网红 IP 红利也正吸引资本角逐。各色网红是互联网时代催生的产物，并且如雨后春笋般茁壮成长。六间房创始人刘岩更是大胆预测，中国网红数量将迎来 1000 万人时代。

虽然网红一词备受关注，但是"网红经济"这个词的搜索才刚刚开始，搜索量连"网红"的 1/10 都不到，多数人是雾里看花，玩的就是热闹。不过，随着越来越多网络红人的涌现，粉丝社群环境的形成，围绕网红 IP 衍生的商业链条和资本逐利也隐隐浮现，网红 IP 在得到资本的助力下可以实现粉丝变现，网红经济就在身边。

95 后是网红经济的主要买单群体，作为移动互联网和网络社交平台最重要的用户，这些当代年轻人可谓移动互联网原住民。根据百度 2016

年 1 月发布的《95 后生活形态调研报告》，1995—1999 年出生的 95 后总量约为 1 亿人，他们就是在互联网兴起时来临的，与互联网一起成长。这些 95 后在网上最爱做的是点赞、分享、评论和吐槽，对当下互联网上流行的宅、逗比、呆、高冷等流行价值观认同度非常高，是社会层次中最注重娱乐和社交的一群人，热衷于弹幕表达、美颜美拍，喜欢发聊天必备的"表情包"，这种心态和生活习惯为网红经济的发展提供了社会基础。网红作为"魅力人格体"，与 95 后消费者因为三观契合，形成代入感和情感共鸣，从而引领消费。

罗辑思维公司创始人罗振宇表示，罗辑思维在 2015 年就开始关注网红现象，对网红（papi 酱）作出高价值预期判断并果断进行投资，最根本的原因是网红经济体现了当下媒体革命的发展趋势。

罗振宇曾提出了"魅力人格体"的概念，"上一代市场的核心资源是组织力+资本，企业的发展需要巨大的资本支撑，但在未来的市场上，资本的价值会逐步低落，组织力仍然非常重要，魅力人格体则会因为稀缺而更加重要，它可以将产业链上的其他资源聚合起来"。

对于罗振宇提出的"魅力人格体"，可以理解为网红的人格化特征。就如 papi 酱之所以被称为"2016 年第一网红"，不是因为高颜值，而是因为其制作的视频节目都是经过精心设计的，选题设计与众不同，表现方式自由率真，草根气质接地气，话题选材和表现方式上满足某种娱乐需求，令粉丝有忍不住想和其直面交流沟通的冲动。

有着庞大的粉丝群体基础、强大的话题营销能力、日益延伸的产业链条、资本认可的商业变现可能……网红经济已经成为移动互联网时代的一个重要现象，有人说它是昙花一现的美丽泡沫，有人预言它代表未来商业模式的走向。不管怎样，网红经济已是这个时代不可忽视的新生态。

### 1.4.4 网红的未来：规模化复制的标准资本之路

常见的网红可以分成两类：电竞类网红和时尚生活类网红，他们的变现模式也各有独特之处。电竞类网红主要指的是电竞游戏主播，随着近几年电子竞技的蓬勃发展，大多年轻人有更多更好的条件接触网络游戏，电竞游戏主播的 IP 价值也自然水涨船高。越来越多的电子竞技明星主播微博粉丝过百万，粉丝流量通过如下 6 种渠道变现：平台签约费用、电商分成、粉丝礼物（虚拟礼物）、流量广告、淘宝零食店以及其他商业活动。而时尚生活类网红大都通过电商平台、广告收入和视频内容栏目化输出 3 种模式尝试变现。

目前，虽然规模化网红经济的标准商业路径尚在探索之中，但是消费习惯的改变给网红经济提供生存土壤，泛娱乐化生态圈的进展给网红经济提供推动力，网红经济的未来发展空间非常广阔。

如今网红经济市场规模急剧扩大，保守估计经济总量已过千亿，视频娱乐、服装、化妆品、电子竞技等产品链完全可以满足大众生活消费的需求。就目前的网红经济模式而言，比较明显的商业路线就是：网红资源+直播平台+电商+供应链+资产助力。在线娱乐已然是不可阻挡的趋势，并且不断壮大。可以预见的是网红经济也会逐步完善，并且越来越具有规模性，资本注入也会越来越大，一系列泛娱乐互联网娱乐模式终将引来资本盛宴。

一个优质的内容 IP，需要有底蕴，有温度，有情感，有态度，能够引起广泛的情感共鸣和价值认同，能够凝聚一个把盏言欢、挑灯夜话的网络社群，能够激发社群的参与热度，最终将内容 IP 转化为粉丝经济，转化为真金白银。

Part 2

# 良币驱逐劣币，

# "IP为王" 时代已经到来

为什么要 IP 化？你可能说不清楚。我们先看以下这几个问题。

在富士苹果和一堆杂牌苹果之间，你选择吃哪种苹果？

你愿意看范冰冰主演的电影，还是一名路人甲主演的电影？

你喜欢看熟知作者的热门书籍，还是喜欢不知名的小说？

你喜欢玩一款热门网络小说改编的游戏，还是一款手机排雷游戏？

当两名企业家经过你身旁时，你记住的是自营销"话题女王"董明珠，还是那位名不见经传的"×总裁"？

……

富士苹果因固有的 IP 品牌价值和口味，已经抢占了你的味蕾；范冰冰的高颜值和明星光环，早已令身为粉丝的你排队抢票；文学网红因读者粉争阅作品，其连载小说的内容 IP 本身就是万众期待；手机网游因其原创的感召力，已是未面世先火爆的超级 IP；董明珠的品牌形象布局，董明珠的"10 亿元赌局"，早已令她成为家喻户晓的企业家翘楚。

　　一部网络小说只有 IP 化才能承载更高的价值内涵，让自带流量的粉丝经济实现跨平台变现；一个手机网游只有购买到超级内容 IP，才能利用其强大的关注度和影响力，开拓消费者资源和商业价值；一家企业只有老总的个人品牌 IP 化，才能借助其影响力在市场营销上呼风唤雨，成为企业的形象代言人和无形资产。

　　在信息大爆炸的互联网时代，只有塑造个性鲜明的人物 IP，才能够打破信息不对称的壁垒，摆脱"劣币驱逐良币"的困境，让人物 IP 脱颖而出，在多个领域与劣币的 PK 中稳操胜券。IP 为王的时代已经到来！

01

# 泛娱乐时代 IP 化是 "点金石"

随着互联网成为整个互动娱乐产业的水和电，未来任何的娱乐形式都将不再独立存在，只要粉丝的热情点燃一个 IP，围绕这个 IP 的所有形态的娱乐体验，都将快速跨界连接和融通共生，呈现星火燎原之势。

——腾讯集团副总裁程武在UP2015腾讯互动娱乐年度发布会上的开场致辞

泛娱乐是指在移动互联网场景下，所有娱乐形式将全面跨界连接、融通共生，任何娱乐形式都不再是孤立存在的个体，创作者与消费者无疆界沟通，娱乐平台间无疆界互动，任何 IP 形式在不断构建的泛娱乐新生态下实现跨界分发。在这种生态模式下，劣币终将被淘汰出局，只有具有优质内容的良币才能笑到最后。

2015 年，业界认为互联网发展的八大趋势是大数据、在线教育、在线视频、泛娱乐、智能硬件、企业互联网、互联网金融和车联网。泛娱乐是互联网未来发展产业的八大趋势之一，并获得文化部和新闻出版广电总局等中央部委钦点，被行业报告收录并重点提及，其被重视程度可见一斑。

腾讯互动娱乐（简称腾讯互娱）是国内较早在泛娱乐方向战略布局的企业，倡导和推动了泛娱乐产业的潮流。腾讯互娱早在 2011 年就提出了泛娱乐概念，核心就是打造明星 IP 的粉丝经济。基于移动互联网的多领域相互交融共生的大环境，IP 作为泛娱乐的核心，不仅仅是一个任务，还可以是一个团体，一个故事，一个形象。

腾讯以 IP 为基石的泛娱乐战略日益膨胀，已经基本构建成一个打通游戏、文学、动漫、影视等多种文创业务领域的互动娱乐新生态。腾讯四大业务在各有明确方向的基础上，已经做到相互交融，共同合作。这也标志着腾讯互娱的业务越来越多元化，IP 帝国版图逐步拼接完整，在自产明星 IP 方面，也进行了更深入和系统的尝试和摸索，并总结和构建了一个自己的泛娱乐生态。

腾讯集团副总裁程武表示，希望通过"互联网+"，通过泛娱乐平台，搭建一个自由表达创意的生态，为所有艺术领域中的优秀创作者、为每一个优质的 IP 带来机会，为每一位读者带来更多的温暖和感动。希望能够让所有创意变成优秀的作品，帮助有梦想的人实现自己的愿望。

同时，阿里数娱、百度文学、小米、华谊兄弟等行业巨头，也加入泛娱乐化发展的阵营，通过"互联网+"的国家发展大战略，将泛娱乐化进程作为公司的宏观战略。

在整个泛娱乐界 IP 化进程中，无论是电影、电视、戏剧、动漫或游戏，任何一个环节都可能孕育出超强 IP，衍生出持续的关注度和情感忠诚度，积累越来越多的粉丝流量。而 IP 化是粉丝流量的生产力转化过程，是点石成金的过程，为 IP 实现粉丝经济的多元化变现创造条件。

中娱智库对 2016 年 A 级 IP 的泛娱乐市场价值做出预估，如图 2.1 所示。

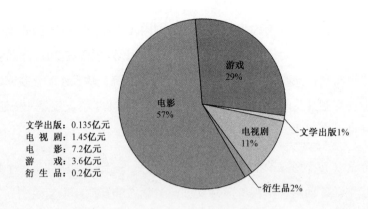

文学出版：0.135亿元
电视剧：1.45亿元
电　影：7.2亿元
游　戏：3.6亿元
衍生品：0.2亿元

图 2.1　2016 年 A 级 IP 的泛娱乐市场价值预估

### 2.1.1　腾讯构建 IP "泛娱乐帝国"

腾讯早期在游戏 IP 多元化上进行了开发和探索，并取得了很大的成功。腾讯游戏在网络游戏社区方面有得天独厚的资源，早在 2011 年前后就已经积累了丰富的游戏 IP 资源，当时腾讯游戏已经拥有 60 多款游戏，涵盖休闲游戏平台、大型网游、桌游、对战平台、休闲游戏五大类别。

腾讯倡导的 IP 多领域共生模式，凸显在 2011 年一款儿童社区类游戏产品《洛克王国》的品牌资源整合上。《洛克王国》是中国最大的儿童网上健康乐园，专门为孩子设计的儿童魔幻社区。腾讯对外授权开放《洛克王国》的跨行业合作资源，延伸到电影、益智图书、周边衍生品等领域。腾讯首先把它做成画册和玩具产品，之后还推出该产品的一部动漫电影《洛克王国！圣龙骑士》。

2012 年 3 月，腾讯互娱的"泛娱乐"战略浮出水面，开始面向网络游戏等领域跨界开发。腾讯互娱的泛娱乐战略开始向 IP 授权倾斜，并逐渐以此为核心，凭借互联网界的大佬地位、互联网技术和网络游戏积累进行了新的商业开发模式，横跨多个领域，链接多个平台。

随后，腾讯广发英雄榜，召集组建了一个泛娱乐大师顾问团，推出了首个泛娱乐平台——腾讯原创动漫发行平台，正式宣告涉足原创动漫市场，来自音乐、漫画、影视和小说领域的谭盾、蔡志忠、陆川、全民熙，为腾讯的泛娱乐业务提供脑力支持。2012 年 4 月，腾讯为了开发一批属于自己的知识产权的原创作品，决定在动漫作品上入手，开始了与中国动漫集团、迪士尼的合作，签署并启动了动漫创意研发合作项目。

游戏已经不是一个 IP 变现的简单角色，而是与文学、影视、漫画跨界共生，形成泛娱乐生态的版块联动，促进 IP 的多元孵化和衍生，最大化释放出价值势能。

腾讯以 IP 开发为核心扩展业务版图，围绕明星 IP 的打造尝试构建泛娱乐新生态，已经体现出良币驱逐劣币的精品化构想，希望通过融合共生式布局充分发掘良币的商业价值。

腾讯泛娱乐战略注重创造和获取原创 IP，腾讯文学成为原创 IP 采集的重要一环，2013 年推出基于粉丝经济的明星 IP 运营，通过启动"星计划"孵化优秀明星作者，实现网络小说品牌和 IP 价值的最大化。

腾讯阅读是腾讯文学力推的 UGC 文学平台，为了鼓励原创 IP，腾讯互娱在 2013 年 3 月成立了内容与版权部门。当时腾讯文学旗下的文学网站平台已经拥有了 QQ 阅读、云起书院、创世中文网等，聚拢了庞大的粉丝群体。2015 年 1 月，腾讯文学致力谋求"天下一统"，与盛大文学合并成立"阅文集团"，组建强大的原创品牌矩阵。阅文集团将原有自品牌统一管理和运营，主要包括 QQ 阅读、红袖添香、小说阅读网、中智博文、华文天下、起点中文网、创世中文网、云起书院、潇湘书院等文学网站。阅文集团几乎将网络文学所有主流机构兼并整合，成为腾讯文学的原创小金库，原创 IP 的创造能力与获取渠道得到了空前加强。

玩过动漫，翻阅过文学，腾讯开始双目虎视影视产业，意图在快速崛起的大视频市场大展拳脚。2014 年 9 月，腾讯公司在北京启动"腾讯互娱明星 IP 电影计划"，打造"腾讯电影+"影视平台，公布首批即将投拍电影的明星 IP 榜，全方位布局原创电影内容领域。这批明星 IP 纷纷对应腾讯游戏中的优质 IP，成为超强 CP 组合。比较典型的游戏 IP 资源有《斗战神》、《QQ 飞车》、《天天酷跑》、《QQ 炫舞》、《洛克王国》等，优质的动漫的 IP 资源有《尸兄》和优质的文学 IP 资源《藏宝图》等。

腾讯在泛娱乐帝国布局发展过程中，希望塑造出能都跨越多个领域、链接多个平台的超级明星 IP，打通文学、动漫、游戏和影视等不同领域的内容平台。2015 年 9 月 17 日，腾讯宣布全资组建腾讯影业，目的就是为了构建腾讯泛娱乐帝国，与腾讯游戏、腾讯动漫、阅文集团一起开发 IP 的红利市场。跨界共享，品牌无疆，成为腾讯泛娱乐战略及大视频生态系统发展进程的华丽篇章。腾讯泛娱乐帝国架构如图 2.2 所示。

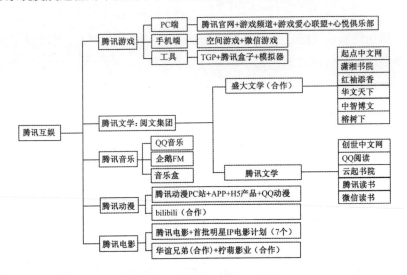

图 2.2　腾讯泛娱乐帝国架构

无独有偶，全球最成功的游戏厂商美国暴雪公司，也是采取泛娱乐化战略。美国暴雪公司从一个简单的游戏开发者起步，经历了从游戏文化到泛娱乐文化的蜕变，发展成为一个集游戏、音乐、电影、嘉年华为一体的综合性娱乐公司。

暴雪公司开发的游戏《魔兽世界》，堪称全球游戏 IP 运作的典范，第 5 部资料片《德拉诺之王》的开场动画制作精良，仿佛是一部好莱坞爆款大片，已经改编成电影在全球公映。从《战争罪行》图书的出版到全球同步首映 CG 动画，暴雪都是为了让魔兽的 IP 价值长久地延续。游戏 IP 是暴雪的宝贵财富，《魔兽世界》每一部资料片的推出，都是一次创新的改变，魔兽每一代产品的游戏主题、制作细节、传奇角色及人物刻画，都转化成暴雪的 IP 品牌，潜移默化地提升魔兽粉的忠诚度。

无论是腾讯打造的泛娱乐帝国，还是暴雪公司进行的 IP 多元化拓展，都彰显出海内外影视娱乐界对 IP 的重视和追捧，他们看中的是 IP 及其衍生品蕴藏的巨大商业价值——IP 红利。

## 2.1.2　IP 是价值无线的文化品牌

搜狐的原创《煎饼侠》票房破 10 亿元，刷爆国产片的票房，这是 IP 的力量；改编自 Fresh 果果同名网络小说的电视剧《花千骨》，开播后创造了国内周播剧最高的收视纪录，网络总播放量突破 165 亿次，这同样是 IP 的力量。

IP 是一个价值无限的文化品牌，一旦拥有它，就等于拥有一大批固定粉丝，帮助影视娱乐产品快速占领市场，从而牟取暴利，还能够顺势拓展下游的衍生品，进一步实现 IP 价值的最大化变现。手游市场出现天价 IP 的现象，也就不足为奇了。

巨大 IP 红利的产生，一方面是因为优质的原创内容短缺，导致物以稀为贵，另一方面还是因为中国中产阶层的数量增大，造成人们的消费需求升级，从基本的物质需求跃升到较高层次的精神需求，为 IP 价值的大幅提升提供了人口基础。

## 1. 民众消费欲催生 IP 红利

从口腹之乐到感官愉悦，富裕起来的中国中产阶层群体的需求结构正发生着变化，消费需求已经从物质层面升级到精神层面，他们愿意为休闲娱乐花钱，愿意为消磨时间付费。无限延展的精神需求，给泛娱乐产业的 IP 红利提供了巨大的增长空间。

2015 年，中国 GDP 增长超过 8700 亿元，2009 年以来中国 GDP 始终保持正向增长的态势。中国经济这些年连续迅猛发展，很多重点城市的人均 GDP 已经接近发达国家水平。不为一日三餐发愁的中国人，开始追求精神层面的享受，愿意为满足精神愉悦的消费掏腰包，提供精神消费的内容产业自然会全面爆发，消费者愿意为更好的内容 IP 付高价埋单，为求一乐在所不惜。

在这种全民娱乐的消费趋势下，中国城镇居民在教育文化娱乐服务上的人均支出，从 2005 年的 1097 元增长到 2014 年的 2142 元，年复合增长就达到了 8.72%。按照国际标准计算，人均 GDP 超过 3000 美元时，文化消费支出总量就应该超过 40 000 亿元，而据 2010 年的数据统计，中国只有 10 000 亿元，这也表明中国在文娱消费上的需求量还十分巨大。其中影视娱乐将成为大众休闲消费的主要方式。

2014 年中国电影市场继续保持高速增长，票房达到 296 亿元，接近

300 亿元，而 2015 年"十一"之后，中国电影票房已经达到 350 亿元。2007—2014 年，国内电影票房年复合增长 36.67%，观影人次也从 2009 年的 1.82 亿人次增长到 2014 年的 8.3 亿人次，年复合增长 35.36%。2014 年全国电影荧幕总数已经达到 2.36 万块，远超过 2007 年的 3527 块，年复合增长 31.2%。

曾经对"便宜货"趋之若鹜的中国消费者，也改变了不愿付费看电视剧的习惯，愿意一掷千金买个乐。现在，各大影视平台的会员数在近年来增长迅猛，说明越来越多的人选择为第一眼目睹新剧付费，进而享受在朋友之间获得"先知"的乐趣。

同时，经济上的快速发展，通常都会带来文化的空前繁荣，文化消费升级会引领亚文化的周边消费旺盛。伴随着中国经济的腾飞，中国文化也逐渐欣欣向荣，最直接的体现就是具有中国文化元素的内容 IP 应运而生。比如，具有中国文化积淀的古装连续剧，不仅吸引了无数有历史情结的人争相观看，而且以 IP 开发为核心的优秀古装剧行情高涨，IP 的版权授权费收入已经远远超过进口影视作品的收益，IP 的衍生产品市场也是日渐扩张。

中国四大名著之一的《西游记》，就是一个全民都喜爱的超级 IP，不但生动的魔幻故事精彩纷呈，深入人心的西游情怀代代相传，而且原著中的人物形象个性鲜明，孙悟空、唐僧、猪八戒和沙僧等形象深深地嵌入中国人的心中，成为全民喜爱的超级 IP 形象。

由于西游记题材是版权过期的开放性 IP，因此西游记题材翻拍带来的 IP 红利持续火热，不仅 1983 年的央视版《西游记》被各大卫视反复播放，在寒暑假霸屏来赚取广告费，而且在票房突破 10 亿元的 4 部国产片中，由《西游记》改编的电影就占半壁江山。其中周星驰主演的《西游记·降魔篇》票房就捞金 12 亿元，郑保瑞的《西游记之大闹天宫》的票房也达到了 10 亿元级别。

中国文化的繁荣也引领本土文化品牌的蓬勃发展，在服装、化妆品、软饮料等行业领域勇于与传统国际品牌一争高下，而且越来越多的本土品牌更是自信十足，放弃使用洋名和合资标榜自己的套路，敢于直接向国际市场传达本土品牌的价值观，无形中为中国 IP 形象衍生品的商业化拓展创造了有利条件。

### 2. 90 后衍生 IP "死忠粉"

在泛娱乐化时代，90 后成为影视 IP 的主要消费群体。根据在线购票用户的比例粗略分析，90 后实际已经占据了 94% 的市场，而这部分群体也正是 IP 的主要粉丝群体。他们已经逐渐成为社会的中流砥柱，从亚文化摇身变为主流文化的主导人群，是 IP 产业发展的群众基础，更是消费的主力军。

IP 热潮给电影和电视剧市场注入活力，大部分影视 IP 指向年轻、崇尚时尚的 90 后 "死忠粉"。作为忠诚度高的核心用户，90 后本身就是一部作品的营销推动力，令影视剧未播之前就拥有一帮新的用户群，一支强有力的营销生力军，导致作品未播先红。如《琅琊榜》、《花千骨》、《盗墓笔记》、《何以笙箫默》，未播出前就一直在热门话题排行榜，搜索指数很高，这种人气效应一直延续到电视剧的播出。

90 后一般关注 IP 化延伸的 3 个方面：第一个是网络小说，第二个是动漫，第三个是游戏。现在我们所关注的 IP 不仅仅是影片和电视剧的内容、角色人物，还有他们的品牌流行度，他们的流行度不在于故事本身，而是成熟的故事内容及人物设定，而这些故事大部分是耳熟能详、有持久感染力的。

做影视内容的行业人员必须了解 90 后的所思所想，如果不懂 90 后，内容就没有未来，因为以 90 后为代表的年轻人有消费能力，掌握了网络的话语权，甚至可以说他们是 IP 的发动机。

有人说 2014 年是网剧大时代元年，2015 年则是网剧井喷之年，网剧在体量、点击量、品牌影响力和商业回报等诸多维度上都实现了巨大飞跃。

在网剧井喷的 2015 年上半年，全网上线网剧 166 部，共计 2243 集，总时长 33585 分钟，获得点击量超过 65 亿次。单在 7～8 月的暑期档，全网上线 107 部网剧，超过 2014 年上线总量的一半。网剧火爆的背后，归因于 80 后、90 后和 00 后成为主要的电视剧消费群体，比例超过六成。

消费者是上帝，电视剧制作方开始调整市场定位，迎合年轻一代的欣赏口味，打造符合年轻人审美情趣的电视剧。众多知名编剧、导演、一线演员等传统电视人也开始拥抱互联网，寻求积累粉丝和多元变现的网上攻略，希望在年轻观众中积累人气，以便在互联网的平台上延长自己的艺术生命周期。

### 3.　IP 红利倒逼原创资源矩阵

由于 IP 巨大的变现能力而衍生的红利效应，目前电影、电视、动漫、游戏等四大泛娱乐产品加速了 IP 化进程，同时全球的高票房大片已经摸索出成功的续集片模式，希望将 IP 蕴藏的粉丝红利最大化变现。

作为原创 IP 资源的最主要阵地，网络文学 IP 开发逐渐成熟，成为影视和游戏巨头们激烈厮杀的竞技场。而原创动漫平台将成为继网络文学后的又一个重要 IP 诞生地，《十万个冷笑话》IP 全产业链的成功开发已经预示了这一趋势。妖气原创漫画梦工厂出品的《十万个冷笑话》，是根据同名漫画改编的动画作品，成功的 IP 开发和运作，使得每一季都有上亿的观看流量，第二季刚开始就有视频网站洽谈并展开了版权合作。

现场娱乐方面，无论是视频直播、音频直播、在线秀场、电竞平台，都开始摆脱小作坊的生产模式，在对接资本市场下摩拳擦掌进入IP开发阶段。IP成为2015年影视娱乐行业的关键热词，成为制作公司和传播平台推广时的口头禅，也开始成为撬动电影、电视剧、游戏、动漫、网络文学等泛娱乐领域的杠杆。

IP为王的时代已然到来，呼唤着影视娱乐航母的横空出世，超级IP将会是互联网影视娱乐行业或互联网市场的下一个投资风口。

为了适应这种IP为王的大趋势，淘梦作为国内最大的新媒体影视平台，将触角逐渐横向拓展到影视剧作品的独立制作，在跨行业合作、跨领域融合已经逐渐成为新媒体影视行业趋势的大背景下，2015年1月7日获得的4400万元A+轮融资，将更多地投入到IP的孵化与出品。

IP为王时代催生的一个巨大产业模式就是泛娱乐。淘梦从渠道拓展到内容开发的各个环节全面出击，多点开花，成功孵化出许多网络电影超级IP，成功打造了《二龙湖浩哥》、《道士出山》、《国产大英雄》等优秀代表作品。《国产大英雄》在上线之初便气势逼人，占据当日网络剧排行榜第二名，多平台的点击量远超过《屌丝男士4》，而且仅仅在一月内点击量迅速破亿，火爆程度不输于当期最火的网络剧《盗墓笔记》。

### 4. "大数据+IP"的红利衍生模式

在IP为王的时代，人们不仅关心IP的多渠道延伸，也关注什么样的IP产生模式能够带来巨大红利，美版《纸牌屋》就是利用大数据引爆IP红利的一个经典案例。

《纸牌屋》本是一部在英国家喻户晓的政治冒险小说，以英国政坛和唐宁街为背景讲述政治阴暗，由BBC改编成电视剧后更加风靡全球。为了激活这个明星IP，翻拍经典再创新的政治宫斗剧，美版《纸牌屋》制作方 Netflix 出奇制胜，运用大数据进行剧集的再创作。

美版《纸牌屋》在数据追踪分析的基础上，精心打磨内容和选定明星 IP，从题材编排、情节构思再到导演和主演的选择，背后都有庞大的数据作为支撑。大数据应用下的精雕细刻，让《纸牌屋》的剧情发展和收视率在播放前就得到了保障。在大数据的引领下，无论是内容的设计、角色的编排、观众的喜好还是粉丝流量的变现，一切尽在掌握之中。

熟悉 IP 化开发和营销的好莱坞电影公司，是"大数据+IP"红利衍生模式的开山鼻祖，美国六大电影公司本身就是半个数据公司。好莱坞成熟的工业化体系，造就非常高的内容开发成功率，体系构建和内容开发的背后依托着多年的数据积累。

美国六大电影公司投资的电影，其成功的最关键因素，三分之二在前期开发时就已经在运筹帷幄之中。好莱坞的许多电影动辄都是 1 亿美元起价，筹备爆款大片自然耗时长久，开发过程也非常谨慎，需要对观众进行前期的大数据调研，预先了解观众的需求和想法，并根据观众的兴趣喜好进行修改，因此所有的 IP 开发都需要以数据作为依据。

好莱坞的成功运作表明，大数据给 IP 红利的挖掘和开发预先提供了数据"准星"，电影公司的 IP 开发者需要根据数据"看菜下饭"，准确预估用户的欣赏习惯、作品的市场表现及未来的票房预期，做到有的放矢。

虽然"大数据+IP"模式为 IP 红利提供数据保障，不过也有人提醒不要过度迷恋"大数据+IP"的组合。由汤唯和冯绍峰等豪华演员阵容组成的电影《黄金时代》，在上映前宣扬"大数据"、"信托"等元素的加入，还未公映已经赚足观众眼球。但是，在影片上映后大数据突然"失灵"，《黄金时代》遭遇票房惨败，尽管有"十一"黄金档的加持，也未能挽回票房上的巨大失败。

02

# 跨平台多场景打造"IP王者"

　　根据我们在第1章的阐述，IP是"可以反复开发的优质内容+多平台分发+多元变现+长期存活"，只有实现在多平台延展、多场景呈现，才能称得上IP王者，而只能在一个空间领域内受人关注的是网络红人，不是真正意义上的IP。

　　在当今人人皆媒体的众媒时代，信息端口的多样化，给跨平台多场景打造IP王者提供了可能。首先是表现形式的碎片化，一个微信公众号、一个微博平台，就可以眼观六路，耳听八方，收集到大量的视频和音频信息，天下新闻尽收眼底；只要下载一个应用程序，就可以翻阅报纸和看电视。而在过去，信息资源被单一载体垄断，听新闻和评书就需要收音机，看电视剧就得借助电视机。

　　其次，人人都成为传播信息的载体，每个人都成为信息的生产方和内容的创造者，每个人都可以担当一个事件、内容、品牌、产品的推手。每个目击者的现场直播，都可以在朋友圈和网络上传播，令突发事件瞬间疯传，看到直播的人仿佛第一时间亲临现场。

最后，智能手机的诞生和许多智能硬件的更新换代，在技术上促成多屏跨界的多样化，跨平台传播的发展，给大众呈现出不同的展示风格。我们可以在 PC 端、手机端甚至各种终端上对同一个内容进行互动，随时随地欣赏 IP 作品并参与其中。

在众媒时代，能够跨平台施加影响力的 IP 王者，成为人们在社交平台展开市场营销的新宠。6 亿元砸在电视广告上，可能什么都看不到，一年花 1000 万元，就可以"包养"几个大 V 帮你代言 。现在很多经销商都已经意识到了众媒时代人物 IP 化的营销真谛。

目前，微信、微博、今日头条、视频平台等社交媒体，是人物 IP 进行多平台多场景分发的主要载体，是他们展现个性魅力和价值观的舞台。这些平台的生态圈都是以人为本为传播核心的，一个人物 IP 如果想在这些平台发挥影响力，掌握话语权，凝聚自己的粉丝流量，就必须充分了解这些平台的生态。

## 2.2.1　微信红包：IP 情感营销聚粉丝

红包祝福是中国的传统习俗。每到除夕夜，小辈都会得到长辈的红包，红包中装入的钱又称为压岁钱，据说古时候这些钱用来吓走叫做祟的妖怪。红包有好运当头的寓意，渐渐地成为亲人和朋友间寄托祝福的最佳载体，变成一种中国民间习俗传承下来。

为了迎合中国人的这种风俗习惯，微信率先设计了"发红包"的功能，使得发红包不再受时空的限制，也避免了面对面给红包可能引起的尴尬。亲人团聚可以发红包，朋友临别可以发红包，微信红包逐渐成为虚拟空间的礼仪时尚。

微信官方数据表明，节假日期间大众对微信红包的使用最为频繁，比如 2016 年除夕，经统计微信红包收发总量达到了 80 多亿个，相比 2015 年超过 8 倍，共有 4.2 亿人参与收发红包，平均每人收发 20 个。其中，最多有人发出将近 8 万个红包。

微信官方数据报告型账号企鹅智库曾经发布过一篇关于红包的使用报告《中国互联网红包大数据报告》，报告显示城市手机网民的红包的使用率已经接近 90%。这份报告是在 2016 年 2 月 10 日大年初三发布，依据的是超过 1.7 万名城市手机网民的真实调研数据。

大部分手机用户接触和使用互联网红包是在能够提供社群互动的社交平台上，98.6% 的用户在与亲朋好友的互动中首次使用了红包功能，超半数的用户首次接触红包是在社交群里抢红包。

目前，80 后和 90 后是收发红包的主要群体，20～29 岁年龄段是红包的高频用户，高达 92.6% 的 90 后热衷互联网红包收发。在社交平台和红包氛围的推动下，互联网红包在 50 岁以上的年长网民群体中也呈现活跃态势，64.6% 的老年用户会尝试使用互联网红包，快速融入互联网红包使用环境中的活跃用户达到 28.1%。

报告数据显示，在虚拟的互联网世界中，货币往来主要依靠红包为载体，且红包的再次分发渗透率高达 78%。相比之下，电商平台购物的消费使用只占据了 12.2%，线下消费红包支付只占了 9.4%。可以看出，社交属性是互联网红包的最大特征，红包的流转使用在社交活动中促进了用户与用户之间的情感交流。

同时，借助移动互联网社交平台广发红包，已经成为中国商家目前惯用的新媒体自营销方式，商家为了提升用户对品牌的关注，经常使用抢红包策略来吸引客户、提高用户忠诚度。商家的红包营销，是利用用户的情感互动打通消费链条，实现了线上线下的红包O2O发展模式。

微信生态是人物IP化打造的重要渠道，因为那里是个人粉丝积淀的重要平台。人物IP可借助节假日的关键时刻，通过向粉丝或用户发红包，在喜庆气氛中展开借势营销。所谓有手不打送礼人，人物IP发红包无疑是吸引路转粉、增加粉丝量的一种有效方式。粉丝在抢到红包以后，会经常惦记着要把抢到的钱花出去，为IP未来的消费需求埋下了伏笔。就算粉丝不去为了明星IP去消费，只要粉丝提现就必须绑定银联卡，间接地吸引了用户关注自家平台，提升在平台消费的可能性。

创始人IP或明星IP发红包，娱乐性比较高，因为在用户或粉丝来抢红包的时，就已经参与到互动中来，影响力更大，成本低于广告宣传费用，不仅使更多人记住了公司的品牌，还同时记住了这个人，记住了这个人正在生产的产品或拍摄的影视作品等。

## 2.2.2 今日头条：IP内容分发"私人订制"

今日头条是个性化比较强的新闻推荐引擎，用户在日常浏览信息时会被标记记录，然后根据用户特征、场景和文章特征做个性化推荐，这些推荐靠的是一个非常庞大复杂的算法策略组合。很多IP生产的内容原创性比较高，对这一类IP来说，今日头条无疑是一个很好的分发平台。

今日头条有3亿的用户积累，日活跃用户就超过了3000万，每天每个人收到的推荐内容都不一样，今日头条并不是随意选取，而是针对不同用户的个性需要进行独特的算法分析，推出私人订制，这为人物IP的内容分发提供了一个精准定向的渠道。

今日头条有两层精准的推荐算法。上层模型主要负责决策推荐，推荐的依据主要包括用户的性别、年龄、兴趣等。今日头条有数百亿特征的数据库，尽可能多地涵盖所有帮助做判断的信息，而且还在不断增加。下层是推荐召回模型，这个模型用来分担上层模型的工作负荷。召回模型会自动检索有资格推荐给用户的内容并进行排序。比如今日头条判断出一篇文章的来源不是用户想要的，这个人只喜欢看军事类的文章，上层模型就会依据用户的个人喜好进行私人订制，有时也单凭性别、年龄进行推荐。推荐召回模型会替用户过滤掉 90%的无效信息，优先为用户推荐备选信息。

今日头条的推荐算法也一直尝试更贴近用户，改进推荐效果。第一是候选内容集合的变化。今日头条一改最早只推荐正规新闻的循规蹈矩的做法，现在试图推播一些天气预报和与生活相关的资讯，希望这些接地气的内容，能够改进用户的线上体验。第二是召回模型的改进和模块增加，内容质素的高低会经过高级人员研究判断。第三是推荐特征的增加。第四是规则策略的应用，人为干预所有涉及机器学习和大数据的线上产品，不依赖模型解决所有问题。

确定用户需求，以不变应万变。在产品不断迭更的时代，今日头条历经几十个版本的更新，在快速迭代的情况下，今日头条利用用户数据测试需求，研究战略需求和确定性需求，用数据思维把每一项能力发挥到极致。

## 2.2.3　视频：IP化爆红最佳载体

目前，许多默默无闻的人，通过视频一夜爆红成为 IP。网络视频的动态画面，比大段文字更具视觉吸引力和转发诱感。同样，视频以其直观、生动的画面，最能表现出人物 IP 的鲜活个性，最能引起人们的观赏兴趣，也最能引起病毒式传播。

2008 年美国大选竞逐期间的一个事件，反映出了视频的巨大冲击力。2006 年 8 月，美国共和党参议员候选人乔治·艾伦在一次公开演讲中，与台下的年轻人对话时无意中说出"Macaca"，即"非洲短尾猿"，由于俚语中 Macaca 带有很强的种族歧视色彩，整个过程被人拍下视频，并在 YouTube 上疯传，被网民们快速传播，导致艾伦的名声急转直下，最终身败名裂而落选。

视频的形象摧毁力是如此强大，同样，视频的形象塑造力也是居功至伟。希拉里·克林顿在宣布参加 2016 年美国总统大选时，就格外重视视频传播的影响力。在两分多钟的竞选视频《Getting Started》中，希拉里一改上次的个人说教方式，大打温情牌，视频中有联手开店的拉美兄弟，有正在找工作的华裔妹子，有回归职场的全职妈妈，有准备结婚的同性恋人，有跨种族结合的情侣，有快要退休的白人大妈。希拉里试图把注意力转到选民身上："普通美国民众需要一位捍卫者，而我希望成为那位捍卫者。"

希拉里把自己塑造成亲民的 IP 形象，精心设计富于动态节奏感视频的画面和主题，并通过视频向美国民众传达自己的亲民形象，在个人网站发布后受到好评如潮，令对手共和党如坐针毡。

同样，具有人文情怀的视频，能够给分发的人物 IP 带来火爆人气。2015 年 5 月东北地区出现了普遍的暴风雨天气，楼顶房盖被整张掀起，高耸的立柱砸落到公路行驶的汽车上，道路中央护栏在风雨中摇摆，汽车抗不住大风在湿滑路面蛇行，这一幕幕真实场景被快速分享在微博和微信上，被网民争相传阅，在传播新闻资讯的同时，表达人文关怀。

另外，网络视频媒体化产生了一大批的摄像控和视频控，他们在微信上转发搞笑视频，在微博上传播最新消息以获得点赞，网络视频媒体化让网络舆情成为重要的民意指标。这些视频内容经过长期的粉丝沉淀，有朝一日就可能让分发者成为 IP。

众媒时代的视频传播具有分众化、碎片化的特点，成千上万的个体进行传播，信息内容在媒体和用户间的双向互动，具有很强的感染力和舆情导向力，因而成为一种新兴的营销方式。

与其他网络媒体一样，网络视频传递信息的目标精准，点击率是衡量一家视频网站价值高低的关键因素。VideoEgg 巧用 IP 策略让自己的广告点击率超过 1%，将同行业竞争对手千分之几的点击率远远甩在后面。由于观众喜欢 VideoEgg 网站上赞助商广告，并贡献了高点击率，所以 VideoEgg 得到了星巴克公司抛出的橄榄枝，获得其投资 1200 万美元。

网络视频完美诠释了互联网点对点营销的互动性特点，视频网站上传者和受众可以通过平台进行相互交流。用户可以对视频发布者提问，也可以就其他用户的回复言论进行回复。观看生动有趣的回复，也能为节目制造话题，营造势能。往往有较高争议的视频节目，更容易吸引用户的关注。这样的分发平台，有利于人物 IP 增强与粉丝的互动和黏合度。

## 2.2.4　网络电台：公众的私人调频阵地

人物 IP 可以在视频平台上秀形象，也可以在音频平台上秀声音，音频为那些具有声线感染力的人物 IP 提供了分发平台，通过感染的故事、音频教学或心灵鸡汤，可以达到积累粉丝的目的。

在网络世界，我们可以听小说，听书，听搞笑类节目和脱口秀。喜马拉雅 FM 等有声化平台正好满足人们红尘之外静下来享受听的需求，地铁上和汽车里享受声音的魅力，方便人们利用碎片化的休闲时间。

喜马拉雅 FM 的 CEO 余建军认为，借助声音吸引粉丝流量，自媒体人、有声创业者的风口才刚刚开始。喜马拉雅 FM 是一个专注于 UGC 原创音频内容的制造和分享平台，用户不仅在这里可以根据自己的兴趣来选择收听不同板块、不同栏目下的电台内容，还可以在移动端完成录制、剪辑、配乐、发布等操作。

目前，喜马拉雅 FM 上活跃着 5.5 万名认证主播，有的是自媒体人，有的是转型的传统电台业界人士，有的是互联网上热爱声音的草根播客。这些人是这个音频平台上的内容生产者，也是吸引广大用户的核心竞争力。喜马拉雅 FM 在创立的两三年时间内，已经积累超过 1.5 亿用户，每日仍有近百万量级的新用户持续增加，平均每位用户每天收听 90 分钟。

余建军指出："音频是一个远远被低估的行业，从音频行业真正蓄势的两三年时间来看，已取得一些令人可喜的成绩，然而立足于长远的未来，音频的真正价值才刚刚开启。"

开发音频价值的平台还有手机电台考拉 FM，它最初以大数据推荐个性化音频吸粉，聚集了大批忠实用户。但是，考拉 FM 并未停滞不前，仍然放眼未来，希望找到下一个音频的爆发点。2015 年 4 月，考拉 FM 率先推出了音频直播节目，一经推出就吸引了大批企业机构，被各大企业发布会、娱乐盛典等活动作为音频记录和互动平台，转瞬之间几乎覆盖了科技领域的所有重要发布会。

考拉 FM 从用户使用个人手机直播事件现场角度出发，秉承"人人直播"的理念，为用户提供零门槛支持，开启音频直播模式，力图打造众多草根主播脱颖而出的又一平台，帮助更多的网络红人出人头地。

《仨贱客》是考拉 FM 排行榜上人气非常高的脱口秀节目，目前的累计收听人次超过 2000 万。《仨贱客》也应粉丝要求，在每周直播的同时与网友发起互动，极大地增强粉丝的黏合度，粉丝群体迅速壮大，短短几日便突破千万。《仨贱客》的三位主播均是草根一族，并非播音系科班出身，但是凭着对草根生活的独特领悟，获得听众的情感共鸣。

《仨贱客》的代表直播节目"你在哪里和谁亲过嘴"、"年后如何收心"、"吃过的亏，上过的当"、"同是天涯追剧人"、"蛋疼是怎样的疼"等，内容围绕各类社会话题，风格幽默，巧妙地把握了年轻人无聊新奇的心态，在另类幽默上激发粉丝的共鸣。不一样的搞笑形式，聚拢了广大用户一起品味生活，分享快乐。

考拉 FM 推出的 UGC 音频直播，为所有的声音爱好者提供一个平台，为凭"口舌之利"进行 IP 化内容创业者开辟一条"红人"通道。他们以声音为载体，以语言感动用户，以内涵启迪世人，吸引了大批忠实粉丝。

高质量内容是音频直播的首要前提。主播小雪的魔性笑声令网友不能忘怀，主播们颇有代入感的生活经历也给网友们留下了深刻印象。主播们的直播风格随性而为，任意发挥间还不时调侃，适时插入角色扮演的小段子，或整蛊无良老板，或暗讽当前世事，谈笑间让听众痛快淋漓。

视频直播炒火粉丝经济，秀声音同样也能成为网红。音频虽然比视频少了视觉感受，但是声音同样具有感染力和穿透力，在吸粉方面也不逊色，高质量的节目同样会积累下高黏度的用户。

考拉 FM 董事长兼 CEO 俞清木表示："考拉 FM 的打赏系统正在开发中，它将为平台红人主播带来收益，扩展红人粉丝经济圈。我们的直播也会全力扶持和打造红人 IP。"

与喜玛拉雅 FM 和考拉 FM 类似的平台还有红点等，都聚集了一群靠语言表达喜怒哀乐和价值观的人，UGC 音频直播正在成为各主流音频媒体产品开发的引爆点。

## 2.2.5　App 成原创内容分发渠道

视频能火，音频能火，漫画同样能火，"快看漫画"就是通过 App 这样一个分发渠道进入大众的视野，袭领大众的心智，俘获许多粉丝的心。

来自快看漫画最出名的漫画应该是《对不起，我只过 1% 的生活》，该漫画 2014 年 12 月在微博上引起火爆转发，姚晨、赵丽颖等明星大 V 纷纷助阵，短短几天就收获了 45 万次转发、37 万点赞、10 万次讨论的华丽数据。45 万次的病毒式传阅，让快看漫画在互联网空间占据一席之地；2.5 亿的庞大阅读量，让 90 后作家陈安妮在漫画界一夜成名。陈安妮推出的快看漫画 App，挟雷霆万钧之势进入了公众视野，成功地卡位粉丝心智，一炮打响。

随后，粉丝对快看漫画 App 的狂热无法抑制，快看漫画 App 在 App Store 连续 3 天免费排行榜第一，不到 1 个月的时间用户总数超 100 万，迅速获得 300 万美元的 A 轮投资；不到 1 年的时间用户总数超 1500 万，再获得超过 1 亿元的 B 轮投资。截至 2016 年 3 月，快看漫画的总用户数突破 3000 万，月活跃用户突破 1100 万，日活跃用户更是突破了 350 万。

短短一年多，快看漫画的发展速度让人目瞪口呆，在国内移动端漫画 App 领域成为一枝独秀的领军人物。快看漫画夺人眼球的制胜法宝是原创自制 IP，陈安妮还奉行洋为中用，引进国外优质 IP 来完善平台的内容体系。2015 年 9 月，快看漫画的原创作品《快把我哥带走》获得第 12 届中国动漫金龙奖"最佳剧情奖铜奖"，10 月，快看漫画推出的第一本主题书《关于我最喜欢的他》首印达到 12 万册，成为最畅销的漫画图书。

快看漫画的作者团队在签名售书活动中，现场签售 3.3 万册，连续打破广州购书中心、东莞覔书店、深圳中心书城的签售纪录。被韩国最大收费漫画平台 Toptoon&Bomtoon 所看中的作品《我弟弟是外星人》与《复仇高中》，迅速跻身该平台排行榜前列。

## 2.2.6　小商家渲染消费情绪"逆袭"造势

在众媒时代，各个社交媒体给小商家提供了多平台分发的机会，以企业、厂商以及个人品牌为代表的服务提供者开始多点出击，借助这些平台展开多渠道的营销推广。

商家做自媒体平台，是非媒体崛起的一个象征，也是主流媒体中心化失效的代表。自媒体的发展和崛起，丰富了众媒时代的多样性，在媒体发展的道路上，有着划时代的意义。这些小商家改变以往枯燥的推销方式，从单纯的传统商品提供转化为自媒体运营模式，在自媒体上温情喊话和互动。

有些人凭借自媒体做大企业，有的人则成为自媒体大 V，卖一些市面上不常见的特殊产品，用互联网思维设计和打造产品，都获得了成功。因为商家可以在自媒体上打温情牌，建立朋友圈，比以往的硬性推销更有说服力。有的商家还在自媒体上开办公开课，与其他生意人建立伙伴关系，成为一个垂直化聚合中国生意人的自媒体人。

以前在央视和大报纸的媒体垄断时代，大型企业凭借财大气粗，可以一掷千金进行广告投入，用轰炸式广告宣传抢占市场先机，小企业和普通商家只能感叹大企业天价的广告投入和利润分成，对自己的发展无从着力，难以与大企业抗衡。在众媒时代，小企业和普通商家获得了独立发声的机会。小企业和普通商家可以通过建设自己的自媒体，打造自己的 IP 形象，传播品牌价值，拓展自己的用户群体。如陈岛主成为农产品销售创新人物，张大奕在电商行业的独树一帜。

相对于机械冰冷的产品和枯燥无味的广告，大多数用户更愿意参与企业在社交平台组织的活动。最受用户欢迎的是有奖互动活动，假如在新品促销中加入趣味游戏和反馈问答环节，更容易拉近用户与品牌的距离。小企业可选择的营销方式多种多样，可树立符合自己品牌特性的媒体形象，还可汇聚自己的用户粉丝。

# "IP 为王" 是良币驱逐劣币

在信息大爆炸的互联网时代，鱼龙混杂的海量信息往往让人们无所适从，信息接收的超负荷反而让人们选择逃避，结果是垃圾信息（劣币）铺天盖地，优质信息（良币）被驱逐出正常的传播渠道。

"劣币驱逐良币"来源于是经济学中的"格雷欣现象"，连续困扰人们 400 年。这一现象的产生，主要是因为信息不对称，导致人们对价值造成误判。在铸币流通的各个时代里，实际价值较高的良币（金币）变得奇货可居，渐渐变成人们的收藏品而离开流通市场，实际价值较低的劣币（银币）因为每个人都想花出去，反而充斥市场。英国的财政大臣格雷欣（1533—1603 年）最先发现这一劣币驱逐良币的现象，因此被称为"格雷欣现象"。

不过，"格雷欣现象"的魅影不仅笼罩在铸币流通时代，同样在纸币流通时代存在。肮脏破损的纸币或者不方便存放的劣币，被人们当作"废物"尽快抛出，在市面上肆意流通，而整齐干净的货币却被积攒下来，留在家中压箱底。

在日常生活中也充斥着"劣币驱逐良币"的现象。人们上下班乘坐公共汽车或地铁时会发现，中规中矩的排队者总是被挤得摇摇晃晃，连等几趟车也不能靠近车门，而不守秩序的插队者却常常捷足先登，抢到前面上车争得座位。这是"劣币驱逐良币"现象在日常生活中的显现。

在婚恋角逐上也可以看到"劣币驱逐良币"的影子。比如 A 男自我感觉条件优越，往往在恋爱对象的选择上左挑右捡，错失向 C 女表达爱意的机会，而 B 男则因一无所有，索性孤注一掷向 C 女表达海枯石烂的倾慕，把 C 女拖入婚姻的围城。

同样，我们在商品市场上也能找到"劣币驱逐良币"的案例。很多原装正品的名牌时装，因价格昂贵无人问津，而山寨版时装因外观模仿名牌近乎逼真，导致买家难辨真伪，且价格相比原装正品十分便宜，经常在市面上意外畅销。

优胜劣汰原本是传统市场竞争机制的正规玩法，但是在信息不对称的恶劣情况下，市场机制的运行效率就会大打折扣，甚至会出现"劣币驱逐良币"的反差。但是，在一个完全自由且资源充足的外汇市场上，走势坚挺、含金量较高的货币（良币）会被大多数人认可，反之，走势疲软的货币（劣币）就会被大多数人舍弃，人们在国际贸易就会倾向于接受良币，拒绝劣币，这就是"反格雷欣现象"。

"劣币驱逐良币"是经不起推敲的，因为它迷失于只关注支付货币方（买方）的精明，而罔顾收取货币方（卖方）拒收劣币的理性选择。对于劣币和良币的信息不对称是暂时的，一旦信息公开，一切迷雾都会烟消云散。在市场机制不好的状态下，劣币也许会一时驱逐良币，如果在市场机制良性发展的情况下，良币就会逼迫劣币远离市场。

随着 IP 为王时代的到来，优质的内容 IP 会从垃圾信息中脱颖而出，在多平台多场景分发中占据优势；优秀的人物 IP 会从芸芸众生中显露头角，在多平台多场景分发中占尽先机。IP 为王就是优质 IP 更能吸引用户关注，更容易占领消费者心智，是 IP 化过程中良币驱逐劣币的体现。在 IP 为王的时代，我们终将走出"格雷欣迷雾"。

### 2.3.1 信息大爆炸造成"格雷欣现象"

我们很幸运，生活在一个信息大爆炸的时代，可以享受"互联网+"给我们带来的极大生活便利。我们很不幸，每天都有海量的微信、微博、图片、新闻故事、音乐歌曲、电子邮件，铺天盖地朝我们袭来，我们无所适从，又无法逃避日益膨胀的数字信息，陷入一个数字迷城。人类在最近的 30 年里生产的信息，已经远远超过之前 5000 年间的信息总和。

西方国家 800 多颗通信卫星环绕在地球上空，四大通讯社每天总发稿量高达 3500 万字。中国单就卫星电视就有近 200 个频道，沿海省会城市一般都办有 60 多种报纸，报纸的版面一扩再扩，蕴含的信息量非常巨大。据不完全统计，近年来全世界每天发表的论文达 13000～14000 篇，每年登记的新专利达 70 万项，每年出版的图书达 50 多万种。全球印刷信息的生产量每 5 年翻一番，《纽约时报》一周的信息量就相当于 17 世纪学者毕生所能接触到的信息量总和。

20 世纪 80 年代，"信息爆炸"一词的出现，看似小题大做，20 世纪 90 年代后信息量就以几何级指数增长，而当"第五媒体"互联网来临时，人们彻底被信息砸晕了。在虚拟混沌的信息空间，人们面临数据过剩的巨大压力。面对 24 小时昼夜阅读也无法尽览的信息，个人接受力严重超载，人的精神崩溃了。

根据英国学者詹姆斯·马丁的统计，人类知识的倍增周期加速度缩短，19 世纪的倍增周期是 50 年，20 世纪前半叶则缩短至 10 年左右，而到了 20 世纪 80 年代末期人类知识几乎每 3 年就翻一番。一个人所掌握的知识半衰期同样在缩短，18 世纪的知识半衰期为 80～90 年，19～20 世纪为 30 年，21 世纪 60 年代为 15 年，21 世纪 80 年代则缩短为 5 年左右。

根据美国软件开发商英克托米公司公布的一项研究结果，目前互联网上可编索引的网页数量已超过 10 亿，如果加上大量无法编索引的网页，互联网上的网页数量更是不计其数。

互联网上发布和传播的信息量非常庞大，一方面给人们的日常生活和世界认知带来便利，另一方面也带来信息大爆炸衍生的困扰。很多时候，人们收集信息、检索信息上所花费的劳动成本，已经超过了这些信息本身所具有的价值。许多公司每天要处理的信息琐碎繁杂，超过他们能够负荷的分析能力，妨碍了他们的决策效率，甚至导致决策失误或难以做出最佳决策。

信息铺天盖地地超负荷分发，反而造成传播通路的阻塞。在我们有需求想要寻找一些信息时，往往来不及寻找更有价值的信息就结束了，因为它们被海量的垃圾信息淹没了。面对信息潮水般地涌入，受众往往感到手足无措，难以大浪淘沙般发现所需要的信息，造成信息流失。

所以在信息传播阻塞的碎片化时代，在中心化媒体失效的自媒体传播时代，只有 IP 王者输出的认知和理念才能 "I Park in Your Mind" ——占据大众心智，只有有价值的信息和内容才能被广泛关注和传播。当前人们更愿意吸收来自大咖、意见领袖等人物 IP 的观点，而不是分散的海量信息。

## 2.3.2　IP个性化价值区隔品牌优劣

在芸芸众生的移动互联网时代，有的人靠言语奇葩换掌声，有的人靠品行出位博眼球，有的人靠粗俗比贱争上位，有的人靠无厘头的搞怪卖萌求点赞，一时间茫茫网海中杂草"劣币"丛生，充斥着各个平台和界面，羞于为伍的"良币"常常被束之高阁。

一个草根网民若想受到持续关注，有朝一日成为人物 IP，需要在内容产生和输出方面进行 IP 化的脱"俗"换骨，不再是一时的卖弄噱头，而是用引起情感共鸣的优质内容打动人，用正面的价值理念感召人，这样才能长久地维持粉丝的黏合度，树立起较长生命周期的个人品牌。

如今的人物 IP，类似 papi 酱，同道大叔、李叫兽等，他们都不是盲目滋生的草根，他们有深度，有内涵，有幕后团队孵化支持，形成大规模整体作战的产业化链条，能够将个人的粉丝群体快速变现。

除了一个长期的内容营销过程外，劣币洗白变良币还需要一个漫长的个性魅力辐射过程，既要对外展示品牌价值，又要对内提升文化内涵，无论是借助微博、微信等自媒体，还是映客、花椒等现有零成本的 UGC平台，都需要 IP 化的深耕细作，精心设计。

综观世界上的一些超级人物 IP，无不是具有鲜明的个性魅力和价值感召力，乔布斯的品位和激情、贾跃亭的前瞻和独断、董明珠的坚韧和勇气、刘强东的执着和挑战精神、王健林的严格和军人气质，都透露着让人印象深刻的人性光芒。

### 2.3.3　网红到 IP 的蜕变：良币驱逐劣币

从网红鼻祖呛口小辣椒开始，我国开启了前所未有的造星运动。时尚博主、美妆达人、时尚 icon，层出不穷的网络红人，依托背后的线上店铺，在众粉丝的前呼后拥之下，在短时间内就能走向名利双收的人生巅峰。

网红经济就是一个社群经济的时尚演化。淘宝上百余家女装红人，各自拥有超过 5000 万粉丝，这些网红通过社交网络而快速引发时尚风潮，借助粉丝经济形成一种新的商业模式。2015 年"618 大促"活动中，销量 TOP10 的淘宝女装店铺中，有 7 家是网红店铺。

网红孵化模式的背后是回报丰厚的粉丝经济。"国民老公"王思聪牵手的新晋女友雪梨除了网红身份外，还是一家年销售过亿元的淘宝店铺的店主。这样的销售额，丝毫不逊色于一些中等规模的服装公司。

高颜值的网红电商，是中国网红经济时代的一大亮点，自营销的杀伤力甚至超过国际品牌。全球著名的时尚服装品牌 H&M、Zara、C&A、UNIQLO 等，走的都是样多量小、低库存快销售的快时尚商业模式，但在阿里无线事业部总监陈镭的眼中，中国网红电商掀起的红人经济，将比这些快时尚品牌更快、更合身，对粉丝的服务、与粉丝的互动等环节都要经过精心设计。2016 年 3 月 2 日，陈镭在阿里巴巴集团的"商业服务生态峰会"上发表主题演讲，认为网红电商引爆粉丝经济是一种新的商业模式。

尽管网红们是名利双收，不仅名气上风光无限，而且通过网店赚得盆满钵满，但是网红还是被看作一个快速淘汰品，一个快速走红并被取代遗忘的群体。

网络的零成本特质降低了门槛，决定网红能够火箭般升起，也会如流星般坠落，此消彼长的故事可能每日都在上演。同时，网红的同质化，特别是高颜值网红的同质化，决定着网红会被网络快速过滤，从高曝光率瞬间变为低曝光率。不过，一个网红如果能够实现多平台分发、多场景呈现，在内容产生和价值观输出方面出类拔萃，有朝一日还是能够成为人物 IP，这是因为网红有成为 IP 的潜质。

网红妆、锥子脸并不是成为网红的唯一门票，很多红人每天至少花两三个小时与粉丝互动，如张大奕每天看 1000 多张时尚服装照片，录制三场讲解款式的直播，需要做足功课来维持粉丝用户的忠诚度。

同时，许多网络红人已不满足于在一个垂直领域的影响力，越来越想寻求多平台跨界出镜，吸引更多的粉丝关注。很多网红会参加综艺节目或阿里影业等影视公司的影片拍摄，一些超级网红的价值堪比明星，在聚光灯下具有同样的粉丝变现能力。

网红们在社群平台运营自己的粉丝群，有目标性地针对不同粉丝群体进行精准营销，塑造网红 IP 的辐射影响力，给自身标识的产品赋予灵魂，增强粉丝经济变现的品牌消费力，从而创造出新的网红经济模式。

互联网家电 SKG 在网红 IP 化营销上做得很出彩。SKG 借助社群平台发力，抓住社群时代网红与粉丝之间的情感共鸣连接，不间断制造自身的网络红人，致力于经营网红经济下的粉丝社群，可以在原有品牌的基础上开发出更多的衍生价值。通过塑造网红 IP 给粉丝传递产品的价值观，在情感上引起粉丝共鸣，更容易在企业文化上得到粉丝认同，让品牌走进粉丝的生活，逐渐拥有深远的影响力。

### 2.3.4　IP 为王=良币为王

在信息大爆炸的移动互联网背景下，微信大号、微博大 V、极客、威客、网红等如雨后春笋般繁衍滋生，良币驱逐劣币的 IP 为王时代已经开启，"一招成名"、"一夜暴富" 的草根逆袭传奇频频上演，吸引力经济时代已经彻底爆发。

与传统媒体实体渠道单点聚焦的造星模式相比，人物 IP 化运营是在 "互联网+" 的广角镜头上最大限度地放大。给我一个众媒体跨平台的支点，就能撬动整个网络资源传播的平台，人人皆可成明星的梦想仿佛就在眼前。在众媒时代，全民自媒体化，网红电商化，个人赋权时代的巅峰已至，集体迁徙互联网虚拟大生态的步伐加快。每个人都是内容的传递者，都是热点事件的推手，都是与粉丝分享生活点滴和工作攻略的分享大师。

在众媒时代，以优质内容取胜、以人物个性魅力吸粉的 "良币 IP" 跨平台蔓延。这些人物 IP 通过和粉丝的积极密切互动，维系在虚拟社交网络上的感情交融，从而获得忠诚粉丝的持续关注。这个通过人物 IP 的人格魅力对受众进行心智卡位的过程，就是 IP 化良币驱逐劣币的过程。

### 2.3.5　泛娱乐化构建 IP "良币矩阵"

在手游市场行业竞争日益激烈的背景下，许多厂商加紧 IP 市场的结构布局，打造良币 IP，希望明星 IP 带动自己的 "死忠粉"，快速引导用户成为游戏深度玩家，节约用户导入成本，从而大幅缩短游戏运营的变现周期，在游戏一开始发行时就能深度挖掘游戏的变现潜力。

为了构建良币 IP 孵化的泛娱乐生态圈，动画、电影、音频和游戏领域的企业展开大手笔的横向联合，比如河马动画与影联传媒、喜马拉雅 FM、炫彩互动、上影联和院线的合作结盟，达成长期的战略合作伙伴关系，在 IP 的打造上互通有无，形成互补，共同构建泛娱乐业务矩阵。

影视与游戏都是文化创意产业，彼此密不可分。影游互动模式在欧美影游互动市场早已司空见惯，但是在中国移动游戏市场才开始逐渐兴起。一些网络文学的 IP 通过影视平台耀眼绽放，电影产业近两年高速发展，是影游互动模式会在中国兴起的幕后主要原因。

爱游戏目前拥有注册用户 1.6 亿，月活跃用户达 3000 万，累计下载量突破 6 亿次，首发精品游戏 600 余款。为了打造行业领先的一站式游戏运营服务平台，谋求共建 IP 产业链，爱游戏开始布局自己的游戏 IP 娱乐战略。目前爱游戏在 IP 合作上成效不俗，在 IP 版权、渠道分发、品牌推广等方面，与百视通、中文在线等平台达成战略合作，已签约多款优质 IP。

有着同样的利益诉求，河马动画也需要挖掘旗下产品的深层价值，构建自己的 IP 产品生态圈，于是和爱游戏走向合作，整合双方资源，打造泛娱乐矩阵，创造文化创意良币，共同构建影视游戏一体化平台。此外，作为网游行业中的老牌游戏厂商的天戏网络，大力拓展国内 IP，并精准推广国外 IP。2007 年公司在 PC 平台与日本光荣公司合作推出动作游戏《真三国无双 OL》，累计销量超过 1600 万套，在中国、日本和韩国共同运营，并且中国大陆地区的销售战绩最为突出，累计注册用户超过 1500 万，玩家在线峰值 20 万。

文学类作品改编成手游的 IP 产品运作，是天戏网络今后陆续启动的国际战略布局。IP 化运营下改编成手游的网络小说，包括第一波旗下唐家三少以及"我吃西红柿"等多名白金小说家的人气改编作品。天戏网络在与合作方共同拓展国内市场的同时，也将联手把这些人气 IP 产品推向海外。

同样，腾讯互动娱乐也在打造良币 IP，2016 年 3 月 25 日，腾讯互动娱乐召开 UP2016 年度发布会，主题为"经典 IP 的年代秀"的移动游戏环节，成为这场发布会的最大亮点。腾讯吹响经典游戏 IP 二次引爆的集结号，将那些曾经打动过玩家的经典游戏作品，在移动端上重焕新生。

通过对经典游戏 IP 的精品再造，腾讯在游戏品类的布局与 IP 的储备上都将展现出更大的爆发力。其中，RPG 将成为腾讯 2016 年重点发力的品类，移动端游时代经典的 RPG 作品，如《征途手机版》、《剑侠情缘手游》、《传奇世界手游》、《新天龙八部手机版》、《梦幻诛仙手游版》、《御龙在天》，将脱胎换骨改编成手游 IP。

腾讯再造经典游戏 IP 的精品 3.0 战略，核心是聚焦打造高品质的精品手游，给玩家奉献出新的经典 IP。这些二次引爆的良币 IP 将进行二次变现，在 MOBA、MMOPRG、FPS 等中重度手游市场确立自己的优势，同时将移动游戏的外延跨平台延伸，从游戏内延展到游戏外的社交、竞技、娱乐领域，形成泛游戏格局。

腾讯的精品 3.0 战略体现出良币 IP 的生态化塑造机制。腾讯将七大要素形成前期和后期的相互生态型联动，涉及 IP 储备、开放生态、数据挖掘、用户研究、电子竞技、用户社区和精品游戏的产业链条一体化。

### 2.3.6　借国粹塑造良币 IP

一个良币 IP 的塑造，不仅需要表层上的内容呈现，而且还要进行 IP 化的底层设计。底层设计承载着 IP 的价值观和文化底蕴，是良币 IP 脱颖而出的精髓，是良币 IP 产生持久影响力的魅力所在。

中国具有历史悠久的传统文化底蕴，富含许多可以重复开发的 IP 资源宝藏。中国艺术国粹京剧就是一个耳熟能详的 IP 资源，有多平台多场景分发的潜力。由北京璀璨星空出品的动画片《京剧猫》，就是加入中国国粹的文化底蕴，对卡通形象 IP 进行中国元素的底层设计。

《京剧猫》讲述的是在猫土上，生活着一片猫，自从黯入侵之后，魔物横行。京剧猫白糖从没有背景和过人的天赋，到凭靠自己的努力和不放弃的精神，和武崧、小青、大飞三个小伙伴一起，打倒了邪恶势力，拯救了家园。

《京剧猫》是一部以猫为主角的功夫奇幻动画故事，将京剧和功夫两大中国特有元素巧妙融合，在梦想与热血的情感上引发受众的共鸣，通过真善美的普世价值观传递，成功打造出"中国题材、国际表达"的良币 IP，无论是动画形象和功夫特效的表层设定，还是价值观和文化底蕴的底层设计，都为塑造走向世界的中国超级 IP 打下基础。

近年来，国外动漫巨制不断入侵国内青少年文化阵地，而中国国产动画目前正处于转型的尴尬境地，能够完美诠释中国元素 IP 的动漫作品并不多。《京剧猫》以国粹和功夫主题进行核心架构，展现出浓厚的中国传统文化元素，将中国文化的精髓延展到动画片，能够让青少年对中国传统文化有一个更清晰的认知，在娱乐的过程中对青少年产生潜移默化的影响，做到优秀传统文化的传承。

为了进一步开发国产动漫的 IP 衍生价值，北京璀璨星空与多牛传媒、中文在线达成合作，开始打造《京剧猫》的 IP 形象，围绕《京剧猫》的品牌形象开发周边衍生品市场，并在影视动画、手机游戏、主题乐园等领域进行布局，构建泛娱乐化产业链，在把《京剧猫》打造成国内超级 IP 的同时，将中国文化元素延伸到全球市场。

Part 3

# 人物IP化始于品牌占领心智

我们到快餐店麦当劳就餐，店内的点餐台、食品包装、员工制服和玩具上都清晰醒目地印着黄色"M"符号，这个符号就是麦当劳的IP。

当一辆汽车驶过我们的身旁，车头醒目竖立着银色"三叉星"（三叉星象征着征服陆、海、空的愿望）的标志，我们知道那是一辆奔驰汽车，三叉星就是奔驰的IP。

当我们看到两个字母C背对交叉在一起，我们知道那个标志是百年历史品牌香奈儿，无论环境多么嘈杂混乱，我们总能"万花丛中找到了美"，那个时尚优雅的双C就是香奈儿的IP。

同样，人物IP也要有强烈鲜明的人格化属性，也要有独特的个性品牌内涵，就像姚明的身高、范冰冰的锥子脸，每一个明星都有专属的自品牌，它们就是明星卓尔不群的IP。

人物IP化，就是人物爆红前后的个性品牌内涵构建过程，是自品牌的塑造和定位过程。人物只有IP化，才能产生他人对自品牌的联想，才能激起粉丝的心理认同和情感趋向，才能在潜意识激发粉丝的价值认同和情感共鸣。

当我们喝龙井茶时，我们喝的不仅仅是回味悠长的茶香，口中品味的是中华五千年的历史文化；当美国人喝可口可乐时，喝的也不单纯是深色的碳酸饮料，而是代表美国快餐文化的一种情怀。

所以，人物IP化是"I Park in Your Mind"的过程，是占领心智的唯一路径。一个人要想占领大众的心智，必须读懂受众的兴趣爱好和思维情感，而且要"读你千遍也不厌倦"；只有持续捕捉他们的情感世界，读懂他们的价值认同，才是人物IP化的制胜王道。

# 人物 IP 化需要环境扩音

畅销书作者克里斯·安德森在《长尾理论》中提出一个假设性判断：如果蚂蚁也有扩音器，它们会说些什么？

人人皆媒体的众媒时代的到来，一名默默无闻的网络草根也有扩音器了。移动互联网成为内容创作和口头传播的舞台，人们不再需要具有垄断地位的传统媒体，只要在微信和微博上拿起扩音器，全世界都听得到他发出的声音。网络媒体进化如图 3.1 所示。

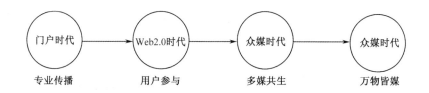

图 3.1　网络媒体进化

2016 年第一网红 papi 酱在火爆之前也有过选择定位的彷徨，她尝试过走惯常的时尚博主路线，也尝试过做靠颜值晒美图的传统网红路线，最后找到自己的品牌价值，以短视频为载体接入吐槽类卡位。papi 酱拿起自己的扩音器，开启爆发式的吸粉模式，完成从普通草根到网红再到超级 IP 的 IP 化人生蜕变。

这样，捧红一张唱片，不再单独依赖广播；捧红一段视频，不再单独依赖电视；捧红一个人物，也不再单独依赖传统媒介。在互联网时代，人们有了更多使用"扩音器"的载体和平台，直播就是这样一个允许自由发声的地方，一个能够快速袭领他人心智的平台。

### 3.1.1  直播拉近 IP 与粉丝的场景距离

直播为人物 IP 袭领心智提供最佳场景，是人物 IP 化的快捷平台。在雨后春笋般涌现的众多直播平台上，主播可以在屏幕前秀颜值、秀口才、秀舞技，快速聚集粉丝后瞬间爆红。粉丝们能够零距离与主播互动、献花和打赏，对主播形成生动直观的情感纽带，增强亲和力和黏合度。

2016 年成为直播的兴盛之年，新年开场的一个现象级事件就与直播有关，首富之子、"国民老公"王思聪斥巨资投入以电竞业为基础的泛娱乐化行业，直播行业顿时被一片激烈竞争的硝烟笼罩，呈现红海之势。

虎牙直播和 ME 直播获得平台"欢聚时代"注入 10 亿元投资，并豪掷 1 亿元签下主播 MISS；估值 10 亿美元的斗鱼获得腾讯投资 4 亿元；映客获投 8000 万元的背后也有昆仑万维、复赛等机构；投入阿里怀抱的陌陌也不甘人后，主推直播视频社交，估值达到 10 亿美元；易直播获得6000 万元 A 轮融资；奇虎 360 旗下花椒、秒拍、一直播也强势助推。资本对直播平台虎视眈眈，正是看中直播快速造星和 IP 孵化的潜力。

为在多屏闪耀下吸引粉丝的目光，直播从业者纷纷采取内容制胜策略，对内容产出进行大手笔投入。映客直播特邀"赵家班"弟子创造快乐氛围，花椒直播招揽部分"好声音"成员聚拢粉丝，咸蛋家直播间则主打借助网络剧走红的新人，ME 直播斥资赞助鹿晗全国演唱会，熊猫 TV 直播平台上韩国人气女主播云集。

2016 年注定是不平凡的一年，当人物 IP 遇上视频直播，个人品牌价值获得指数级提升和显现，网红影响力变现从单纯的秀场模式，升级成为秀场表演、知识传播和社交互动的混合模式。在去中心化下的互联网时代，特别是移动直播兴起的时代，人物 IP 的崛起势头正旺，个人影响力变现节奏加快。

直播平台在初期曾被看衰，在中国，"激进式表演"催生直播平台近些年的短时间繁荣，虽然围绕女主播进行颜值营销的各家中小型经纪公司传出一片叫好声，但是"直播脱衣"、"直播造人"等内容宣扬淫秽、暴力，背离主流的社会价值观，出位的运营模式难以永续。

不过，在线直播的盈利模式已经由 YY 成功试验，女主播 IP 输出网红产业链，直播行业正在打造一个新兴的庞大市场。作为国内直播平台的先行者，YY 自 2010 年切入在线直播，目前平台累计注册用户超过 10 亿，日活跃量高达 1.2 亿人次。

2016 年，在线直播行业迎来高热期。游戏直播以斗鱼、熊猫 TV 为代表，秀场直播以花椒为代表，2016 年 3 月，小米直播悄然上线。小米创始人雷军放言：手机直播这一伟大的时代来临了。在雷军、王健林等企业领袖 IP 的带领下，越来越多的企业选择试水直播营销，直播作为人物 IP 场景分发的最佳平台、拉近人物 IP 与粉丝距离的直通车，是人物 IP 卡位心智的快速通道。2016 年 6 月 7 日，饿了么 CEO 张旭豪入驻 YY 直播，首次与网友亲密互动，引领"直播+"时代下的品牌新玩法。

借助直播的场景分发优势，这位国内知名外卖订餐平台的 CEO 与粉丝一起回顾艰辛创业的那些年，并透过直播带领网友参观"饿了么"公司总部，直播镜头前亲自揭开这一外卖 O2O 的神秘面纱。

有别于拼颜值的美女直播，企业家直播同样具有强大的吸睛效果，而且人气更加爆棚，这场直播吸引了数十万网友同时在线观看，网友们以弹幕、留言等形式吐露心声："作为外卖的忠实粉丝，今天终得见见自己的饮食父母"、"第一次见到饿了么创始人的庐山真面目，无法想象的接地气、充满现实的力量"。

"饿了么"高管康嘉直言，作为"互联网+食品"的公司，我们的目标用户就是爱吃爱玩的年轻群体，正好跟 YY 直播用户的年龄群体高度吻合，所以选择 YY 作为公司首次媒体开放日的唯一平台，期待通过直播这种新兴的社交方式，让用户印象中的"饿了么"品牌更加接地气。

## 3.1.2　偶像直播明星 IP 的养成之路

直播平台不仅是草根美女拼颜值、赚打赏的竞技场所，也是影视圈偶像的明星 IP 养成渠道。许多人气偶像入驻直播平台，与粉丝近距离接触，通过直观互动凝聚粉丝的忠诚度。

2016 年 5 月 31 日中午 11:40，刘涛登陆 YY 时尚主播，同超过 100 万名网友直播互动，尽侃《欢乐颂》中安迪的时尚搭配秘经，通过直播打时尚牌，养成自己的明星 IP 品牌，"刘涛 STYLE"海报刷爆朋友圈，"刘涛=时尚"瞬间占领粉丝心智，成为刘涛的个人品牌标签。

YY 直播团队也抓准刘涛掀起的时尚旋风，围绕安迪式时尚进行预热和话题营销。在刘涛入驻直播的前一天，数十位 YY 当红女主播秒变涛迷，集体换穿安迪标志的白西装，在各自的直播间唱刘涛金曲，用《欢乐颂》台词向刘涛表白，当天吸引超过 40 万人次观看。

"女主播集体换装"成为话题营销的绝佳题材，在社交媒体上引发病毒式传播，迅速跃升为百度热点。累计 10 亿用户的 YY 直播，成为刘涛扩大社会影响力的渠道，成为刘涛养成明星 IP 的平台，"刘涛时尚开播"给粉丝留下深刻印象。

在线直播是人物 IP 化的直通车，不需要高门槛的内容生产，也不需要专业酷炫的图文剪辑，多数内容都是主播谈笑间信手拈来。一个别具特色的直播间，一位有独特才艺的主播，只要聚集大量的粉丝点赞和打赏，你就有机会成为明星，进入人物 IP 化的通道。

通过直观的场景互动，为人物 IP 化占领心智提供捷径，是直播平台与传统平台的最大差异。每个人都可以在直播平台上进行场景展示，设计自己的直播间和个人形象，与粉丝实时沟通，进而将个人形象 IP 化，并且借助平台的打赏机制迅速变现。IP 化的场景分发和变现的通畅途径，是直播平台具有的竞争优势，是其他渠道难以比拟的。

在直播平台偶像养成计划的惠益下，有特点、有魅力的个人势必崛起，白富美依然夺尽眼球，高富帅依然赢得掌声，声音动听就会有知音；如果某人"有貌有脑"，是"天生丽质难自弃"的智慧型达人，那么他本身就具备了自己的扩音器，在直播平台上 IP 化崛起只是个时间问题。

罗永浩讲的是人生态度，吴晓波讲的是财经，人物 IP 本身并非无心插柳，许多人都是有意打造出来的，长时间的内涵积淀，长时间的人气积累，背后是精细化的内容创造和团队运作。

所有 IP 化人物都是独居匠心的稀缺的内容生产者，他们凭借内容吸引粉丝关注，成为某个领域的意见领袖，成为某个行业的领军人物，为占领大众心智铺平道路。除内容别出心裁之外，主播的特质是否能从内容中体现出来，主播是否接地气与观众相契合、相关联，让一个令人仰视的 KOL 变成伸手可及的人，对人物 IP 化来说也是非常重要的。

所以，直播平台的人物 IP 化需要与粉丝有心灵感应式的互动，这样就激发了粉丝的参与意识和乐趣。有钱的接机捧个"钱场"，花钱打赏主播；没钱的就捧个"人场"，在底下进行互动评论和点赞。无论是"钱场"和"人场"，都能帮助主播跃升上热榜。

直播平台主播的明星 IP 养成之路，与互动型养成游戏非常相似。AKB48 的制作人秋元康就很好地演绎了明星与粉丝的交互作用，推出一种激励型的偶像成长机制。在秋元康的构思下，一个娱乐公司造星的流程变成一种双向传播：台上演、台下看、台下反馈意见决定台上出演。粉丝具有较大的话语权，参与决定偶像的出道、成长、爆红历程。粉丝与明星之间的关系，仿佛从崇拜明星的影迷和歌迷变成了明星的家人。

在高度互动的新型直播平台上，粉丝的衣食父母地位进一步提升，粉丝推动主播上热榜，一次点赞、一次五毛钱的礼物，各种打赏决定着主播的收入，主播则通过表演、互动拉近与粉丝的距离，对粉丝的打赏表示口头感谢。凭借强大的场景互动能力，凭借实时的粉丝交互机制，直播平台成为主播 IP 养成的最佳渠道。

### 3.1.3　直播是另一种无聊消费的崛起

主播的个人特质是自品牌，个人 IP 化是标新立异的特色塑造过程，所谓"特色是金"，甚至达到"不搞怪毋宁死"的程度。千篇一律的 IP 化打造工厂迟早会倒闭，千篇一律的同质 IP 迟早会被遗忘。

所以，直播平台上到处争奇斗艳，有的是毒舌妇、有的是娘娘腔、有的是可爱卖萌、有的是美艳骄人、有的是搞怪作弄人、有的是搞笑逗人……个人的风格化体现出人物 IP 的差异性，成为人物 IP 的特别标签，没有绝活就"死"定了，因为你的人格化特色是你的扩音器，可以留住别人驻足倾听。

而且，直播内容都是"食人间烟火"的生活化场景，环境促成主播的个人特质更加鲜明，更趋向于本色表演。范冰冰直播一小时后直言想上厕所，宋茜在直播中生吃香菜，明星的奇葩言论和行为，满足的是网友的无聊消费。在直播平台上，不仅奇葩言语引人关注，就连睡觉也能引起围观。网名为"阿呆与漓妹"的熊猫 TV 女主播直播自己的睡觉过程，获得上万名粉丝追捧，并成功引起王思聪的兴趣并给出 7 万打赏。

"两性话题作为第一生产力，无聊作为第二生产力，福利与免费作为第三生产力"，微博名人和知名网络段子手和菜头曾做出这样的判断。直播背后透出的也正是马斯洛需求效应。

马斯洛理论把需求分成生理需求、安全需求、爱和归属感、尊重和自我实现五类。需求的等级一般是由较低层次到较高层次的序列排列。假如一个人缺水少食，那么对食物的需求度是最高的，其他等级需求都变得无足轻重，因为此时占据头脑意识的是如何解决饥饿问题，所有能量都被用来获取食物，做梦想的都是一个馒头、一块面包。吃饱喝足之后，人的需求开始转向安全、爱与归属感和自我实现的价值需求。

而直播平台恰好满足了人在吃饱喝足之后的其他精神需求，有时甚至把无聊当有趣，而且最重要的一点是它是免费的。在直播平台上，有人气主播回答自己的问题，还能温馨地进行互动，送出微薄之礼就能让主播轻启朱唇，说一句谢谢或爱你，并念叨自己的名字，成为一种莫大的慰藉和享受。同样，用户的窥私、猎奇等需求也可以在直播平台得到较好的满足，而且是明目张胆的"偷窥"，偷窥另一个城市或国家的陌生人生活，让某些人乐此不疲。

## 3.1.4 人物 IP 化是企业的扩音器

文字时代的李寻欢、今何在、安妮宝贝等挥洒笔墨，以超强的文学功底成为第一代网红；图文时代的流氓燕、芙蓉姐姐、奶茶妹妹等狂秀美照，凭借颜值美照夺尽眼球。而在自媒体自营销的人物 IP 化时代，董明珠通过强大的自推广成为女企业家赌神，仅凭口舌之利就成为格力品牌的扩音器。

众媒时代，这个属于企业家和创始人 IP 化的时代悄然到来。企业家和创始人 IP 拥有最多内容的分发场景，拥有众多品牌曝光及产品宣传机会，能够在以每个自己为中心的多场景平台上传递企业的真实诉求。

从"时代教主"乔布斯到小米传奇缔造者雷军，从"摇滚首富"王健林到"爱情营销专家"刘强东，都在发掘人物 IP 的超级力量，通过人物 IP 化建立品牌，实现心智卡位和最大效益化的自品牌价值输出。

人物 IP 化以其超凡的人格化魅力、具象化的品牌感召力，能够横跨多个平台，获得最多的分发场景，明确对准目标群体，收获最佳的用户转化效能，成为企业的超级扩音器。所以，一流的企业都在汲取人物 IP 红利。企业家只需在指定的垂直领域成为超级 IP，就能迅速袭领消费者的心智，不仅对消费者有品牌的感召力，对商业合作也具有一定的品牌效益，既能 to C 鲸吞实现变现，又能 to B 整合业内资源。

在这个移动互联网的时代背景下，通过纸媒广告和影视传媒投放，成功树立新品牌的案例几乎为零，反而通过人物 IP 建立起来的新品牌则屡见不鲜。如董明珠通过新媒体的自营销战略演绎坚韧的真性情，成为格力产品人格化的宝贵资产；罗振宇通过自媒体"罗辑思维"扬名，开拓出视频营销、线下卖书的产业链条。

这个纷繁复杂的信息化时代，我们尚需非常清晰地卡位个人形象：我是谁？非常清楚地表达自己的人格特质：我属于哪一类？只有这样，才能在碎片化的传播平台上快速占领目标受众的心智。作为具象化品牌的 IP，就是"I Park In Your Mind"，一种长久持续的品牌驻留。

即使是最强势的企业和品牌，也需要持续地小心呵护，在心智卡位之后源源不断地输出内容，保持品牌的新鲜感，就像乔布斯的苹果，从 iPod 到 iPhone，从智能手机到平板电脑的过度，不断传递苹果的品牌价值，输出乔布斯的产品理念，令这个被咬了一口的"苹果"余香绵远。

# 02

# 一切 IP 围绕人物诞生

人物是 IP 的灵魂和内容缔造者，也是 IP 的载体和品牌传递者。一个持续占领心智的超级 IP，更是拥有数量庞大的社交媒体粉丝，能维持 IP 的热度长久不散。

中国四大名著之一《西游记》，业界公认为中国电影界的典型 IP，可谓家喻户晓，妇孺皆知。1986 年版本的电视剧《西游记》重播高达 3000 多次，经久不衰，塑造神话，现已申请吉尼斯世界纪录。

而《西游记》获观众如此青睐，要得益于原著和电影中的角色形象深入人心，孙悟空、唐僧、猪八戒、沙僧等传统经典人物都是超级的人物形象 IP，每个人都以其强烈的个性、鲜明的特质占领观众心智：孙悟空代表勇敢机智，唐僧代表执着坚定，猪八戒代表狡黠胆怯，沙僧代表厚道老实。连《西游记》中的牛魔王、铁扇公主等次要角色，也被 IP 化，并走出国门，扬名海外。

万籁鸣兄弟于 1941 年制作的动画片《铁扇公主》，成为中国动画片的开山鼻祖，作为那个时代亚洲的第一部动画长片，曾对日本动画产生过深刻的影响。1958 年，万籁鸣再次推出中国第一部剪纸动画《猪八戒吃西瓜》，在卡位人物角色 IP 的基础上融入中国风艺术。由上海美术电影制片厂制作的动画片《大闹天宫》，堪称旷世杰作，赢得多项国际大奖。

同样，美国知名游戏公司 Glu Mobile，坚持以制作发行明星 IP 定制类游戏为战略发展目标，先后签约"水果姐"凯蒂·佩里、布兰妮·斯皮尔斯和杰森·斯坦森等明星。Glu 公司的畅销模拟经营类手游《金·卡戴珊：好莱坞》，其 IP 创造也是围绕人物而创作。这一脱胎于明星 IP 的游戏，由 Glu 公司与卡戴珊本人合作展开，努力将卡戴珊的现实生活融入游戏的虚拟世界之中，进而衍生出一种新的社会文化现象。

《金·卡戴珊：好莱坞》的场景植入也围绕卡戴珊的明星 IP 而设，将相对硬核的游戏机制带给大众用户，因为 Glu 公司经过观察发现，卡戴珊的社交媒体粉丝大都精通技术，并且喜欢使用移动设备。这些场景的设计安排，是契合卡戴珊粉丝的兴趣爱好。

在明星 IP 的基础之上定制游戏化产品，Glu 公司拒绝生搬硬套，也不拘泥于同一种套路，而是充分考虑明星的风格和用户期望，创作不同品类的游戏，进行不同领域的心智卡位。

Glu 公司在签约明星的社交媒体粉丝突飞猛进的情况下，人数突破 6.5 亿的关口。在德玛西看来，明星 IP 比影视等其他类型 IP 效果更加明显，其主要原因是明星拥有更多社交媒体粉丝，能自主推广游戏，且热度不会像电影或电视剧那样迅速消失。

Glu 公司借鉴腾讯公司运营游戏的设计理念，将数量庞大的社交媒体用户视为开发游戏的基石，对于 Facebook 粉丝数排名靠前的明星保持即时关注，例如体育明星 C 罗、梅西和贝克汉姆。

"作为粉丝，究竟是更喜欢操控勒布朗·詹姆斯扣篮，还是喜欢看他在更衣室讨论自己的球衣尺寸？游戏产品必须符合明星调性，符合粉丝们的最高期望值"。德玛西的一句话道出个人 IP 定制游戏模式的精髓：通过准确的心智卡位来占领粉丝的心智，只有将明星的影响力与游戏机制相结合，才能创作出能让粉丝尖叫、满意的产品。

### 3.2.1 二次元：人物角色架空现实世界

在二次元的世界里，角色是王，一切 IP 都是围绕人物诞生的。玩家完全沉迷于角色中，心无旁骛，他们对运营是不是有良心、氪金是不是有黑幕、游戏是不是正版都漠不关心，可见人物角色的力量是无穷的。

二次元游戏的 IP，归根结底是人物角色 IP，认知度够高的角色本身就可以被无限地再开发拓展。如 Fate 系列中的 Saber，现在已经成为五色战队，只要长着一张武内崇设计的 Saber 脸，推出再多战队都会获得 Saber 粉丝们的热追。这些角色就是二次元世界的超级网红，这些网红的 IP 化将扫荡动漫和游戏行业。

2015 年，微博的核心二次元用户突破 1400 万，而中国泛二次元用户数量也已经高达 1.1 亿人。

沉浸于二次元世界里的朋友，大部分是年轻的"御宅族"，以在校学生为主流，且数量越来越庞大。实际来讲，中国的 80 后差不多是第一代融入世界二次元潮流的人，随后更年轻的一代更为亲近地融入二次元文化，他们生活在更加疏离的二次元世界里，对二次元人物形象 IP 更加痴迷，不仅在线上观看和讨论漫画和动画人物，也常常在"三次元"的现实中参加聚会，发起 CosPlay（角色扮演）的完整表演。

"架空现实世界"的二次元，借以动画、漫画、游戏等形式塑造一个虚拟世界。他们拥有一套自己的话语体系、独特的价值观和理念，以傲娇、呆萌、宅腐、冷艳、萝莉、御姐、腹黑和毒舌为标签，已经形成一个固定社群的亚文化圈，御宅族自言"我们活在自己的世界里"。

御宅族通常打扮怪异，被三次元的主流世界看成另类，但是这些活在空中楼阁的群体，如今正主导着一个庞大产业的形成，究其原因是二次元世界孵化出热门的漫画 IP，二次元人群聚集的弹幕视频网 A 站和 B 站蕴藏着巨大的粉丝流量，这些都形成文化创意产业不容小觑的 IP 势能。

在二次元的世界里，无论故事多么庞大，玩法多么创新，角色才是核心竞争力，因为角色是玩家最直接的接触对象，是最直观的感受。ACG 产业早早进入以卖角色为主的第 5 世代，角色是所有故事和玩法的终极聚集体。故事再棒，不如一张精美的游戏插图令人震撼、受感染。

这种御宅文化在日本已经经历 5 代，历经特摄、动画、声优和动画周边、轻小说与网络上的快速消费 ACG 产品，直至包括父母在内的全家御宅。目前严格意义上的第 5 世代在中国尚未出现，中国的御宅体系处于第 4.5 世代且正向第 5 世代过渡的阶段。

二次元游戏的 IP，绝对是围绕人物角色而诞生的。角色在 ACG 作品中举足轻重，现在日本的轻小说已经变成以塑造角色为主、剧情为辅，认为角色才是核心竞争力，角色才是硬道理。

"舰娘"是二次元游戏中的佼佼者，很多玩家入坑舰娘不是因为对军舰感兴趣，而是纯粹对舰娘的萌态角色造型情有独钟。舰娘最初走红是群体杰作，尤其以"岛风"为代表，很多新玩家是因为看到"岛风"那令人喷火的造型而毅然入坑。IP 化魔法后的二次元角色，彻底袭领了御宅族的心智。

### 3.2.2　漫威巨制：英雄 IP 横扫全球

漫威爆款大片塑造出了一系列超级英雄形象，这些形象的 IP 化为漫威带来了巨大的商业价值。《复仇者联盟 2：奥创纪元》在中国引发观影狂潮，再次凸显了得 IP 者得天下的硬道理。该片在全国 200 多家 IMAX 影院热映，首周国内票房收入破 10 亿元，登上票房之巅。

而早在影片火爆上映之前的一个月，漫威打造的"宇宙帝国"和超级英雄 IP 也提前发酵。身为出品方的美国迪士尼公司就先行空降上海，将旗下影片的 IP 形象授权给了休闲服饰巨头佐丹奴和优衣库。这两家厂商迅速推出复仇者联盟系列服饰，并与格瓦拉等在线电影售票网站展开合作，推出了联动营销。

阿里巴巴旗下的淘宝电影也看中漫威超级英雄的 IP 魔力，希望在 IP 营销中抢分一杯羹。淘宝电影与迪士尼开展战略合作，售卖影片的相关电影衍生品，在这些超级 IP 的周边领域捕捉商机。

这些超级英雄 IP 正在沦为圈钱工具，因成功攫取观众的心智而风靡全球，关键就是构建了一个与现代社会近似而又不同的世界观。年轻一代在 IP 热中成长，他们读着漫画、玩着网游、看着美国大片慢慢长大，对知名的人物形象 IP 耳濡目染，他们喜爱的一个个知名人物形象能从漫画和文学作品中跳出来，变成一部大片或改编成一部游戏而跃入眼帘。

漫威坐拥 8000 个英雄 IP，其打造的一系列超级英雄，是有完整体系的一脉相承，在 75 年的漫长岁月中将旗下英雄的故事从出生、成长到战斗都描写得非常完整，这些英雄的整个世界观也逐渐完善，从漫画跨界发展到动画、电影、美剧、手游等领域，继续发挥品牌的影响力。这种优质 IP 的续航能力，不是一次性消费，而是循环性、系列性运作。

漫威在 2009 年被迪士尼收购以后，就开始紧锣密鼓地回收以前卖出去的超级英雄版权，如刀锋战士、夜魔侠、惩罚者等。经过半个多世纪的发展，复仇者联盟在钢铁侠、美国队长、雷神托尔及绿巨人的主力阵容之外，又纷纷加入鹰眼、黑寡妇、绯红女巫、快银、奇异博士、幻视、黑豹、金刚狼、神奇先生等漫画角色，组成了最经典的复仇者联盟团队。

这个英雄军团是梦幻阵容的超级 IP，是具有高附加值的优质 IP，极大满足了全球观众的口味，显示出强大无比的圈粉能力以及极大的票房杀伤力。

# 人物 IP 化魅力营销袭领心智

脱胎于"知识产权"内涵的英文缩写单词"IP",经过聪明的中国人的山寨式创造,成为泛娱乐产业、文化创意产业和风险资本的热络词汇,2015 年因此被称为 IP 爆发年,也有人称 2015 年为超级 IP 元年。

而 IP 的概念,也不只是知识产权,凡是拥有大量粉丝群、占领了许多人心智、能够多元化持续商业开发的人物、事件和事物,都涵盖其中。在泛娱乐圈内,它可以是有优质内容的故事,有强大知名度的人物形象,它可以跨界延伸到电影、电视、动漫、游戏、音乐、戏剧、体育等领域。

对于人物 IP 来说,它可以是现实世界的真实人物,也可以是影视动漫世界的人物形象。人物 IP 需要有强烈的人格化特质,通过不断输出优质内容吸引粉丝流量,爆红之后能够跨平台多场景分发进行魅力营销,能够产生持续的关注度和影响力。

无论是真实人物 IP 还是影视形象 IP,都必须具有一个超级能力:占领心智。人物 IP 化也是占领心智的唯一途径,只有 IP 化才能先入为主突破受众的防线,进入他们的心智,只有 IP 化才能居高临下影响受众的认知,抢占他们的心智。

在传播过度的信息大爆炸社会，人们面对海量信息显得束手无策，唯一的防卫机制就是过度简化的心智，若想打开人类心智这扇门，就必须找到简化信息的钥匙。心智是人类行为的灵魂和总指挥，是人们对已知事物的记忆沉淀和思维储存，是各种思维能力的总和，包括对外部事物的感知和洞察力、理解和判断、认知和记忆、想象和联想、假设和推理，并据此指导人类行为。

人们有时还固执己见，有一种模式根深蒂固于我们心中，许多假设、固有成见甚至图像和印象都影响着我们的世界观，支配我们如何采取行动，并形成一种思维定式。这就是心智模式，由苏格兰心理学家科瑞克在 20 世纪 40 年代提出，随后又被许多认知心理学家和认知科学家采用。

心智有自己的防御体系，它接受喜欢的东西，排斥厌恶的东西，一旦形成定式就很难改变。所以，袭领心智的前期定位工作至关重要，需要取长补短找准靶心，需要不断试错自我反省，需要在反省中动态微调。

先入为主，占据思维制高点，是人物 IP 袭领心智的不二法门。

这个世界上跑得最快的人是谁？是来自牙买加的超级运动员博尔特；亚洲网球一姐是谁？当然是两次夺得世界大满贯冠军的李娜。那么第二名呢？这个嘛，我得想想。

第一名的领先优势超然卓著，甚至成为某个品类甚至某个行业领域的代名词。比如，提到汉堡，我们想起麦当劳；提到咖啡，我们想起星巴克；提到篮球，我们想起乔丹；提到摇滚，我们想起迈克尔·杰克逊。

同样，在中国，第一位的品牌力量也是如此强大，物流电商对应着淘宝，搜索引擎对应着百度，个人计算机对应着联想，微信对应着腾讯。它们在消费者心目中的地位超然出众，而且难以撼动，品牌的心智卡位早已深入人心。

为什么非要争得第一？因为"第一"最先袭领心智。面对纷繁复杂的大千世界，心智的容量有限，不可能掌握所有情况和每个细节，容易接受相对简化的信息。"第一"无疑就是这样的简化信息，容易理解、容易选择、容易记忆、容易引起注意。

如果在某个领域已经诞生超级人物 IP，最好的方式不是赤膊上阵，不是与对方正面冲突，而是在不同的定位点寻找差异性，对"第一"重新定义和定位，找寻品牌定位的市场空隙，并进行充分挖掘。

以产品为例，牙膏品牌五花八门，为了"挤"出一片天地，所以就有了中药牙膏、竹盐牙膏、脱敏牙膏。从前的感冒药是不分白天吃和晚上吃的，药还能分早晚黑白？"白加黑"就发现这样一个市场空隙，生产出区分白天和晚上的感冒药，令人拍案叫绝。王老吉改变了凉茶是药的定位，把它演绎成一种消暑饮料——"只要怕上火，就喝王老吉。"

同样的策略可延伸到人物领域的超级 IP 上，目前有"摇滚首富"王健林，有"女企业家赌神"董明珠，有吐槽世事的 papi 酱，有吐槽星座漫画大师同道大叔等。一个欲崭露头角的人物 IP 如何杀出重围，不妨对超级 IP 的特质进行重新排列组合，在交叉中找寻 IP 空隙，找出魅力营销的突破口。

## 3.3.1　迪士尼卡通 IP：激活成年人的童年记忆，创造消费动力

90 岁高龄的美国迪士尼公司被认为是 IP 营销之王，从一只米老鼠魔法般衍生出一条巨大的产业链，包括影视娱乐、主题公园、媒体网络、互动娱乐、消费品等，产业利润和品牌价值远远超过其名字本身。

从一只米老鼠的传奇，到亚洲最大的迪士尼主题公园落户上海，迪士尼爆红 90 年。从卡通电影、卡通玩具、家庭娱乐频道再到全球各大主

题公园，全球吸金规模巨大，被认为是跨界营销的典范，这一切都归功于这些卡通形象的魅力营销魔力。

迪士尼是殿堂级的 IP 大师，通过制作公映爆款卡通电影，利用卡通人物 IP 赚取第一轮利润。这些卡通人物快速袭领全球观众的心智，在世界各地凝聚粉丝注意力，随后展开后续产品的开发，将新片的卡通人物植入主题公园，从游客那里持续赚取第二轮利润。接着，迪士尼通过特许授权、出版、零售迪士尼标签产品等途径，在玩具、文具、图书、服装等市场大捞第三桶金。

迪士尼借助影视娱乐驱动，通过角色 IP 的品牌开发来打造产业链，并进行跨平台整合营销，主题公园和消费产品环环相扣，形成互相借力的财富衍生生态圈。爆款大片《加勒比海盗》就是从迪士尼乐园的一个游乐项目中脱胎而出，摇身变成全球大卖的系列电影，从这里可以看出好莱坞孵化热门 IP 的深厚功力。

中国时下火爆的 IP 概念，已经被迪士尼成功跨平台经营了 90 年，两者的差距仿佛小学生与大师的差距。

上海迪士尼开幕日门票上线即被秒杀，官方网站凌晨几度瘫痪，每次瘫痪无不展示着迪士尼 IP 运营的巨大成功。上海迪士尼度假区宣布孙俪、郎朗、姚明担任上海迪士尼度假区荣誉大使，并携手启动 80 天倒计时活动，这里透露出迪士尼明星驱动策略的影子。

同时，迪士尼的标签 IP 特许零售模式也进军中国，与中国百年民族首饰品牌老凤祥联手，在后者的零售门店内推出迪士尼主题系列首饰，包括米奇和米妮、小熊维尼、《超能陆战队》的大白和《海底总动员 2》四大主题。从上海主题公园演绎出的"迪士尼年"效应，光芒四射，散发着卡通形象 IP 的品牌魅力，从各个角落袭领中国消费者的心智。

作为人物 IP 化大师的迪士尼，有六大魅力营销魔法值得借鉴。

魔法 1：人物形象 IP 价值更重要的是繁衍，而非爆发式的消耗。迪士尼被普遍认为是令人难以企及的顶级 IP，具有神奇的超级复制能力。卡通人物 IP 产品依靠稳定持久的全方位复制，获得较长的生命周期。但是，迪士尼的这种复制和扩展并非依靠非爆发式的品牌消耗，而是细水长流的生命力繁衍。米老鼠、唐老鸭、辛巴、维尼熊陪伴我们成长，相信艾莎和安娜公主还会续写这样的传奇。

魔法 2：追求大众化品位，迪士尼是属于世界的。迪士尼是美国大众文化的代表，具有普遍认同的价值观和广阔的全球传播力。这种大众化的内核，令迪士尼卡通 IP 更能捕捉到普通人的思想情感，便于迪士尼进行心智卡位。

魔法 3：高手都在民间，别忘了民间故事。迪士尼第三大吸金的卡通形象 IP，"公主团"中的《睡美人》、《灰姑娘》皆出自 17 世纪法国童话书《鹅妈妈的故事》；花木兰出自中国宋代《乐府诗集》;《阿拉丁神灯》出自 12 世纪阿拉伯民间故事集《一千零一夜》。借鉴迪士尼的做法，流传千百年的民间故事也蕴藏着超级 IP，不必一味寻求改编现当代作品。

魔法 4：好的卡通 IP 需要形象包装。迪士尼取材作品的原著并非全是浪漫的童年，《格林童话》原版中也有色情、变态、暴力、诡计等成分，睡美人被人解读出"恋尸癖"，小红帽象征"性诱惑"，蓝胡子象征"SM 倾向"，尽管想法奇特，但迪士尼还是砍掉了原作的异端色彩，重新填充和包装，打造出一个美丽新世界。

魔法 5：童年植入，做儿童的心灵鸡汤。迪士尼深知童话角色对儿童成长的模范意义，如孩子在观影时，会不自觉地把内心各种力量的冲突投射到故事角色的冲突上，也有孩子会因为这些公主们的遭遇，缓解了成长过程中心理上的紧张感，甚至从这些公主的身上看到了人类灵魂的纯洁，勇敢的力量。而这种美国式乌托邦情结的植入，深谙魅力营销的精髓，也为迪士尼带来巨大的后续经济利益。

魔法 6：激活消费者，引爆粉丝经济。每一个迪士尼卡通人物角色的背后，都凝聚着一大批忠实粉丝，这些卡通人物角色深深埋在他们的童年记忆中。迪士尼只需激活消费者的梦幻和回忆，就能唤起粉丝观看影片和购买衍生品的巨大兴趣。

## 3.3.2 影视爆款 IP：强势角色造就"超级吸粉机"

阿兰·霍恩在迪士尼掀起的超级 IP 爆款风暴，迅速席卷全球票房市场。《冰雪奇缘》中的艾莎和安娜的形象更是极受追捧，艾莎的一袭蓝色长裙，安娜的绿黑色公主服，彻底俘获了女孩子们的芳心，成为儿童派对上角色扮演的热门装扮。

阿兰·霍恩是前华纳影业总裁，2012 年上任迪士尼旗下电影制片厂主席，他在任迪士尼的两年任期内，就制作出了《冰雪奇缘》《美国队长 2》等大片，成效卓著。这些人物形象无论是原创还是重复开发，都经过 IP 化运作，用鸿篇巨制打造魅力营销模式，从产业链条的各个环节全方位袭领观众的心智。

由克里斯·巴克和詹妮弗·李联合执导的《冰雪奇缘》，以 12.72 亿美元成为全球票房最高的动画片，也是迪士尼动画工作室首部票房超过 10 亿美元的影片。这部现象级爆款大片成为超级吸粉机，在世界各地培养出一大批艾莎和安娜的粉丝，她们不仅追捧偶像的图片贴纸，还疯狂购买迪士尼官方艾莎裙作为派对服饰，虽然标价 149.95 美元价格不菲，却在不到一年时间在全美大卖 300 万条。

阿兰·霍恩刚接手迪士尼的片场时，发现迪士尼的票房近年来差强人意，于是着手推进其在华纳初创的主力大片策略。然而电影票价是固定的，成本增加就意味着风险上升，各家工作室都在制作大片，但没有一家是贯彻如一的。

阿兰·霍恩在华纳期间曾发行了首部主力大片《完美风暴》，担任主角的乔治·克鲁尼当时还不是大明星。影片中仅船只处在风口浪尖时的惊险镜头，就耗资 50 万美元拍摄。随后，阿兰·霍恩还发行过《黑暗骑士》、《哈利·波特与混血王子》、《盗梦空间》、《诸神之战》等大片。

不过，阿兰·霍恩的爆款大片策略也因成本高风险大而备受争议，有人指出利用爆款创造利润中心并非稳操胜券，在不久的将来，这种大规模投注必将严重崩盘，制片方最终只能惨淡收场。而迪士尼在这方面已经有前车之鉴，近年出品的《异星战场》耗资约 2.5 亿美元，但是票房惨淡，直接沦为 2012 年制作的最大败笔。

阿兰·霍恩坚持推行"爆款策略"，认为爆款 IP 是电影票房的超级吸粉机，能够让"米老鼠之家"重现爆款 IP 的变现魔力。爆款策略是否成功，依赖于作品内容创意和人物形象 IP 的开发，所以，近年来好莱坞几大公司纷纷争夺最佳创意、专业人才和发行日期，公司间的竞争更是日渐白热化。调查显示，美国大众影迷一年只会观看 5～6 部电影。而在电影作品层出不穷的背景下，创造一些能够博人眼球的亮点就显得尤为重要。影片必须在激烈的竞争中脱颖而出，受到万众瞩目，这正是大片策略的目的所在。

阿兰·霍恩打造的主力大片，最重要的是掀起超级人物 IP 风暴，正如《冰雪奇缘》中艾莎和安娜的火爆程度，最大化地摄取儿童观众的心智，犹如施展"勾魂大法"，牢牢地拴住儿童粉丝特别是女孩的芳心，促使父母们毫不吝惜地掏钱，为孩子们购买电影票、DVD、图书，以及印有艾莎和安娜的书包、文具盒、玩具等。

### 3.3.3  超级陆战队：专为 IP 而生的角色大白

好莱坞卡通大片《超能陆战队》中的大白形象，对原漫画角色进行了颠覆性的电影化改编。人物 IP 化的魅力营销处理，令这部影片赢得了女性及儿童的喜爱，憨态可掬的"萌化"袭领了他们的心智，成为该片改造中的最大亮点和最成功的环节之一。

截至 2015 年 3 月 15 日，《超能陆战队》在全球包揽超过 6.3 亿美元票房，其中 65% 皆为海外收入。中国市场也为《超能陆战队》贡献了高达 4.14 亿元（6676 万美元）的票房，成为《超能陆战队》最大的海外票仓。同时，大白的形象更是风靡各大社交网络，淘宝衍生品价格一路飙升，暖心大白的魅力依旧锐不可当。

原为漫画角色的大白被改编成憨态暖男，既契合市场诉求，又具有艺术性，是决定了这部 IP 衍生电影成功的关键因素。对角色 IP 的改造如此大手笔，说明好莱坞在情节模式单一且固化的动画片领域，轻剧情重角色的策略日趋主流化。

大白形象塑造的变化，要归功于这部卡通影片的背后有一个超能陆战队，该片的编剧善于将人物形象 IP 化，在个性塑造和情节编排上捕捉观众的心智。

《超能陆战队》的编剧，对大白人物塑造的外在形象与表演都进行了改编。在原创漫画里，大白是一个金属制造的战斗型机器人，冷冰冰的没有一丝暖男的味道。而且原创漫画中大白还是个魁梧的男人，平时身穿黑色西装，在战斗时瞬间变身成为重型机器人。但是在电影中，大白可谓是改头换面，从攻击性战士，变成了一个由气体填充、聚乙烯包裹的医疗机器人，从强壮健硕的硬汉变成一个肥胖的暖男。

这部影片改编的目的，是意图增加在剧情冲突下的喜剧感，大白的医疗属性在非医疗情境下造成的错位效果。男主角滨田宏希望获得大白的帮助，而说出善意的谎言，将他们的行动解释为是一场治疗，大白傻傻的茫然，阴差阳错的情节安排，都是影片出彩的地方。

超能陆战队的人物背景也从国防力量变为松散团体，从宣扬暴力到歌颂友谊，这样的改编降低了主角的攻击性，强化大白的憨态，也显示出迪士尼传递正能量的一贯风格。电影主题永远是善良战胜邪恶，勇敢战胜怯弱，机智战胜狡黠，友谊战胜冷漠，这会赢得更广泛电影观众的接受，特别是少年儿童的喜爱。

与原创漫画相比，大白出现角色颠覆性大翻转，由一个强壮的金属机器人，变成一个肥胖而笨拙的充气机器人；从一个绝对强势的强悍形象，变成一个需要保护的弱者，这种示弱唤起观众的母性和保护欲，更能唤起人们同情弱者的心态，引起人们情感上的怜爱。

这说明《超能陆战队》的制片方，读懂了观众的心智，成功地进行了心智卡位，引起了观众的审美情趣和情感共鸣。

为了占领观众的心智，制片方还事无巨细对其他人物进行了一定程度的改造，以更好地契合全球市场需求。原漫画中的日本武士、异能者山葵无姜，其角色被删除，替换为一名美国黑人，这是为了讨好英语市场的主流受众，同时做到种族意义上的"政治正确"。

同时，《超能陆战队》还对场景进行了改造，由漫画中的真实城市东京和纽约，变成虚构的单一城市"旧京山"，一个融合了东西方文化（旧金山+东京）的虚构大都市。这座虚构的城市花费了制作团队大量的精力和金钱，仅城市的前期设计方案就有 200 种，迪士尼动画工作室还为它设计了 83 000 幢建筑和 10 万辆车。

迪士尼如此兴师动众去重新搭建一座虚拟的城市，可谓用心良苦，既给本土观众带来异域风情的新鲜感，增添了影片的梦幻色彩，同时又注入浓郁的日本元素，粉红色的樱花，亲近和拉拢亚洲观众。

这种对种族观众的心智卡位，也出现在其他好莱坞影片中，如《速度与激情》系列中几乎是全种族大集结，角色阵容中团队成员的种族分配稳定，固定有白人、黑人、拉丁裔、黄种人，几乎涵盖所有人种，在满足市场需求方面颇具全球视野。

而《我的盛大希腊婚礼》则是讨好单一种族的范例，配合这部影片的主题，情节聚焦在美国生活的希腊族裔生活，在希腊社区大受欢迎，投资回报比高达 3439.0%，成为投资回报比最高的影片之一。

《超能陆战队》人物的增删，既考虑到本片有被贩卖到海外市场的可能性，又基于美国社会的价值观力争政治正确。如此煞费苦心的滴水不漏的改编，使得影片不仅在美国国内收获了 2.2 亿美元的票房，而且在国际市场赚了超过 4 亿美元的票房。

占领儿童心智、获得巨大品牌效应的还有《冰雪奇缘》。这部火爆全球的卡通大片，在北美票房吸金 4 亿美元，从全球获得超过 12.7 亿美元的惊人票房。主人公艾莎和安娜被成功 IP 化，掀起的 IP 魔力在衍生品市场更是疯狂掘金，艾莎和安娜的公主裙不到一年时间全美大卖 300 万条，收入约 4.5 亿美元。

获得最佳原创歌曲奖的《冰雪奇缘》，其主题曲 "Let It Go" 也成为流行歌曲 IP，同样回荡在手游市场上，发挥着声音的品牌效应。迪士尼以《冰雪奇缘》为主题制作的三消游戏《冰雪奇缘·冰纷乐》登陆日本地区 App Store 后人气激增，上榜当日位居游戏类下载榜第 466 位，第二天就直接飙升至第 20 位。

# 人物 IP 心智卡位的四种类型

　　每个企业家和创业者都力争成为垂直领域的创始人，2016 年每个领域都会出现垂直 IP，而他们所卡位、所成为的类型是不一样的。根据其心智卡位的不同，我们可以将其分为四种类型：网红型 IP、学者型 IP、商业型 IP 和匠人型 IP（见图 3.2 ）。

| 人物IP<br>举例<br>属性<br>分析 | 黄伟强 | 同道大叔 | 陈大咖 | 秋叶 | 陈蓉 | 大尤 |
|---|---|---|---|---|---|---|
| 人物IP类型 | 商业型IP | 网红型IP | 网红型IP | 学者型IP | 商业型IP | 学者型IP |
| 垂直领域 | 心理学 | 星座 | 乐活 | 职场技能 | 素质教育 | 新媒体 |
| 社群画像 | 千万用户 | 千万粉丝 | 百万<br>新中产粉 | 数百万<br>大学生 | 数十万<br>高端人群 | 数万<br>B端好友 |

图 3.2　人物 IP 心智卡位的四种类型

### 3.4.1　人物 IP 四种类型的共性与差异

万众瞩目的人物 IP，在输出内容和价值方面都有一些共同特点，这些共性体现出他们与众不同的特质，是他们从芸芸众生中脱颖而出的关键因素。

第一，输出价值。他们都有多年匠心的积淀，同道大叔在微博上帮粉丝画了几个月的肖像画，秋叶老师一边做副教授一边专注 PPT，陈香白大师一壶功夫茶泡了 50 年时间独创 21 式……他们付出几年甚至几十年如一日的匠心，只为传递出有价值内涵的东西，让粉丝们心灵震撼，引起粉丝们的情感共鸣。

第二，输出内容。人物 IP 输出的内容，是其人格化属性的载体，只有输出人格化的内容，才能打造出人格化的 IP，两者相辅相成。网红型IP 输出的是博人眼球的内容，或是高颜值美照，或是引人关注的图文和视频；学者型 IP 经常开课，用知识震撼人心；商业型 IP 会用开拓事业的理念感染他人，如潘石屹做"潘谈会"；匠人型 IP 表现出对某一行业领域的长期坚守，那份执着和坚持令人感动 。

同时，人物 IP 又呈现出个性的差异，这种差异性体现出他们各自的人格魅力。首先是输出频率方面，从多到少依次为网红型 IP、学者型 IP、商业型 IP、匠人型 IP。这说明网红型 IP 的内容产生相对容易，学者型 IP 的内容产生需要较长时间的知识沉淀，而匠人型 IP 更需要几年工夫的积累。另外，网红型 IP 的变现模式是广告，学者型 IP 的变现模式是课程和解决方案，商业型 IP 的变现模式是把公司事业做好，匠人型 IP 的变现模式是以技艺谋生。

另外，四种类型人物 IP 的 IP 化路线也有所不同。

网红型 IP 是通过优质内容来吸引粉丝，实现粉丝经济的转化，所以必须高频输出人格化的内容。学者型 IP 首先是在自己专注的领域有独特认知，高度提炼后在一个场景下一招成名，接着就是认知迭代，然后不停践行，持续分享。商业型 IP 是做一场以创始人"人物"为核心的发布会，一家企业每年有几场新品发布会，将带来此领域的势能。其次是分享，把你的广告做成内容，让大家接受你的认知。最后是年会，年会上的发言需要提前准备，抓住这个场景。匠人型 IP 是他们的产品需要被发现，被挖掘，宣发后产生正向口碑，逐渐升级。

总之，不管是哪种类型的人物 IP，都是人人自有一招，都在梦想 IP 化，占领目标受众的心智，最终将关注度变现。

## 3.4.2　网红型 IP

从默默无闻的草根，到吸粉百万的网红，再一跃成为跨平台营造产业链的超级 IP，是一个人厚积薄发的过程，经过加速的网络爆红，瞬间成为大众瞩目的明星。

电商网红就是当今一种革新的电商模式，他们以人格化打造为基础、以粉丝互动为纽带、以持续的个性化内容输出为核心，成就了几十家年收入过千万的电商卖家。

吐槽才女 papi 酱、纽约留学女王胜寒、淘宝店主张大奕，从不同侧面给我们展示了网红 IP 的成长经历和幕后故事。她们的人物 IP 化故事告诉我们：IP 可以将粉丝流量转化为生产力，打造自身 IP 才是硬道理。

### 1.　papi 酱：创意吐槽戳中生活痛点

papi 酱无疑是 2016 年最耀眼的超级 IP 之一，被称为 2016 年第一网红，成为开启网红 3.0 时代的标志人物。从微博上自娱自乐吐槽时事的无名小卒，瞬间变成"集美貌与才华于一身的女子"，获得罗辑思维的青睐，融资 1200 万元，绚丽荣登 2200 万元广告标王。

papi 酱本名姜逸磊，1987 年 2 月 17 日出生于上海，毕业于中央戏剧学院导演系。2015 年 9 月 papi 酱开通微信公众号，同年 10 月起 papi 酱开始在互联网上传原创短视频，将吐槽时事当成个人品牌 IP 化的扩音器。2016 年 2 月，papi 酱凭借变音器发布原创短视频内容而走红，迄今已经发布了几十个视频消息，其中大多数都拥有超过 10 万的点击量。在腾讯视频、优酷土豆以及新生代的弹幕网站 B 站等各视频网站上，papi 酱发布的短视频，获得超过 2.9 亿次的点击量，每集平均播放量 753 万次。

在实现人物 IP 化爆款后，papi 酱一夜之间成为超级 IP，巨大的粉丝流量和品牌势能获得资本垂青。2016 年 3 月，papi 酱获得真格基金、罗辑思维、光源资本和星图资本共计 1200 万元融资，估值 1.2 亿元左右。papi 酱的 IP 魔力还显现在天价广告拍卖上，2016 年 4 月 21 日，papi 酱的贴片广告拍出 2200 万元的天价，拍卖所得的净利润将全部捐给其母校中央戏剧学院。

papi 酱火箭般蹿红仿佛昼夜之间，半年前还默默无闻，2016 年成为第一个火起来的自媒体和超级 IP，半年时间完成了网络爆红、个人 IP 化的华丽转身。撞脸法国明星苏菲·玛索的 papi 酱其实颜值不低，锥子脸与空气刘海，曾经尝试走时尚网红路线，或者发长博文混迹网络，最后决定发挥自己的专长，进行自我定位，选择吐槽时事的路线，在网红云集的众媒空间内找到自己的生存空隙。

papi 酱的爆红，源自她那些构思独特的原创吐槽视频。"明明可以靠脸吃饭，却偏偏要靠才华"，这是 papi 酱与时尚网红的本质区别。与那些善于卖弄网红脸、扭动杨柳腰、变身淘女郎的网红相比，papi 酱的身上流淌出一股才气，这种秀外慧中赋予其人格化 IP 更加绵延长久的力量，不仅能够凭借自身才气连续产出精彩的原创内容，而且可以在多个内容平台上闪亮登场。

塑造 papi 酱 IP 魔力的才气，反映在那些吐槽视频的创意上，不仅画风新颖别致，风格迥异超群，而且有一种魔性诉求的魅力，言语间带着自嘲和调侃的口吻，伴以无厘头的搞笑配音，给观众带来了欢笑。而且，从深层观察可以看出，papi 酱绘声绘色的创意吐槽唤起大众共鸣，瞄准了每一个普通人生活中的痛点，接地气地戳中了人们心中最柔软的地方。

papi 酱对热点题材的精准把握，可谓天衣无缝，如在"双十一"网购狂欢节前后推出《喜迎双十一》，在猴年春节来临前又推出《马上就要过春节了，你准备好了吗？》等。她在《2016 微信公开课 PRO 版》刷爆朋友圈后趁热打铁，迅速发了一个吐槽视频《微信有时候真让我崩溃》。这些视频内容是有感时事热点而发，借势营销赢得网民的大量关注。

papi 酱的吐槽内容不止诙谐有趣，而且还抓住人们求同的心理需要，表达方式非常接地气。如《有些人一谈恋爱就招人讨厌》、《2015 年度十大烂片》、《上海话+英语》等，论点犀利之余又非常贴近日常生活，瞄准了人们认知的槽点，击中了人们情感的痛点。

"说出的正是本宝宝的心里话"，是许多粉丝对其吐槽视频的评价。不打假正经的官腔，不做媚俗的心灵鸡汤，让听者油然而生"她是知音"、"她是自己人"的感觉，这就是人物 IP 化所需要的情感共鸣和亲和力。

papi 酱读懂了普罗大众的心声，从题材的别出心裁上袭领观众的心智，令观众深深沉迷其中，获得情感和精神上的愉悦，从内容创新上确立了自己的自品牌定位。但是，这种原创内容的创作，是需要用大量的心血浇灌的。一条视频的录制、剪辑、配音，需要 papi 酱耗时一周才能完成；一条五六分钟视频的录制，需要在不同着装下进行五六遍，每遍 NG 的状态和次数都不确定。

人物 IP 化的品牌建立，需要有独特的一招。papi 酱尽管在爆红前默默无闻，却不是一个普通的邻家女孩，她是艺考出身的中戏导演系研究生，学的是戏剧导演。这些内在的才气，是她持续不断创造内容源的前提，是她凭借精良视频博取粉丝关注的保障。如今的 papi 酱无可争议地成为一个真正的超级 IP，已经成为商业大佬们目前最看好的稀缺 IP 之一。这一切并非偶然，这一切也再次证明了原创内容的强大魅力。

原创内容不仅火了 papi 酱，也火了给 papi 酱铺平 IP 化道路的小视频。类似的创意小视频，或将成为自媒体的下一个引爆热点，成为未来内容创业的重要方向之一。papi 酱将成为无数自媒体人争相效仿的对象，一个小视频繁荣时代势必来临。

### 2. 王胜寒：饮食男女的品酒"醉"苍生

人物 IP 与一般网红的不同之处，在于人物 IP 化的个人品牌内涵的构建，特别是基于文化底蕴和价值观的底层设计，能够深层次唤起人们的情感共鸣，养成人物 IP 多平台分发的能力。这种个人品牌构建的能力，反映在 papi 酱的视频创意才气上，同样也体现在王胜寒的品酒技能上。

专攻酒类品鉴的王胜寒，2014 年与朋友喃猫共同创立美食美酒的自媒体平台"企鹅吃喝指南"，并在平台上自取了一个戏谑的名字"醉鹅娘"。不过，王胜寒的网红史可以追溯到更早，在贴上"醉鹅娘"的个人标签之前，王胜寒曾以"纽约留学女"的网红身份名噪一时，那时候"企鹅吃喝指南”尚未创立。

"纽约留学女"是一个系列视频的名称，在视频火爆之后变成王胜寒的雅号。王胜寒 2012 年在美国布朗大学留学时，时常从朋友那里耳闻到很多关于留学生的故事，同时一篇讲述留学生回国后经历的文章《两个世界》在人人网上疯传，这些激发王胜寒的创作灵感，于是制作出名叫《纽约留学女》的系列视频，并亲自在视频中扮演"纽约留学女"这一角色，采用夸张反讽的手法，吐槽和讽刺那些人称精神贵族、有着某种优越感的留学生。

《纽约留学女》视频播出后引发强烈反响，王胜寒一举成名，并俘获一大批粉丝，这些粉丝为"企鹅吃喝指南"日后的创立积累了用户基础。不过，王胜寒自认并不是镜头中人，没有像 papi 酱那样凭创意视频 IP 化创业。王胜寒喜欢品酒，学习品酒知识，个人标签完成从"纽约留学女"向"醉鹅娘"的变迁。

那是一次生日的品酒经历，让她和品酒结下了不解之缘，她尝出品酒的味道，能和那些性情中人一起分享酒文化，并远赴法国蓝带进行酒类鉴赏的专业学习，结识了合伙创始人"喃猫"，两人共同创立了"企鹅吃喝指南"。

"企鹅吃喝指南"采取会员制，对企鹅团的团员采取福袋模式，订购周期半年起，每月根据缴纳会费的高低，定期为会员邮寄相应的葡萄酒，平均每个会员缴纳的订购费达到 2000 多元。"企鹅吃喝指南"像是一个走大众化路线的小资产品，满足偶尔小资一回的客户群体，用户职业覆盖金领、空姐、普通员工，甚至学生。

王胜寒不仅品酒、卖酒，还会定期在"企鹅吃喝指南"上发表文章，以"醉鹅娘"的名义传播酒文化，向用户娓娓道来美酒背后的丰富知识，例如《年份的秘密，好酒真的是品出来的吗？》、《醉鹅的波尔多攻略》等文章，以干货内容吸引葡萄酒爱好者围观。

这时，王胜寒不再是简单的自媒体人，也不是一般花拳绣腿的网红，她摇身变成了创业者。她连续生产累积粉丝的原创内容，网红价值开始向产品线延展，粉丝经济开启变现模式，终于将自己打造成货真价实的网红 IP。

王胜寒的创业之路带着浓重的互联网特色，先建立自媒体平台，通过原创内容输出博眼球的信息，重视用户体验，培养目标粉丝，孕育出有价值的营销社群，创造出一条网红产业链，摸索出自己的营商模式。

### 3. 张大奕：高颜值淘宝店主拉粉丝一起做买卖

从瑞丽杂志模特到淘宝皇冠店主，粉丝数短短半年时间暴涨至 400多万，5000 件商品 2 秒钟内被顾客秒光，张大奕凭借高颜值网红标签日进斗金，成为电商网红店铺中的佼佼者。

2009 年，张大奕曾为美宝莲、格力高、可口可乐等知名品牌拍摄过广告片，以靓丽的模特身份进入大众视野，还时常出现在《瑞丽》、《米娜》、《昕薇》等时尚杂志的服装搭配版。为了购买韩国男团东方神起的演唱会门票，身为追星族的她当上了模特。见识了更多的国际品牌，提升了她对时装的理解和品位。这段做模特的经历，是张大奕日后成为网红时装店主的铺路石，培养了她的衣服鉴赏力和对时尚的领悟。

2014 年 7 月，张大奕的淘宝店正式开业。她采取"粉丝需求反推供应链"的方法，加强与粉丝的互动。从最开始的买手制起家，发展到自建工厂打版生产，独创一条款式和价格接地气的张大奕风格系之路。

网红电商产业链一般经过设计、营销、生产等 3 个阶段，在设计环节上像张大奕这样有独立设计能力的网红资源少之又少，张大奕能够在品牌服饰中选款并打版，形成自己的服装风格，可谓电商网红中的稀缺资源。此后，张大奕在社交网络展示与推荐新款，发起优惠与抽奖活动，并与粉丝互动，获得粉丝的反馈评价，最后对粉丝反馈好的产品进行下单，对接服装制造供应链，为消费者供货。

事业风生水起的张大奕，从选款到文案再到视频都是亲力亲为、全程参与，由于背后合作的如涵公司拥有闭环供应链，拥有自己的设计师、板师、押运甚至工人和工厂，张大奕能够在质量的把控上掌握主动权。

如涵电商是网红孵化器的首批试水者，有自己的采购团队、设计团队、加工工厂和工人，实现闭环经营。如涵公司只雇佣工龄长达10年、20年以上的熟练工人，以此保证服装的做工和质量。

张大奕不仅颜值高，而且有时装设计能力，创造出自己的服装风格，个人品牌构建和产品化过程中植入自己的价值观，这是她区别于其他时尚网红的地方。张大奕的IP化经营，对粉丝用户形成持久的号召力，在2015年"双十一"购物节中取得成果，成为网红店铺中唯一一个挤进女装类目榜单的店铺。

网红经济是粉丝经济，IP人物与粉丝的良好互动是至关重要的。作为网红型IP，张大奕直言现在做网红的要求太高了，她在开发新品的同时，还要拍摄图片、撰写文案、录制视频，通过内容输出与粉丝用户互动。张大奕已经成为视频制作的科技范，需要会剪辑视频、会修图，具有一定的表现力和审美能力。

不过，张大奕与粉丝的互动并非一味迁就，她的个性反映出其网红IP的品牌特质：多棱角、直率、不够圆滑，甚至还会发脾气回击黑粉，而这些带着鲜明个人色彩的人格化属性，恰恰是一个招牌，体现出她的与众不同之处。"无论我是拥有 25 万粉丝，还是拥有 400 多万粉丝，对一个问题真有争议时，我还是会去理论，当然如果我有错也会道歉"。这种真实的性格，直率的品性，是张大奕的网红个性印记，是她吸引许多"死忠粉"的原因之一。

张大奕是网红经济崛起的代表人物，正成为一股创业的新力量，她有赋予个人特色的服装系列，有强大的生产团队和供应链条，正是这种网红经济的产品显性，令张大奕有别于小作坊的淘宝网红，成为自品牌产生巨大效益的网红 IP。

### 3.4.3　学者型 IP

人物形象 IP 已经是影视娱乐和文创游戏领域的大众化概念，成为行业内的硬通货，但是知识领域的 IP 资源却是凤毛麟角，是真正可遇而不可求的稀有资源。

知识 IP 首先必须是货真价实的才子佳人，有自己独特又前卫的知识架构，在自媒体上原创和传播的内容不一定接地气，但是必须准确找到自己的目标受众，曲高和寡不可怕，可怕的是鸡同鸭讲，难以在认知和理解上产生共鸣，自然也就引起不了粉丝的轰动效应。

不同于星光熠熠的影视娱乐行业，知识 IP 天然缺乏狂热的粉丝追随，能笼络到"死忠粉"更是难上加难；不同于拼颜值经济的网红，知识型 IP 是凭头脑吃饭的，追求的是拼脑洞的知识经济。所以，知识 IP 是人中龙凤，更加令人敬佩，相比于其他类型的 IP，知识 IP 价值的含金量应该是最足金足两的，原创的知识内容需要具备更强的穿透力和传播性。如秋叶所言，在专业领域内，知识型 IP 比明星更有号召力。

### 1. 秋叶：拼智慧的 PPT 达人

被誉为"PPT 大神"的秋叶，原名张志，新浪微博红人，是粉丝心目中的实战型网络营销专家。他的知识底蕴从学历和职业中显露无遗：机械工程硕士，武汉工程大学机电学院副教授。

秋叶在 PPT 领域已经钻研 10 多年，自认是 PPT 构思设计的全才，综合掌握 PPT 的推广技巧、业务理解、故事讲述、文案提炼、标题点睛、逻辑串联、排版方法、配色规则、技巧应用等方方面面，依靠知识的分享引起粉丝关注，凭借头脑智慧成为 PPT 达人。

秋叶的头衔见证着网络时代变迁：2009 年被网民叫作博主，2012 年成为粉丝眼中的大 V，2015 年被称为大号，如今又摇身变成了网红。目前，秋叶的微博和微信粉丝共计 100 万左右，其中购买秋叶课程的就有 5 万人，再加上图书销量，2015 年仅仅 PPT 系列图书销量就达 15 万册，粉转客的转化率高达 20% 。

IP 与网红的一个显著区别是：网红一般要颜值高，IP 通常拼的是价值内涵。作为分享知识进行内容输出的专业达人，知识型 IP 更是必须自带大脑，比拼脑洞。与网红必备大量粉丝的前提不同，知识型 IP 只要吸引到足够的同道中人即可，但是在特定领域内却能一呼百应，有更强的购买转化号召力。

秋叶认为，知识型 IP 是网络海选出来的公信度较高的代理，人们愿意追随自己信任的专业 IP 建议。未来很多领域的商业营销模式，不是围绕着产品，不是围绕着品牌，不是围绕着市场，而是围绕着在专业领域的知识型 IP。不同领域的知识型 IP，会成为未来商业的入口，获得越来越高的定价权。因此，在专业领域内，IP 比明星更有号召力。

知识型 IP 的商业价值，主要凸显在秋叶的 PPT 核心群里。这个群目前有 60 个人，绝大部分是 90 后，他们主动与秋叶合作 PPT 作品，借助秋叶的微博转发他们的作品，令秋叶的微博成为一个 PPT 微平台。其中开通微信公众账户的有 20 人，全部拿到原创标识；还有 22 人入驻知识技能共享平台"在行"。群内有一位 90 后是二年级在读研究生，已经接受近 200 职场人的约见，与他谈话一小时的收费最贵已经涨到 500 元。

以知识魅力吸粉的秋叶，2011—2014 年间发表过最具影响力的 14 篇作品，累积的转发量都破万，而且通过不同形式或平台的发布扩大 IP 影响力，显示出优质内容的多元开发潜力。

秋叶在 2009 年发表的《如何成为 PPT 高手》，搭乘病毒式传播的快车道，获得用户的索取邮件超过 2 万份；2010 年的《一个 80 后的独白》通过视频平台传播，获得优酷首页推荐；2011 年的《工作型 PPT 该这样做》上传网盘传播，与@微盘建立起良好合作；2012 年的《方韩大战》借势话题传播，引起微博大号的关注。

秋叶个人 IP 化的成功，一方面彰显出知识型 IP 的个性，即蕴藏知识含量的原创内容、培养知识达人的人格化魅力、实现知识分享的专业吸粉；另一方面说明与其他类型 IP 有共性，即能够持续开发的优质内容、具有人气影响力的粉丝流量、长袖善舞的多平台分发和影响力变现 。

在北大一招学堂上，秋叶曾道出知识型 IP 长期锻造的艰辛：每一个知识型 IP 个人品牌的建立，都必须经过艰苦的一万个小时的积累，不断原创出新的内容。

作为 PPT 达人，秋叶还利用其人格化魅力，逐渐建立起垂直领域的知识型 IP 社群，打造用户互动的生态能量圈，在营造资源共享的同时，增强用户的黏性和忠诚度。比如，秋叶从 2016 年 5 月 1 日开始创建一个知识型 IP 训练营，寻求在社群模式下的 IP 共同成长。训练营内设有导师团、高手团、资源团和秋叶知识型 IP 第一期训练营成员，搞得风风火火。

已经在微博上拥有大批粉丝的秋叶，不断寻求多平台分发和影响力变现的途径，2013 年入驻网易云课堂，开设一门在线教育课程《和秋叶一起学 PPT》，从 2013 年"双十一"开始到 2013 年 12 月 19 日，短短 39 天时间销售破千，轻松实现总销售额超过 10 万。

如今，独家授权网易云课堂发布的《和秋叶一起学 PPT》，是网络最受欢迎的付费 PPT 教程。这个王牌畅销课程，在一年内收入超过百万，2016 年全新升级版吸引超过 3 万名付费学员加入。

### 2. 李叫兽：网红才子的营销爆款

李叫兽，不是笔名，不是绰号，也不是金庸小说的中的江湖侠士。一个真实的姓名，却透露出新锐或逆袭的创意感，仿佛突出视线的"视觉锤"，令这个名字第一印象产生品牌的生命力。

这位"营销界网红才子"，从名字上就显示出起点的不同。李叫兽本名李靖，是李叫兽公众号的唯一作者，清华大学工商管理硕士，2014 年和 2015 年相继推出《月薪 3000 与 30000 的文案区别》、《X 型文案与 Y 型文案》等文章，在朋友圈内被疯狂转发，在文案营销界迅速走红，被称为最具战略思想的才子青年。

"网红商业模式区分的关键，不是做广告或卖货，而是看网红本身在用户大脑中存有什么认知价值"，"世界上最遥远的距离，就是天天用你的产品，却不曾在意你的品牌"，"品牌包装：你把用户感动哭了都没用"。通过互联网搜索，你会发现关于李叫兽本人的资料并不多，但是关于他的观点的文章却数不胜数，也许这就是知识 IP 的出类拔萃之处，他们卖弄的不是颜值，不是噱头，不是声线，他们炫耀的是知识。

李叫兽在山东读的高中，对"囚徒困境"理论已有了解，因对商业战略、企业管理情有独钟，在武汉大学攻读工商管理。大三实习阶段面试遭到所有一线互联网公司残忍拒绝，后来选择保研到清华大学深造。

"李叫兽"这个微信号的创立雏形始于 2014 年 1 月，3 月启动，因毅力不支而以失败宣告结束，到 5 月重新启动时设为不得不做的计划而坚持，最开始得到的全是负面反馈，从 5 月 15 日到 8 月每周一篇原创文章，粉丝寥寥无几，总计 600 多。

期间，他找场地，做视频剪辑，微信上分享，结果没有听众。做知识分享完全没有意思，一些朋友的劝告让李叫兽一度踌躇：如果一直没收到正面反馈，自己还能坚持多久？

《月薪 3000 与 30000 的文案区别》，引起微信公众号粉丝数的第一次爆发式增长，当时是在 2014 年年底，李叫兽正在就读研究生一年级，用认知心理学的技巧来解释月薪 3000 元与 30000 元的本质区别，受到了大范围的关注和传播。360 董事长周鸿祎因此找到李叫兽，请他做咨询，从此李叫兽开始了做咨询的生涯。

6 月《X 文案与 Y 型文案》也在网络火爆，李叫兽短时间经历了门可罗雀到门庭若市的改变，随后便成立了咨询公司。半年的时间里，超过 2000 家公司找李叫兽做咨询，其中几乎包括所有国内一线公司。

作为营销界广为人知的网红才子，李叫兽强调首位的优势是战略能力，战略能力的关键是做选择的能力，以战略性的原则来判断一件事情是否要做，而不是通过能看到的利益或本人的直觉来判断某一件事情。

所以，李叫兽在就读研一的时候，只花 5 分钟就拒绝了一家公司年薪 300 万元的 Offer，尽管从本能上讲，这份工作有很大的诱惑力，但从战略角度出发，李叫兽认为这工作不是他所喜欢，且无法发挥自己最大竞争优势。

李叫兽选择做自媒体，是想补自己的一个短板，扩充自己的人脉关系，通过知识或能力的吸引，让别人想要认识他。而他确实积累了绝大部分同年龄人不可能得到的人脉关系。

对于时下火爆的IP这个热词，李叫兽认为，中国两千年前就有IP，如三国时期的刘备，如果没有汉朝皇室刘皇叔这个IP，他其实很难招揽人才。尽管血缘关系不纯，还是在包装和软性推销下笼络了关羽和张飞。

李叫兽认为，IP存在强大的压缩信息作用，所以获得人们的需要。IP实际上具备某种象征意义，可能是一个标签，正如刘备说"我是皇室后裔"，就"皇家后裔"这四个字就足以判断你的靠谱程度，相当于压缩了信息。

### 3.4.4  商业型IP

商业型IP虽然都有不同的个性特征，但是他们有一点是相通的，就是执着追求产品质量和品牌的商业推广，并抱有常人难以企及的奋斗和拼搏精神。

商业型IP是通过广告化内容输出认知，借助个人品牌魅力影响粉丝用户的购买欲望，能够在以人物为核心的发布会上实现一鸣惊人的场景宣发，积聚品牌优势能动，引爆IP效应，从而转化成为消费者的购买力。

#### 1. 乔布斯：摄人心智的时代教主

乔布斯被称为营销大师，最擅长用认知输出和发布会来诠释产品，宣传品牌，用乔布斯式激情和感染力占领消费者的心智。

苹果前全球营销传播副总裁埃里森·约翰逊称："乔布斯时代苹果最可怕的两个词是品牌和营销。在乔布斯的眼中，最重要的东西是人与产品之间的关系，因此每当我们说起品牌一词时，我们就觉得这个词像一个脏字。"

实际上，乔布斯的营销策略更像是无招胜有招，用高品位的产品自我推广，让优质的产品为自己代言，乔布斯只需诠释出产品的价值，就能够袭领消费者的心智，这其实是最有力的营销。

而且，乔布斯本人就是科技界的超级 IP、苹果公司的超级 IP，以前每当苹果推出新产品时，乔布斯都以那一套招牌装束站在台上，向全球消费者娓娓道来这款产品的新功能、新特点，接受全球果粉的顶礼膜拜。那仿佛是一道道圣谕，召唤果粉排队拥挤在苹果旗舰店前。

刚出世就被父母遗弃的乔布斯，童年时生活在美国硅谷附近，与惠普公司的职员为邻，受到这些科技人物的耳濡目染，从小就萌发出对计算机科技的浓厚兴趣。后来他被一个惠普工程师推荐，参加惠普公司的发现者俱乐部，这是个专门为年轻工程师举办的聚会。在一次聚会中，乔布斯第一次见到了计算机，他开始对计算机有了一个朦胧的认识。这次聚会改变了乔布斯，也改变了未来世界。

作为一名商业型 IP，乔布斯在 19 岁时就表现出对事业的执着追求，他曾经因为经济原因而中途休学，成为雅达利电视游戏机公司的一名职员。他一边上班，一边与好友沃兹尼亚克一道在小车库里琢磨计算机。他们梦想能够拥有一台自己的计算机，雄心勃勃地准备自己制造。

在对梦想的执着追求下，1976 年两个人在乔布斯的车库里装好了第一台计算机，所用的 6502 芯片是在旧金山威斯康星计算机产品展销会上买到的。随后，21 岁的乔布斯与 26 岁的沃兹尼亚克在车库里成立了苹果公司，公司的名称由乔布斯定为苹果，而他们的自制计算机就被追认为"苹果 1 号"。

1980 年 12 月 12 日，苹果公司股票公开上市，不到一个小时，460 万股全被抢购一空，苹果公司高层产生了 4 名亿万富翁和 40 名以上的百万富翁，神话般的故事成就了很多人梦寐以求的神话。

乔布斯的个人的品牌构建从 1996 年开始，他在苹果危难之际重新回巢，展开大刀阔斧的企业改革，1997 年苹果推出 iMac，创新的外壳颜色以及透明设计使得产品大卖，乔布斯的个人价值观开始嵌入产品设计。2000 年科技股泡沫，乔布斯先后开发出 iTunes 和 iPod，大获成功。在乔布斯追求完美和品位的影响下，2007 年 6 月 29 日苹果公司又推出自有设计的 iPhone 智能手机，使用 iOS 系统，随后发布新一代 iPhone 3G 以及 iPhone 3GS。2010 年 6 月 8 日，苹果公司再次发布第四代产品 iPhone 4，继续经典。

乔布斯之所以被称为时代教主，是因为他开创了一代伟业，在过去几十年内引领现代数字技术的设计与发展，不止一次地改变了科技与互联网的历史。他让计算机成为大众消费品类，重新定义了媒体播放器和手机的含义。他还是营销之神，他让 Mac 计算机、iPod、iPhone 手机和 iPad 平板电脑风靡全世界，创造市场营销的奇迹，其中的执着堪称奇迹。

乔布斯热爱科技事业，输出对科技创新的认知，并且终生为之奋斗，他对团队说出了一句至理名言，要去做那些"看起来不可能的事情"，那些"伟大的、会改变历史的事情"。

用一生诠释苹果品牌的乔布斯，利用精心布置的发布会宣传新产品，在一个人的舞台上释放个人品牌魅力，传递个人和品牌的价值观，每次都引发全球购买狂潮，在全世界范围培植出不计其数的忠诚果粉。在多场一鸣惊人的发布会后，乔布斯彻底坐上时代教主的宝座，成为全球苹果粉丝的超级偶像。

### 2. 雷军：小米传奇缔造者

"人是不能推着石头往山上走的，这样会很累，而且会被山上随时滚落的石头给打下去。要做的是，先爬到山顶，随便踢块石头下去"。雷军在 40 岁生日那晚的聚会上发出这番感慨，4 个月后他正式创立小米公司。

这一段酒后吐真言的深情流露，后来演化成一句更为著名的雷军语录：站在台风口，猪也能飞起来。

雷军创建小米，也是创造中国的手机事业。"小米变成大米"的传奇历程给雷军一次脱胎换骨的机会，奠定了雷军在信息产业界的江湖地位，从软件界的资深业者跃升为移动互联网时代的新贵。雷军创办小米时刚过不惑之年，当时雷军自称小米是其毕其功于一役的最后一次创业，是积累 20 年商业经验之后的雷霆万钧之举。

雷军在科技界耕耘多年，就读大四时就和同学王全国、李儒雄等人创办三色公司，销售一种仿制的金山汉卡，在武汉电子一条街就小有名气。毕业后，雷军只身闯荡北京，1991 年年底在中关村与求伯君结识，随后加盟金山软件，成为金山的第 6 名员工。两年之后，雷军出任北京金山总经理。1998 年，29 岁的雷军升任金山公司总经理，堪称少年得志。

雷军曾度过一段推着石头往山上走的艰难日子，在总经理位置上带领金山 5 次冲击 IPO 未果，2007 年 10 月最终依靠网络游戏的业绩，在香港成功上市。十年磨一剑的事业雄心，是推着石头的举步维艰。

金山错过了第一波互联网浪潮，作为中关村里的元老，雷军有种英雄末路的感觉。不过，他对科技事业的追求依然执着，正是这种执着，促使雷军决定脱胎换骨，2007 年底以健康原因辞去金山总裁与 CEO 职务，从习惯的枷锁中解脱出来，准备时机东山再起。

做过一段时间的天使投资人后，雷军不想总给他人做嫁衣，想做属于自己的一番事业，用一个足够庞大的公司、足够伟大的事业，来重新奠定自己的江湖地位。智能手机和移动互联网时代的到来，为雷军二次引爆成为商业型 IP 创造了超强势头。

2010 年 4 月，小米公司注册成立，作为小米开山之作的移动操作系统 MIUI 在当年 8 月正式上线。2011 年 8 月 16 日，小米手机 1 正式发布，在一片毁誉参半的嘈杂声中小米手机在 2012 年卖出 719 万部，2013 年卖出 1870 万部。此间，小米完成 4 轮融资，估值迅速突破 100 亿美元。小米在强气焰下，逐渐成为业界的现象级品牌。

雷军在创办小米之前就组建了一个超级阵营，谷歌中国工程院副院长林斌、微软中国工程院开发总监黄江吉、谷歌中国高级产品经理洪峰、摩托罗拉研发中心高级总监周光平、北京科技大学工业设计系主任刘德、金山词霸总经理黎万强纷纷加入这个豪华阵容，打造强创始人团队。雷军打造事业大版图的雄心，从这个名单中就露出端倪。

小米的起势腾飞，离不开雷军的品牌诠释，离不开雷军打造的小米社区。对于小米模式的成功，雷军用七字箴言予以概括：专注、极致、口碑、快。雷军对小米口碑的重视几乎达到斤斤计较的程度，他曾当面向马云澄清：小米的核心在于产品，而不是营销。雷军还几次发文辩白，希望撕去有关小米是"期货"、"饥饿营销"的标签。

作为小米传奇的缔造者，雷军从孤独寂寞中迸发，在痛苦彷徨中振作，从磨难折腾中领悟，在风起浪涌中崛起，终于造就了一番惊天动地的事业，成为中国移动互联网行业的超级 IP。

### 3. 造"锤子"的精神匠人

罗永浩的对外印象经历了一个颠覆式翻转。作为以老罗语录走红的罗永浩，2011 年上过一次《鲁豫有约》，源自他是导演贾樟柯"语录计划"系列短片的主角之一，当时罗永浩是牛博网创始人和老罗英语培训学校的校长，在网络评价和业内口碑中都是个老好人。

仅仅 1 年左右的时间，作为锤子科技创始人兼 CEO 的罗永浩变了，从 2012 年 5 月开始，他留给大众舆论的形象是大嘴、好斗，而且爱刷屏和发微博，常常制造话题进行个人品牌营销。

罗永浩说过，每一个生命来到这个世界，都注定要改变这个世界。是追求事业的艰辛、对理想的执着改变了罗永浩，他现在忙于锤子科技的发展，多次谈及创业近 4 年来的不易。重返《鲁豫有约》时，他欣慰地称现在慢慢被手机圈子接纳了。

彪悍的人生不需要解释，但是罗永浩坦承自己并不喜欢这句话，他认为自己仍是侠骨柔肠，并非外界眼中的好勇斗狠的胖子。

2012 年 5 月，罗永浩开始了锤子科技创业，在设计公司 LOGO 时想到工匠精神，并用 LOGO 上的一把锤子代表罗永浩的匠人情怀。此后，罗永浩在公司海报和个人演讲中反复提及工匠精神，在发布会上展开情怀营销，为锤子注入个人的产品理念。在品牌诠释中，罗永浩成为传递个人价值观的商业型 IP。

万事开头难，罗永浩开始做锤子科技的时候起步艰辛，缺人缺资源，感觉什么都缺。他承认当初寻觅工程师困难重重，前 7 个人中有 6 个都是听他录音长大的，好像发现一名相声演员，经常转述一些他的言论，当成是奇谈怪论。他们是"给个面子"才加入他的公司，觉得锤子科技挺不过一年，加入纯粹是卖个人情。

不过，外界的冷遇并未改变罗永浩的创业初衷，罗永浩不断输出情怀和价值观，希望通过内容传递改变外界对锤子的认知。

乔布斯是罗永浩的事业偶像，无论是做产品和做科技行业，老罗从乔布斯的身上受益良多。对产品质量的追求永无止境，是他认为自己与乔布斯的相似之处。罗永浩认为，乔布斯时代的苹果堪称工匠精神的代表，是典型的产品和设计驱动型企业。不过，苹果做到最好的时候，乔布斯内心也是不满意，对产品表现出一种完美主义的挑剔，但是制造业却把这种性格当作美德，这是一种深入骨髓的工匠精神。

罗永浩说，2012年创业以来的三年半，是这辈子身心都最累的三年半，遭遇了大规模的批评、讽刺和诋毁，头发掉了一半，胆结石大了一倍，体重增加了20%。但跟他获得的无穷无尽的快乐、满足、成就感相比，这些都算不上什么。

2015年，锤子手机追求硬件设计细节而导致最初的量产危机，面临的最大危险是弃难从易，变得平庸，成为"另一家手机公司"，最可怕的结果是死得更快，沦为天下笑柄。在锤子T2手机的发布会上，罗永浩继续坚持设计上的冒险和极简主义路线，他感到锤子手机已经成形了，他们已经通过了最危险的考验。

有人用"理想主义"或"情怀"，来解释罗永浩的吸引力，多年来能在不同的舞台上叱咤风云，总能吸引到大众的注意力，而且常常将关注者分成两个不同的阵营。

有人用两个生僻的词汇来解释这位前GRE词汇老师。作为一个商业型IP，老罗的个性特质用一个生物学词汇Neoteny（幼态持续）来描绘，他的事业生涯用一个文学词汇Serendipity（意外收获）来形容。

"幼态持续"表现为好奇心强、活泼有趣、热枕，无所畏惧，罗永浩有一种孩童般的天真和不做作，他还是以"未受污染的新鲜感"来看这个世界的。所以在最后一场有关理想主义的演讲中，罗永浩将表现工匠精神的广告图，改成一个孩子在好奇地摆弄工作台上的工具。

"意外收获"指罗永浩一步步展现潜藏的许多特质，作为一名新东方教师，他的语言表达能力比较强，评说各种社会现象妙语连珠，成为社会名人。在牛博网时期，他引进了大量高质量的作者，证明他的见识和胆识，开始进入了文化和商业的圈子。在老罗英语时期，为了推广而出自传，与方舟子和西门子的争端中显示出道德感而名声大噪，证明了他的创意和营销能力。

罗永浩如今投入手机行业，以文科班背景出身的激情，勇敢闯入理科人才雄踞的科技领域，在一片质疑和责问声中仍无怨无悔，勇往直前，用工匠情怀打造出一个产品，闯出一片天地。

## 3.4.5　匠人型 IP：专注情怀感染众人

在我们总结的四种类型人物 IP 中，网红型 IP 凭借颜值和内容取胜，学者型 IP 以知识和干货见长，商业型 IP 靠品牌和发布会吸睛，他们的 IP 化都是主动营销和自推广，唯独以技艺谋生的匠人型 IP 是被动 IP 化，是在他们的产品被发现和被挖掘后才厚积薄发，才在正向的口碑效应下积聚品牌势能，占领目标受众的心智，逐渐升级成万众瞩目的 IP 人物。

匠人型 IP 具有更加独特的个性特征，他们仿佛天生具有对某种事物的迷恋、专注和坚守，讲求工艺的一丝不苟和产品的极致，是最能代表工匠精神的人物 IP。匠人型 IP 常见于吸引同道中人，粉丝则因为兴致相投而聚集、产生关注度，因同类相吸从而增强附着力与黏合度。

"里白"创始人海弟就是这样的匠人型 IP，具有鲜明的匠人情怀。他天生匠心一片，对木头及艺术表现出与众不同的热爱，曾在中山大学学习艺术的海弟，从 2006 年大学毕业就开始接触木头，师从木材鉴定专家苏中海教授，学习木头鉴定方面的知识。2015 年深秋，海弟创立独立家具品牌"里白"，开始一位匠人的 IP 化创业，延续对木头那种一如既往的专注和坚守。

海弟是一位设计师、手艺人，一位从木头中寻求理想的人，放不下刻刀，也离不了木头，表现出一颗执着的匠心。在他的心目中，匠心是沉醉，匠心是爱，是对手中事物的爱。

雕刻木头是海弟的最爱，爱让一切缓慢与劳作都甘之如饴。只要追求艺术的梦想犹在，手中的刻刀放不下，对木头的喜爱也断不了，海弟成了名副其实的"木头人"。这个标签具有非常强烈的人格化属性，也给海弟深深刻上匠人型 IP 的刀痕。海弟的梦想就是：如果可能的话，我希望像树木一样成长，它们沉默、缓慢，却扎实，靠近天空。

海弟常常不修边幅，透露出匠人的风范。他曾在视频节目亮相，身穿深灰色的毛呢大衣，颈系绿格子围巾，手里拿着和锤子一样形状的木头，头发有些长，随性自然。他自嘲，像他这种长得又瘦、说话慢半拍的人，被老家人称作"柴头"，也就是木头人的意思。

但是，在这个"柴头"的骨子里，却有一股匠心独运的气质，以及丰富和细腻的情感。海弟的木雕注重抽象表达，没有旁白，看到的只是一堆充满凿横与棱角的木头。不同形状和材质的木头聚集在一个空间里，无声无息地传递着一种艺术境界。

海弟从小就喜欢用木头做各种玩具，在大学念的专业是食品化学。2006 年毕业后，一边在一家检验机构工作，一边在中山大学学习艺术与设计，开始尝试着用各种材料做东西，而这时木头再次走入他的人生。

海弟尝试玩着手边的木料，锯、扯、刨，童年的记忆重现，儿时对木头的喜爱被唤醒，从此遁入"木门"。

海弟师从年近八十的恩师苏中海后，从最基础开始学，木射线、木导管、木头结构、树木生长的方式。他对木头表现出更深层次的专注，一起看木头、嗅木头、摸木头，从各种各样的木头中培养惊奇之心。于是，海弟爱上了雕刻，进行了为期一年的木匠学徒生涯。刨、凿、磨刀，在重复的劳作中，海弟慢慢感受着传统木头作品的智慧。一年的学习，让海弟的"表达"更丰富。海弟工作室的木头作品日渐成型，海弟便萌生了开展览的想法，这也是他的第一个展览。

海弟对木头的痴迷和坚守，体现出匠人型 IP 的个性特征，他的匠心是一颗纯然的爱木之心，他用 8 年的时间，把木头变成生活中的一部分。海弟无论是买菜做饭，还是和女朋友散步、去美术馆看展览，只要灵感来了就开始创作，一切随心而至，艺术创作从生活细节中体悟累积，已经到了浑然忘我的极致境界。每个作品都凝结着一片心，创作是一个非常缓慢的过程，雕刻作品不是随便戳几刀，而是创作者的思索和表达。

海弟在演讲中这样总结：假使我对仙女有影响力，我会请求她赐予世上每个孩子惊奇之心，而且终其一生不损毁，以作为一贴永远有效的解毒剂，来对抗生活中的一切倦怠与幻灭。

作为典型的匠人型 IP，海弟身上折射出强烈的匠人精神和情怀，那是一种专注和执着，一种极致的爱。这种旗帜鲜明的标签，强烈地体现在其他许多匠人 IP 的身上，如独立从事手工制作民族传统乐器的刘红孝、中国当代写实主义油画的领军人物冷军，夺得法国和联合国教科文组织颁发的"世界民俗文化奖"、"21 世纪设计大奖"的时装设计师屈汀南，还有中国台湾香学大师赵明明。

汀南女装的屈汀南，登顶"中国十佳服装设计师"，在中国和国际上获奖无数。其童年生活，对他走上时装设计师之路产生了非常深刻的影响。他夺得的两个大奖，其设计灵感就来自顺德莨纱，时装面料也取自顺德莨纱。《嬗变》运用色彩上黑与红的对比，模特脸部化妆的夸张呈现，发型的爆炸式与强劲的音乐，让人感受到一种嬗变魅感的野性美。

屈汀南的设计风格，蕴含着中国情结，透露出本土元素，体现了潮流与传统的结合，在莨纱绸、粤绣等乡土元素上浇筑一片匠心。

同样怀有一颗匠心的是中国台湾著名香学大师赵明明，他祖籍江苏，是中国台湾篆刻学会创会会员、著名沉香收藏家、香学研究专家，浸淫沉香 30 余年，深入探索中国传统的文人香文化艺术及用香养生文化等，出版过《识香——沉香探索》一书。

对中国香文化的迷恋，让赵明明萌生出去寻香的念头，并终于踏上了海外寻香之旅。一切的机缘，源自他结识到一位越南来中国台湾贩售沉香的大盘商，当时持续 8 年之久的两伊战争结束，通往海湾国家的香路也断了，很多越南人纷纷来到中国台湾寻找机会，赵明明因此结识了这位大盘商并经由他的引领，开始跑遍了越南各大沉香产区，体现出一个匠人 IP 的执着追求。

赵明明"过眼"过各种各样的沉香，积累了很多寻香、识香的经验，他的用香观念是提倡用香、品香，甚至自己动手制香。

赵明明对制香工艺表现出一丝不苟的工匠精神，面对一箱沉香的香材，他先挑选好料，用磁石吸取铁块和铁屑，逐一挑拣，用水冲洗，晾干后打粉，依据不同产地香料的特性去做比例的调和，处处透露出工艺的极致，处处彰显出匠人型 IP 的匠人情怀。

Part 4

# IP化方法论四部曲

人物的 IP 化是一个人格化魅力的锻造工程，也是一个自品牌的营销推广过程。在 IP 化方法论的四部曲中，IP 定位对人物进行心智卡位、IP 诠释给人物植入价值内涵，IP 发布让人物一鸣惊人，IP 传播实现人物的多平台和多载体宣发。

在人物 IP 的自品牌营销过程中，无论是定位、诠释、发布还是传播，都必须遵循一个原则，即一切市场营销的终极目标都是心智占领，而心智占领的前提是准确定位。选对目标受众和传播平台，是人物 IP 营销的关键。

传统的品牌营销，往往用点对面的方式对品牌进行广而告之的营销推广。但是，这种曾是品牌成长催化剂的点对面营销，随着 Web 2.0 的出现而陷入部分场景"哑火"的尴尬境地，博客营销、电子邮件营销、网络会员制营销等新型模式不断蚕食点对面营销的阵地。

所以，我们在 IP 的定位、诠释、发布和传播过程中，需要了解点对点营销和点对面营销的优劣，针对目标人群选择正确的 IP 预热和宣发渠道，以达到最佳的品牌传播效果。

# 点对点营销 PK 点对面营销

乔布斯是点对面营销大师，他善于在一个人的舞台上向世人宣讲苹果制造的品位，娓娓道来苹果公司的价值观，用他的激情和感染力激发用户的品牌忠诚度和购买欲望。

1996 年，乔布斯回巢救主重返危机四伏的苹果公司，很多人认为这不过是一个旧霸主的回归，不料苹果再次掀起时代风潮，iMac、iPod、iPhone、iPad 的出现骤然改变了人们的生活，形成了一股宗教崇拜般的狂热，数以亿计的果粉组成的"苹果教"应运而生。

而伴随这些产品面世的，是一场场震撼人心的发布会。在苹果公司强大公关团队的造势风暴下，"乔布斯式的激情"在新品发布会上实况演出，他是当之无愧的灵魂人物，更像是指点江山的布道者。

1984 年苹果出品 Mac 计算机时，发布会被精心设计成一场视听盛宴：开场做成天地分开的效果，一束亮光直射而下，唱诗班合唱《哈利路亚》。乔布斯希望借助这种舞台和音响效果渲染一个神圣时刻，一方面预示苹果公司起死回生，另一方面暗示 Mac 再次颠覆个人计算机形象的意味。

乔布斯每次都费尽心力准备新品发布会，在会议正式开始前会花数个小时练习自己的演讲，而且每场演讲都一定要精心策划一个触动人心的小插曲，如 2008 年发布 MacBook Air 笔记本时，乔布斯用一个出人意料的出场仪式宣告它的到来，以充分体现这款产品超薄的特点。乔布斯将 MacBook Air 装进了一个信封里，在发布会上，他从薄薄的信封里拿出 MackBook Air 时，全场惊呼雷动。

每次新品发布会，乔布斯都是舞台上的绝对主宰。在 2007 年发布首款智能手机 iPhone 时，整个舞台由乔布斯一个人占据，他在台上站足一个半小时，每一个角落都散发着乔布斯的气息。

乔布斯迷恋苹果产品的每个设计细节，他会滔滔不绝地诠释 iPhone 的轮廓、线条、颜色、材质和手感，用富于感染力的图片打动你，而不是枯燥的文字表述。他是聚光灯下的天生表演者，发布会是他一个人的舞台，每一个姿势、每一个动作都被果粉们顶礼膜拜。他让每个人都感受到那种激情，他被称为史上最强悍的推销大师。

乔布斯的苹果发布会，也逐渐成为举世瞩目的活动，乔布斯滔滔不绝的激情与理念感染众人。同时，乔布斯这个人物也被符号化、标签化，甚至他性格中的偏执都被众人崇拜，乔布斯成为苹果公司的 IP，苹果的品牌在他的带领下，得以在世界范围内广泛传播，成功地占领大众心智。

乔布斯在实现人物 IP 化的道路上，借助的就是点对面的传播方式，由具有宗教影响力般的人物（时代教主乔布斯）进行权威示范，对广泛受众展开心智的灌输，让人们被动或主动地接受"统一的声音"。

《哈利·波特》系列畅销书的作者罗琳，在每次新书开售前都会在电视机屏幕前亲口读书，让哈利·波特的小粉丝们先一饱耳福，这就是点对面传播的经典范例。

典型的传统品牌营销方式，都是利用电视广告、广播广告、平面广告、户外广告等手段，利用点对面的方式对品牌进行大范围的营销推广。这是一种类似填鸭式式的硬性宣传，通过重复灌输认知来激起消费者的购买欲望。但是，随着移动互联网的出现，这种点对面的传统方式陷入部分场景"哑火"的尴尬境地，在社交平台上收效甚微。在众媒时代，自媒体营销、电子邮件营销、网络会员制营销等社会化营销模式兴起，点对面营销受到这些新型营销模式的群狼式围攻。

如今在社会化媒体日益兴盛的众媒时代，尤其是微信等自媒体的出现，在互联网形成了不计其数的小规模群体，这些草根网民在微信群内彼此建立了高度信任和忠诚度，形成相对闭环的社群关系，传统的点对面营销难以冲破这层壁垒。

另外，自媒体时代的一个重要特征是信息的广源化和无界化，在这股汹涌的信息大潮中，来自四面八方的嘈杂声音对主流媒体发声形成很大冲击。一个"统一的声音"或者被排斥，或者淹没在信息的汪洋之中。

### 4.1.1　小米和魅族的"机霸"口水战

目前，许多企业主动采取点对点营销，制造事件和话题，希望在社交媒体平台上引爆病毒式传播，以达到意想不到的品牌推广效果。小米和魅族的一场争夺"机霸"口水战，是企业利用点对点营销攻击对手的很好例证。1799 四个数字，在 2014 年引发了一场昏天黑地的口水战，成为当年微博上最火热的事件之一。

在小米 4 手机以 1999 元的价格出售时，魅族 MX4 标出 1799 元的报价，拉开了价格战的序幕。低 200 元的报价，不仅是数字上的价位营销，也是文字游戏上的碰撞。

1799 是整个事件的导火索，而这场骂战的推波助澜者是小米新媒体总监钟雨飞。他在微博上率先吐槽，直言魅族有组织有预谋地派遣水军在各大手机厂商的微博评论中刷屏，让售价 1799 元的 MX4 大面积的出现在网民的视野中。随后，黎万强和小米官方微博迅速转发，并吐槽魅族的水军们已经灌水 2～3 周。

锤子手机的创始人老罗也不甘寂寞，转发此微博，并向魅族开炮，声称魅族发布会那几天就接到不少魅族水军贴，还曾"短信警告魅族副总裁李楠老实点"。

魅族官方随后反击，发布微博力挺自家阵营，声称"永远站在自己用户的一边"。魅族副总裁李楠还回应表示："在雷军和老罗下面刷 1799 的很多是锤子和小米的用户。"

这场口水战出现三方掐架，有点波橘云诡，到底是魅族真的雇水军去扰乱小米、锤子或者其他的手机厂商，还是小米与锤子借题发挥，趁机杀杀魅族 1799 元 MX4 价格战的锐气，有时真相并不重要，重要的是社会化营销的效果。

此事件的发生，无论是明争还是暗斗，最终都是在微博、微信上发起和引爆的，这就是典型的社会化点对点的营销模式。正是此事件的发生，使得小米和魅族的曝光率和品牌知名度都得到极大的提升。这场口水战，为雷军的人物 IP 化进行了市场预热，受众被充分地调动起来，也符合小米文化的要求参与即营销。

人物 IP 化实则是人格化的输出，而这种人格化是需要人物具有一些里程碑事件，或者具有正在火爆进行的话题等。通过事件营销提升人物的曝光率，可以作为人物 IP 的市场预热方法之一。只是，人物的形象同事件优劣有着密切的关系，因此是否运用事件营销，运用什么事件，都要根据人物本身以及时机而定。

## 4.1.2　自媒体引爆点对点营销

在以人为本的众媒时代，每个人都能成为新闻事件的发布者和传播者，每个人都可以拥有话语权，从而唤起个体意识的觉醒和对个人价值的尊重。这种网络语境的变迁，令点对点营销成为一种必然趋势。

互联网时代对个体意识的尊重，早在 2006 年年终出版的美国《时代周刊》封面上就有所体现。《时代周刊》在当年年度人物评选的封面设计上舍弃了常用的名人张片模式，只摆放了一个"You"单词和一台计算机，寓意 2006 年的年度人物就是"你自己"，个人已经在互联网时代占据了很大的重要性，对网络内容使用的同时，也在为互联网时代创造内容。《时代周刊》对封面做出解释：社会正从机构向个人过渡，个人正在成为"新数字时代民主社会"的公民。

如今，最能体现这种个体意识觉醒的，莫过于人人都可持有话筒的自媒体（We Media）。自媒体又称公民媒体或个人媒体，这一概念源于硅谷著名 IT 专栏作家丹·吉尔默，2001 年 9 月 28 日他在博客上提出新闻媒介 3.0（Journalism 3.0）的构想，是以博客为趋势的自媒体，而之前的新闻媒介 1.0 为传统媒体或旧媒体，新闻媒介 2.0 为新媒体或跨媒体。吉尔默更大胆预言，新闻媒介 3.0 是新闻业的下一波浪潮。

2003 年 7 月，美国新闻学会媒体中心发布了关于自媒体的研究报告。报告指出，自媒体是普通大众提供与分享他们自身的事实、新闻的途径。也就是说，自媒体是一个传播内容的载体，民众可以在这些载体上发表和分享自己的见闻和观点。如博客、微博、微信、论坛/BBS 等网络社区，也都曾是优秀的自媒体。

随着移动互联网的蓬勃发展，信息碎片化导致了众媒时代的到来，媒体变得平民化和个性化，从作壁上观的旁观者转变为身处其中的当事人，从倾听者转变成掌握话语权的内容制作人，从单一的受众转变为事件的传播者。每个人都可以把媒体搬回家，每个人都可以有自己的编辑室和直播间，每个人都可以拿起话筒宣泄自己的喜怒哀乐，那是属于自己的舆论空间，想写就写，想唱就唱，通过输出内容构建起个人品牌，构建起自己的社群网络。

一切皆有可能，互联网给人际交往和信息交流带来了极大的便利，平民大众创立自媒体的准入门槛降低，每一个轻社交媒体的操作界面在设计上都在做尽可能的简化。人们可以轻松地在各种自媒体网站上注册账号，享有服务商提供的网络社交空间和版面管理工具，比如微信、新浪微博、优酷播客等。民众在使用这些空间和工具发布文字、图片、音乐、视频等内容信息时，可以吸引有着共同兴趣爱好的粉丝，这样就成为一个自媒体人。

自媒体使用的是点到点对等传播，在这个平台上没有主讲人和听众的明显区分，没有居高临下的宣导教化，有的主要是彼此分享情感和认知，这是由普通大众主导的信息传播活动，和以往由中心媒体机构垄断式的信息传播相比，有着明显的区别。

在新闻媒介 3.0 时代，这种点对点的社会化传播方式，一方面衍生出微博、微信等自媒体工具，另一方面也孵化出无数的草根发行人，他们将原汁原味的故事直接呈现在受众眼前，不再被动、单向地接受专业媒体机构过滤的信息，而是通过自媒体的分享与链接功能，主动成为新闻事件的传播者。用户随意发布的文字、语音和视频信息就像一个漂流瓶，投入信息的汪洋之中，一旦有其他用户有意无意间捞起这个漂流瓶，就可以展开对话和信息的进一步传播。

用户在碎片化的时间短获取信息的同时，无形中与自媒体构成点对点传播环境，这种环境背景下，催生了点对点的营销模式。企业家和创始人只有采取点对点营销策略，进行针对性的撒网式营销推广，才能促使信息精准地送达目标客户群体。

微信营销就是一种点对点营销，一种面向目标受众的精准营销，成为互联网时代衍生的全新营销模式。微信拥有庞大的用户群，借助朋友圈和特定社群来实现触角式蔓延，每条信息的推送都可能在社群内发酵，每条信息的转发都能够四通八达，让其他任何人都有机会接收到这条信息。因此，引爆病毒式传播的点对点营销，成为许多商家的新宠。

自媒体引爆的点对点营销，是建立在某种信任基础上的营销。在这种营销方式下，自媒体人可以与粉丝用户聊天互动，可以解答疑惑，可以讲故事，可以"逗比"甚至"卖萌"，通过人格化魅力的输出，建立起一种彼此信任的朋友关系，这样营销想要表达的内容以"软性"方式传递出去。这种通过互动聊天的方式，向粉丝用户传递品牌价值，从而促进营销的模式，可谓是明修栈道、暗度陈仓。

## 4.1.3　IP 化是站在人性制高点上的营销

实际上，无论是点对面的传统营销模式，还是点对点的社会化营销模式，无论营销理论追求的是 4P（产品、价格、渠道、推广），还是聚焦于 4C（客户、成本、便利、沟通），营销战略的核心仍是殊途同归，即产品细分、目标市场和市场定位。产品细分依据的是消费者特性，目标市场锁定的是消费者类群，市场定位捕捉的是消费者心智。任何营销都是针对人的，一切营销的本质都是人性。

所以，实现创始人 IP 化营销的四部曲，就是对 IP 进行人性化的定位和诠释，展开具有强大感染力的发布，实施气势如虹的传播。

创始人 IP 的定位要"择善固执"，坚守自己的价值观并持续展现自己的价值观，从灵魂深处说服自己和感动自己，从而散发出无限的正能量，塑造出与众不同的领袖气质。在 IP 定位的时候一定要以价值为先，在极具 IP 价值的基础上与客户、消费者、合作伙伴进行互动，往往只需要一个粉丝感兴趣的简单话题，就可以吸引粉丝积极参与，产生共同价值认知的共鸣。

所谓固执，就是必须坚守的道理。所谓择善，就是价值观的外延。企业创始人必须坚守自己的价值观，并多平台持续向粉丝展现价值观，塑造自己的 IP 化形象，外延品牌价值。

人物 IP 在完成价值定位和价值塑造之后，需要的就是一场乔布斯式激情般的传统发布会，那是人物 IP 的一个人舞台，是一个个性充分绽放的空间，是聚光灯下的绚丽时刻，是创始人一鸣惊人的关键一役。这就是著名的乔布斯思维模式，"人生为一大事而来"的动机是所有成功人士的共同特点。

创始人经过这样气势如虹的价值发布会，淋漓尽致地表现自己的个人特质，表达自己热情而执着的价值观，与观众达成情感共鸣，实现 IP 的火爆，从而拥有忠实的粉丝和用户，开始传递价值认同的布道者旅程。正如营销大师科勒说的："真正的营销，是一种价值创造和传送的过程。"

# 人物 IP 定位是价值为先的心智卡位

伊利活性乳酸菌饮品与功夫熊猫之间，一个是喝的营养饮料，一个是卡通形象，两者会有什么关系？然而，伊利却充分利用《功夫熊猫3》授权 IP 元素，练就一身"低糖功夫"，利用又憨又胖的熊猫阿宝形象进行心智卡位，在产品与卡通人物 IP 之间找到营销定位的交集，在细分化的市场推广上碰撞出火花。

好莱坞大片中融入丰富的中国元素、传递中国情结的并不多，《功夫熊猫》是这方面的上乘之作，主人公阿宝的形象憨态可掬，非常受人喜爱，可谓是稀缺的 IP 资源。伊利获得《功夫熊猫3》的 IP 授权后，每益添益生菌饮品充分利用授权 IP 元素，将每益添的品牌形象与电影深度结合。在电影上映之前，伊利每益添就推出功夫熊猫系列特型包装，用搞笑的风格分别设计了一套专属的"低糖功夫"包装形象。

每益添特型包装与 IP 元素的对接，让产品成为一种自媒体，借阿宝等人物形象，向消费者传达了其自身低糖健康的品牌理念。为了让产品包装"活"起来，而不是简单的静态图像，伊利每益添基于功夫熊猫系列特型包装，还推出了相关人物的 GIF 图片，让阿宝、阿宝师父等人物的"低糖功夫"栩栩如生地映入眼帘，与目标受众进行健康好玩的互动，对功夫熊猫IP的品牌价值进行深度挖掘，深度渗透到消费者中。

伊利还利用意见领袖传达品牌定位中的健康理念，自媒体营养专家撰写了一篇《喝了这么多年，还在傻傻分不清？》的文章，与伊利的营销策略交相辉映，通过媒体、段子手等大V的微博和微信传发，导致事件持续发酵。伊利对功夫熊猫IP元素的市场定位，凸显市场定位的精髓，那就是价值为先，如果没有价值的承载，一切都是浮云。

同样，人物IP的定位也应遵守价值为先的原则，人物IP定位就是针对价值观的心智卡位，重新寻找成就一个完美目标的动机，与客户、目标人群、合作伙伴搭建沟通对话平台，实现价值认知的共鸣。心智的价值卡位，让企业品牌输出的信念和原则更加清晰化，让企业生产的产品有了价值之魂，目标人群因此就有了识别和跟随的方向，有了选择购买和持续忠诚的理由。

既然人物IP的心智卡位如此重要，在进行IP定位时就需要思考以下三个问题：第一，目前你的商业目标是什么？这涉及IP定位的方向性问题；第二，为了实现这个商业目标，你需要在消费者心目中卡什么样的心智？这涉及目标引导下的心智卡位取向；第三，你凭什么卡这个心智？支撑点是什么？这涉及心智卡位的理论依据和可行性。如图4.1所示。

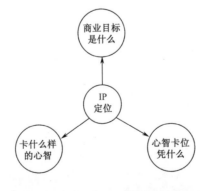

图4.1　IP定位——心智的价值卡位

## 4.2.1　每一场 IP 化营销都为占领用户心智而来

凡是成功的品牌 IP，必然在顾客心智中占据举足轻重的位置，成为某个品类的象征符号，如麦当劳代表着快餐汉堡，耐克代表着运动鞋，康师傅代表着方便面，脉动代表着维生素饮料，红牛代表着能量饮料。

一旦消费者的心智空间被占领，便很难逆转；要想颠覆已有的心智认知，可能需要花费巨大的 IP 化营销成本，持续积聚品牌势能。在香飘飘奶茶占据杯装奶茶这个品类的心智空间后，喜之郎若想抢占市场，需要花费数倍的广告投入去扭转消费者的心智，结果有可能为他人做嫁衣，推动的是整个杯装奶茶的品类营销，而不是优乐美的自身品牌。

所以，在这个信息大爆炸的时代，企业必须用尽千方百计在顾客心智中占据一席之地，否则其生存与发展就会如断线风筝，迟早会被拥有强大心智资源的竞争对手所掌控，而后者凭借占领消费者心智的优势，进一步扩大营销渠道，整合社会资源，吸引更多资本，实现产业链扩张，构筑起更坚实的心智壁垒，形成更高的行业壁垒。

市场营销就是一场针对消费者心智资源的争夺战，终极目标是让品牌形象驻留在消费者的头脑中，让品牌形象霸占人的心智。所以，营销要从心做起，一个戏剧化的广告传播语，一个差异化的包装和形象，一个兴奋的概念，总能读懂消费者的心。撬动消费者的支点在于心智营销。

## 4.2.2　IP 化营销拼的是价值内涵

2015 年，北京经历了 13 年以来最强的沙尘暴，9 级狂风、雷雨和沙暴轮番发威，掀起的不仅是人们对空气质量的关注，还有众多企业借势炒作的"沙尘暴营销"风潮，优酷、京东、乐视、杜蕾斯、国美等纷纷卷入其中，在漫天风沙中输出情感和关怀。

杜蕾斯的一句"黄天不负有情人"，最为浪漫煽情；优酷的"风里来沙里去，你到家了吗？"，最具人文关怀；京东的"今夜，被口罩委屈了嘴巴；明天，用早餐来温暖心窝"，最具款款温情；乐视的"今夜沙逼北京，别加班早点儿回家"，也是情怀尽显……这些打动人心的煽情图文，在社交媒体朋友圈被疯狂刷屏，人们在享受这种人文关怀的同时，暂时忘却外面世界末日般的景象，被企业的这种捆绑式营销感动了。

一切都不露痕迹，一切都尽在掌握，体现的是潜移默化的企业形象输出，却发挥着滴水穿石般的影响力。

这就是搭台唱戏的借势营销，巧妙地借助和配合热点事件和热门话题，抓住潜在用户群体的心理特征，从自身产品的品类特性出发寻找营销的入口，用充满关怀的关键词和视觉冲击力的图片表达诉求，达到某种公益化的营销效果。虽然披着广告的外衣，但是创意的切入点不错，也能博得"赞一个"的掌声回馈。

目前网络到处都充斥着借势营销，中心化媒体平台的作用越来越弱。每逢大小节假日，伴随祝福和温情的捆绑式营销图文扑面而来；每逢热点事件爆出，借题炒作的借势营销图文也会席卷而来。

杜蕾斯被认为是营销专家，擅长对即时事件快速展开借势营销，还会用人情味的营销语句打动人。2012 年伦敦奥运会上，飞人刘翔在 110米栏预赛中意外摔倒，遗憾因伤退赛。杜蕾斯迅速做出反应，发出这样一条微博："最快的男人并不是最好的，坚持到底才是真正强大的男人!"除了鼓励刘翔坚持到底，还深深嵌入了杜蕾斯的产品推广。这条微博一经发出，引发广大网友情感共鸣，共引起 4 万条转发和 7 千条评论。

　　杜蕾斯的借力打力，表明借势营销的杀伤力不可小觑，社会化媒体平台成为企业借题发挥、宣传品牌形象的主战场。许多企业瞄准这一免费阵地，每逢热点事件就闻风而动，展开捆绑式营销，从一个段子到一篇图文、从一个网页到一部微电影，用各种招数为自己制造免费宣传的机会。一些企业"抱热点的大腿"，无非是想借助新闻性热点话题，制造稀缺性内容，用不会遭用户排斥的内容表达，让自己的品牌在社会化媒体平台上借势曝光。

　　在众媒时代，信息越来越碎片化；在众创时代，企业的竞争越来越激烈。企业需要获得多个渠道为品牌发声，需要线下到线上的联动促销，来聚焦注意力分散的大众眼球，短时间获取粉丝的万众瞩目。

　　罗永浩砸冰箱就是一个典型的人物 IP 借势营销。2011 年 11 月 20 日，罗永浩与众人齐聚西门子北京总部，当场砸烂独立音乐人左小祖咒、作家冯唐和罗永浩本人的三台冰箱，目的就是通过这一砸，激起网民的强烈关注，在冰箱门的质量问题上给西门子公司施加压力，希望得到解决方案，从而树立自己对品质严格要求的 IP 形象，为后来锤子手机的发布奠定了品质基础。果然，这一锤在互联网海洋中一石激起千层浪，将西门子冰箱门事件推向高潮，自己也获得了很高的关注度。

　　罗永浩从 2011 年 9 月就开始关注冰箱门事件，发布微博指出"西门子冰箱门关不紧"，导致冷冻室结霜、耗电量增加，称微博上已有 500 余人遇到类似问题，并声称"再也不买这个倒霉牌子了"，此条微博被网友们转发数千次。随后罗永浩连续发布多条相关微博，其声讨行动在微博上持续超过 23 天，超过 2 万人参与转发。罗永浩还多次亲自到商场调查，得到很多西门子冰箱用户的热烈响应，树立起"为民请命"的形象。在制造话题而未获得满意解决方案后，罗永浩一怒砸冰箱，精心策划了这一终极版的借势营销。

IP 营销有时需要借势，借势可以制造话题，瞬间成为舆论聚焦的新闻人物，借势营销如果做好了就会事半功倍。然而，借势营销毕竟是快餐式营销，有些借势营销只是一场热闹过后的短暂繁华，与 IP 营销价值为先的定位相差万里。

人物 IP 营销是"择善固执"，坚守自己的价值观并持续展现自己的价值观，从而塑造一呼百应、引领天下的领袖气质。这种价值观的塑造，仅凭一时的激情炒作远远不够的，仅靠卖弄情怀的"挂羊头卖狗肉"也是远远不够的。

IP 营销输出的是价值观，是人格化的品牌形象，这必须是价值观支撑的人格表现力，体现的是打造品牌、塑造价值、圈吸粉丝的综合素质，追求的是基于情感共鸣和价值认同感的品牌黏度，而不是借势营销无节操的作秀，更不是其所追寻的短期终极目标注意力覆盖。

## 1. 农夫山泉"有点甜"触觉占位

"农夫山泉有点甜"，这一句简短广告语，在枯燥的传统广告宣发环境里，打动了庞大受众群体的心。每当看到农夫山泉矿泉水的包装时，脑海中首先闪现的就是"有点甜"。如此平常普通的一句话，早已嵌入消费者的心智，在中央电视台播放后声名远播，传遍大江南北，被人民日报等新闻媒体评为 1999 年最好的广告语。

短短的 7 个字，传递的是泉水清甜的口味诉求。千岛湖是农夫山泉的水源，泉水经过后期净化口味甜美。农夫山泉将"有点甜"作为卖点，以口感承诺寻求营销定位的差异化，突出品牌的个性特征，暗示农夫山泉来自优质的水源，口感甘甜，与众不同，以此占领消费者心智，使广大消费者对农夫山泉的好感度有了很大提升，并在理性上认同它的品牌价值。农夫山泉还就"有点甜"话题引导消费者发散思维，联想生活中的事物，在消费者对农夫山泉的品牌记忆上起到了潜移默化的效果。

农夫山泉实际上运用的是价值营销，这则广告语强力凸显水质的甘甜，是产品宣传的着力点，是品牌的核心价值所在。"有点甜"突出品质的差异性，传递出品牌的价值内涵，因此打响了农夫山泉的知名度。另外，这则广告语还彰显出营销定位的精准，"有点甜"突出农夫山泉的品牌个性，突出产品的优良品质，因此能够快速占领消费者心智。

正当其他同类产品刻板地强调如何干净、如何时尚、如何高科技的时候，农夫山泉只用淡淡的一句"有点甜"，就在品牌定位上脱颖而出，不入俗套地表述产品的质量，又独辟蹊径地强调产品的口味，不知不觉在消费者的脑海中刻下了品牌印记。一个电视广告，一个品牌营销，达到这种令人过目不忘的效果，就已经成功了一半。

这则广告还采用营销策略的"第一"原则，最先提出"有点甜"的概念，最先用口感占领消费者心智，抢占营销诉求的心理制高点。实际上，所有的纯净水和矿泉水，仔细品尝起来都有点甜味，农夫山泉只不过将口味甘甜作为诉求首先提出，最先袭领消费者的心智。

"有点甜"，简单明了的三个字，却富有浓厚的感性，描述出淡淡的味觉，传递出丝丝的温情，这些美好的感觉无疑具有极大的强化记忆功效，达到极好的心智卡位效果，是品牌营销成功的典型案例之一。

"有点甜"抢占了消费者心理的制高点，这就是我们经常说的"卡心智"，一旦成功，消费者将成为此品牌的忠实粉丝。也许消费者对此产品也有异议，但可包容、可原谅，每次有消费需求的时候，此品牌都会下意识地浮现在脑海中。例如：出门打车，想到"滴滴"；学习英语，想到"新东方"；想吃烤鸭，想到"全聚德"等，这些成功的营销案例不断证明，若想要做大做强，重点在于对"人"心智的卡位，而要做到心智卡位，前提就是定位了。

## 2. 老干妈"味道营销"里的异国情怀

相对于农夫山泉以"甜"取胜，老干妈则以"辣"拴住消费者的味蕾。味道是老干妈品牌的核心价值，独特的味道令老干妈成为风味辣椒调味品的代名词；而老干妈通过味道营销，不仅嵌入不少人的学生记忆，还伴随他们走出国门，成为客居他乡的佐餐佳品。

老干妈是以味道进行心智卡位的，味道是袭领消费者心智的核心竞争力，保持味道魅力的关键是对质量的把控。所以，老干妈自建无公害干辣椒基地和绿色原材料基地，并建立较为完善的质量监控中心，对产成品和原辅料进行严格的质量监控。在质量上坚守口味恒一，这就是老干妈油制辣椒系列产品获得中国名牌称号的秘诀。

老干妈从学生群体入手，植入口感记忆，占领了这一庞大消费者群体的心智。老干妈从学校附近的素粉店起家，平凡的故事可勾起消费者对学生时代的回忆，对口感的留恋让老干妈在消费者年轻时就植入品牌印记。加上老干妈产品本身物美价廉，作为佐餐酱时美味开胃，很容易满足学生群体的味蕾，轻易将学生群体吸纳为老干妈的消费主力军。据心理学分析，"学生时代"是品牌最容易引起消费者好感和怀旧的时机。

由于这种品牌的记忆嵌入，老干妈的心智占领已蔓延到海外，成为舌尖上的中国名片。现在老干妈已经走出国门，产品已经出口到美国、加拿大、澳大利亚、新西兰等 30 多个国家和地区，被海外游子称为留学生必备烹饪佳品，老干妈在营销活动中引导家的味道话题，也让老干妈产品走向外国消费者的餐桌。

学生时占领心智生根，长大后凭消费记忆收获，老干妈的前期心智植入成效显著。这种心智植入还体现在品牌的符号化。老干妈热销多年，从来不更换瓶贴包装，给消费者留下熟悉的记忆。对品牌形象一贯的坚持，导致其包装和瓶贴已经固化为一种独有的标签符号，深深嵌入消费者的记忆，经久不衰。

源于心智卡位的自信，老干妈即使不做促销，不打广告的，依然有很多经销商上门抢货。而且，由于风味独特诱人，老干妈成为大小餐饮饭店的必备调味品，依据老干妈辣椒风味还衍生出各种特色菜，成为饭店吸客的一大重要支撑。

对食品行业而言，味道即王道；食品之争，最重要的是口味之争。恰到好处的复合口感，是老干妈以"辣"黏住消费者心智的秘方。老干妈最为热销的系列产品风味豆豉，多年来同行业内没有一款类似产品能打破它所带来的巨大销量。老干妈在发酵产品豆豉的口感把握十分精准，能够很好地平衡辣和香，而其他企业则无法做到。

老干妈是用特色味道占领心智，以一代人对这种味道的留恋，唤起他们的消费记忆，即使身在海外也持续购买老干妈产品，可谓将味道营销做到了极致。

### 4.2.3　IP化营销需捕捉心智动态

占领心智并非易事，人的心智有时是反复无常的。美国营销战略家杰克·特劳特在《新定位》中总结归纳出六大心智规律，试图把握心智的多种面孔、多样形态。我们有必要了解这些规律，以此转换我们的思维模式，把握占领心智的本质。

（1）心智疲于应付。在信息大爆炸的互联网时代，新闻信息急剧膨胀，娱乐信息漫山遍野，广告信息铺天盖地，科技信息与日俱增，人们日常面对的信息太过泛滥，接收的信息已经超负荷，导致心智难以应付。所以，人们被迫对信息进行简化归类，依据经验性常识进行判断，过滤掉无用信息。在这种情况下，一个企业必须提供差异化的品牌定位，输出差异化的个性认知，才能被消费者记住。

（2）心智容量有限。大脑只会记忆有限的信息，而且是有选择性的记忆。因此，市场上数一数二的品牌，享有更大的心理优势，往往最先占领消费者的心智。

（3）心智厌恶混乱。在信息超载的当今世界，疲于应付的心智更喜欢简约，厌恶混乱。一个企业要想让自己的品牌信息具有强大穿透力，就必须极度简化，用一个关键词、一个强有力的差异化概念来穿透消费者的心智防线。

（4）心智缺乏安全感。心智通常对熟悉和已知的事物感到舒适，对陌生和新鲜事物缺乏安全感。人们在面对新品类和新品牌时，因为缺乏安全感而变得无所适从，因而通常会根据从众心理来决定自己的消费行为。在这种心态的驱使下，人们往往选择别人争相抢购的牌子，走入许多人排队等候的餐馆。所以，企业要想攻克心智的不安全感，就要提供信任的保证，让顾客安心消费。

（5）心智不会改变。心智通常是顽固不化的，一旦形成就难以扭转。消费者一旦对某种产品有了固定印象，就容易形成认知上的心理定式，以后都很难改变。所以，以方便面卡位心智的康师傅，即使推出私房牛肉面快餐，人们还是把味道看成调料包冲泡出来的，仍是方便面的味道。

（6）心智会失去焦点。企业在多元化拓展的过程中，赋予品牌的内容越多，越容易让该品牌在顾客心智中失去焦点，变得越模糊。所以，一个企业在采用单一化品牌战略中，需要注意不要让品牌的负载太多，不要开发出太多的口味和包装，而是在品牌设定上注重聚焦，让消费者的心智集中在一点，产生强烈的品牌记忆。

## 4.2.4　心智占领的前提是找准靶心

定位是构建企业和产品与众不同的特质，塑造品牌的核心竞争力，形成最具优势的心智卡位；没有准确的定位，心智占领就失去了靶心。

市场定位理论最初由美国营销专家杰克·特劳特提出，他在1969年发表的论文《定位：同质化时代的竞争之道》中，首次提出商业中的定位理念，并在几年后的论文中系统开创了定位理论，对市场营销产生意义深远的影响，被称为全球定位理论之父。

在杰克·特劳特看来，市场定位是对未来潜在顾客的心智卡位，树立企业和产品与众不同的差异化特质，形成品牌的核心竞争力，影响消费者的认知心理，占领消费者的心智，从而提高产品销量和企业的知名度。

基于定位理论，杰克·特劳特认为耐克空泛的广告语是一个败笔。"Just do it"，意思是"放胆去做"，意图表达出一种勇气和豪气，瞄准的是年轻人的市场，看似很符合年轻人的审美情趣和口味。但杰克·特劳特直斥"这是一个没有意义的广告语"。耐克的成功不是因为这则广告的定位准确，而是在于耐克的目标是为全球最优秀运动员打造舒适的服装和装备，在耐克的营销模式中，发挥最大作用的是明星IP效应。

他认为，耐克广告语所传递的信息是模糊和没有差异化的，在行业竞争尤为激烈的今天，如果企业和品牌定位不能够脱颖而出，就很难在消费者心智中占据最有利位置，很可能被心智超载的消费者忘记。换言之，一个品牌要想占领消费者的心智，就必须定位精准。

如何做到准确定位？如何找到心智卡位的靶心？

在杰克·特劳特看来，一是需要换位思考，从潜在顾客的角度考虑问题，了解顾客的所思所想，体验他们的感受，而不是把自己作为出发点。这样就会发现，在潜在顾客的心智中，一个企业是什么样的形象地位。二是顾客永远是对的，传播者和销售者是"错的"，把焦点集中在消费者身上而不是产品本身，问题的解决之道在消费者心智中，他们认知的即是现实。三是建立品牌的行业领先地位。"第一"永远是占领心智最好的策略，领先是企业在竞争中的优势，使公司强大的不是规模，是品牌在心智中的地位。四是不要试图改变人们的心智，而是简化所传递的信息，用一个词语占领心智。在信息大爆炸的时代，在传播过度的环境里，我们需要集中火力于狭窄目标，即细分市场。广告的定位口号，应该投入更多的经费和精力来寻找在市场缝隙中的位置。

### 1. 精准定位在于锁定需求差异

在特劳特看来，精准定位就是发现企业和产品独有的特质，发现其与其他企业和产品明显不同的区别，而且在市场营销中输出品牌认知，让顾客强烈感受到这种需求上的差异，在心目中留下深刻的品牌烙印。换言之，只有别树一帜的品牌差异化，才是占领消费者心智的"攻心利器"。曾被广告界奉为经典的广告文案，如"以人为本"、"挑战极限"、"真诚到永远"等，都是定位模糊的品牌诉求，都是毫无意义的空话。

而在一个产品越来越同质化的时代，营销定位失准意味着消亡，定位没有差异化意味着早晚被遗忘。根据当代美国的一项研究，美国有 75 个不同种类的产品，很多品类的产品都面临被同质化的命运。在这 75 种产品中，产生差异化烙印、占领消费者心智的只有 21%的品牌。

银行业是假大空营销的集散地，品牌诉求中充斥着毫无意义的陈词滥调，什么"财富在此聚集"、"拥抱创意"、"大行德广，伴您成长"、"建设现代生活"，都是放之四海而皆准的口号式营销，在市场定位上没有锁定顾客需求的差异。

放眼全球，竞争激烈的汽车行业在差异化定位方面做得较好，几乎每个品牌的汽车都在逆向思维，寻求自身在消费者心目中的差异化印象，形成个性鲜明的定位。宝马强调的是"驾驶的乐趣"；奔驰定位在"乘坐的舒适性和尊贵的身份"；沃尔沃则强调"安全性"。

在特劳特的眼中，无论多么简单的广告语，都必须根据品牌营销活动中极其复杂的市场研究和竞争分析设计出来。无效的广告语给企业带来的是无效的传播，只有准确定位的差异性广告语，才能凸显有别于竞争对手的品牌价值，才能占领消费者的心智。品牌定位需要围绕消费者需求进行，只有把握住消费者的真实需求，才能在消费者的心中传递品牌价值。建立有效差异化的最典型途径，就是找到产品和品牌的鲜明特性。如佳洁士就强调防蛀牙，因为含氟；VISA 是世界领先的信用卡品牌；LV 则一直强调自己纯手工制作。

塑造行业第一的地位，也是一种有效的差异化路径。如谷歌是第一个互联网搜索引擎，Facebook 是第一个全球化的社交平台，泰诺是第一个推出夜服感冒药的药品，星巴克是全球第一家连锁咖啡店。

特劳特关于定位的理论也影响着中国创业者，小米把特劳特的著作《新定位》推荐为小米人的枕边书，时而翻阅研读以启迪思想，所以小米的定位也从"为发烧而生"变成了"让每个人享受科技的乐趣"。

## 2. 王老吉"我是饮料"一语定乾坤

"我是饮料不是药",红罐王老吉经过连续 4 年火箭般的蹿升,2006 年宣称其在中国国内的产量首次超过世界软饮料第一品牌可口可乐,2007 年又以近 90 亿元的骄人业绩创造了中国饮料业的品牌神话,幕后头号功臣是精准的产品和营销定位。

正是将营销口径瞄准在"我是饮料"上,并以此加大火力推广,王老吉在中国南部市场与可口可乐分庭抗礼,在大众心目中俨然成为一个强势的品牌形象。

追本溯源,王老吉的定位曾经有过迷失,2004 年《哈佛商业评论》11 月号曾载文分析红罐王老吉的品牌定位战略,指出王老吉在连续 7 年的销售活动中,在 2002 年以前从未系统、严谨定位自身品牌,企业对王老吉走饮料路线还是保健品药路线的定位上摇摆不定,"以己昏昏,岂能使人昭昭",消费者就更是雾里看花摸不着头脑,完全搞不清楚为什么要买它。

对于凉茶是药还是饮料的模糊是历史性问题,调查显示广东的传统凉茶,因为去火功效显著而被消费者普遍当作药服用,如颗粒冲剂、自家煲制、凉茶铺煲制等,而且传统凉茶也无需经常饮用。而具有上百年历史的品牌王老吉,骨子里就是凉茶的代称,王老吉受其品牌名称所累,自然不能理所应当地被广东人作为常用饮料而接受,销量大大受限也在情理之中,成为品牌推广的"历史冤案"。

王老吉在陷入营销困境之后,开始尝试对品牌进行重新定位。 在大量的现有消费者调查研究数据面前,王老吉发现消费者对凉茶的治疗功能并不感冒，恰恰相反，消费者只是希望在吃烧烤时预防上火，可真要上火时，还是会去选择牛黄解毒片等降火药物。

王老吉在摸准市场定位后，确定王老吉的第一定位应该是"饮料"而不是"药"，其次确定产品的主要功能是"预防上火"，独特的品牌价值在于"喝王老吉预防上火"。

目前王老吉的市场销量高达 200 亿元，稳居行业第一，销售份额占到 40.75%，领跑凉茶行业。"怕上火喝王老吉"的品牌形象早已深入人心。

定位的本质是占领心智资源。一旦品牌营销通过成功定位，占有了某个心智资源，就有机会通过代言品类构建起认知标准，赢得消费者的优先选择，在消费者心目中构筑起品牌认知和品牌忠诚。

2002 年前王老吉的品牌战略不清晰，即不能在凉茶行业中割据江山，又不能在保健品行业占据一席之地，造成定位迷失，业界评论王老吉早期战略上的失误是："在错误的地方、错误的时间，同错误的对手，打一场错误的战争"。在重塑定位策略后，王老吉开始向消费者强力灌输"我是饮料不是药"的概念，千遍万遍的重复强化印象，攻克和袭领消费者的心智防线，最终成为中国凉茶市场上的行业老大。

一般认为，在高度信息化时代的心智大战中，胜利往往属于进入潜在顾客心智中的第一人、第一产品，所以进入心智的捷径是成为第一。但是百事可乐却剑走偏锋，从可口可乐雄霸市场的空隙中杀出一条血路，赢就赢在新生代的市场定位上。

百事可乐亮出"新生代的选择"这一旗帜，用新生代与其父辈之间的代沟来凸显百事可乐与可口可乐的品牌差异，这一定位颇具营销定位的洞察力，令人拍案叫绝。百事可乐正是从"打造属于年轻人的可乐"

这一定位出发，占领年轻人的心智。将新生代作为自己品牌的目标消费群，对可口可乐实施了"侧翼"定位攻击，上演了一系列商业史上蔚为壮观的争夺战，成功抢占了属于自己的市场份额。

为了配合自己的定位，百事可乐在系列公关攻势中使出两记杀手锏，一是抓住了新生代崇拜影视偶像的心理特征，巨资聘请流行音乐巨星作为其广告形象代言人。二是百事可乐主动出击，与对手进行鲜明的比较，反复强调可口可乐是"老迈、落伍、过时"的象征，而百事可乐所代表着是正是"年轻、活泼"的时代象征。调查显示，在美国有 70%的年轻人更容易倒向百事可乐。如今，在行业竞争更加激烈的背景下，百事可乐仍稳坐美国碳酸饮料市场份额的第二把交椅，仅次于可口可乐。

## 4.2.5 定位标准在于"是否撑得起"

美国著名营销专家艾尔·列斯指出，定位就是在顾客的大脑中寻找一块空地，扎扎实实地占据下来，作为根据地而不被别人抢占。

杰克·特劳特认为，定位就是令你的企业和产品与众不同，形成核心竞争力；对受众而言，即鲜明地建立品牌。

特劳特（中国）定位咨询有限公司总裁邓德隆做出进一步阐述：定位就是让品牌在消费者的心智中占据最有利的位置，使品牌成为某个类别或某种特性的代表品牌。这样，当消费者产生相关需求时，便会将定位品牌作为首选，也就是说这个品牌占据了这个定位。

简而言之，IP 定位的标准可以概括为：一是能否占领心智的根据地；二是能否使品牌形成核心竞争力；三是能否令品牌成为首选。

如果 IP 定位没有在心智中占据首要地位，不能形成品牌的核心竞争力，那么这样的定位就不算撑得起的定位，出现心智卡位的错误。

### 魅族邀请强 IP 撑起定位

杰克·特劳特批判耐克的广告语"Just do it"毫无新鲜感和差异性，是一个失败的营销诉求，但是耐克却依然销量惊人，原因就在于耐克拥有运动鞋领域的强势 IP，著名运动员纷纷为其背书，自然有众多粉丝慕名购买产品。

同样，魅族打出"Hi-Fi"这个卖点时，开始陷入单纯强调硬件性能的误区，由于大部分用户不去了解这方面的差异，市场反响并不好。所以请出强 IP 梁翘柏背书，用一个音乐界品质代言人的符号撑起这个定位，一下子就在用户心智中占据有利位置，形成根据地。

每一个品牌都应该有自己的核心卖点，以智能手机为例，小米卡的是"发烧"，锤子卡的是"情怀"，OPPO 卡的是"快充"，金立卡的是"超级续航"，vivo 卡的是"Hi-Fi 音乐"，华为卡的是"格调"。不同的心智卡位，给消费者指引了购买方向，让消费者有了明确的购买意图。

魅族在寻求极品 Hi-Fi 这个卖点时，用一个领域具有号召力的人或形象来撑起品牌定位，是一招妙棋。因为梁翘柏是音乐品质的代言人，他的强 IP 形象足以在另一个领域产生巨大的能量。梁翘柏是湖南卫视《我是歌手》的音乐总监，在节目火爆之后，他俨然成为一名明星，在湖南卫视现场的人气不亚于一线歌手。梁翘柏成名后，各大卫视纷纷邀请其担任音乐节目监制，似乎音乐类节目只要有了梁翘柏，音乐水准方面就可以高枕无忧。梁翘柏已经成为音乐品质领域的超强 IP，一个音乐界的品牌符号。

在把自己成功塑造成一个音乐 IP 后，为了继续保持并扩大 IP 价值，梁翘柏开始寻求跨界合作，比如陌陌在一场视频节目中，就邀请梁翘柏担任首席内容官，挖掘音乐 IP 价值，为节目质量做背书。同时对外宣发陌陌现场首席内容官梁翘柏是陌陌的明星员工，引发粉丝疯狂参与，提高节目的知名度和保证节目的举办效果。

魅族与梁翘柏的跨界合作，首先在互联网上预热，魅族科技发微博明确指出：哈曼声学总监李胜波携手梁翘柏，为魅族打造下一个音乐传奇。借助梁翘柏的人气，先吊足网民的胃口。

魅族表面上邀请梁翘柏和李胜波为魅族 PRO 5 的 Hi-Fi 进行调音，实际上看中的是两人给 PRO 5 推广带来的巨大 IP 效益。虽然这起营销事件在业内引起过度营销的质疑，但是对魅族释放定位调整战略的信号非常重要，深层次地传达了关键信息。

在中国，Hi-Fi 概念只在小众范围内为人熟知，大部分受众只会联想到高端音响和高档耳机之类的器材。虽然山寨魔声耳机满大街都可以买到，Hi-Fi 看起来离我们也并不远，然而一般只有发行唱片的专业歌手才需要调音这样的专业服务。

魅族在梁翘柏身上塑造感性形象，在哈曼声学总监李胜波身上塑造理性形象，预期借着这次调音动作，完成 PRO 5 对 Hi-Fi 的市场定位发声，希望于两位强 IP 撑得起这次定位。在理性与感性的碰撞下，魅族和两位老师进行对完美音质的追寻，最终调校出 3 个 PRO 5 Hi-Fi 版本。

魅族推出"Hi-Fi"概念，主要是向这款产品渲染极客色彩，吸引高品质音乐需求的消费者。梁翘柏为魅族手机调音，一个简单的动作，已经从发微博上升到了 IP 背书的战略层面。目前，所有品牌都在抢夺优质 IP 资源。要想争夺一个行业的领袖定位，有个大 IP 背后撑腰，引发品牌联想的强关联，无疑是明智之举，魅族定位"Hi-Fi 极客"的营销战略就是一个例证。

## 4.2.6　IP 定位需选准战略目标

一名歌坛新秀在一夜爆红成为超级明星 IP 后，萌生想成为影视歌三栖明星的想法，希望在电影、电视、歌坛三个领域跨界发展，那么该如何定位自己的目标和形象呢？同样，一个企业依托核心产业快速崛起之后试图扩大规模，也面临着品牌定位的问题。这里就面临三种战略定位模式的选择：单一化、多元化、一体化。

（1）单一化品牌战略是将所有产品向同一个品牌靠拢，所有的心智资源都使用特定的品牌诠释，共用一个品牌名称、一种核心定位、一套基本品牌识别。著名的飞利浦公司就是把所有的品牌资产中心化，一个品牌涵盖小家电、家用电器、工业电器和 IT 领域，"集中优势兵力打歼灭战"，可以最大化维持心智资源向同一个中心集中，避免顾客对品牌认知模糊。

但是，毫无关联领域的跨界发展，不适宜应用这种品牌战略。如以汽车品牌占领心智的三菱，就不适合在银行上也使用"三菱"，这样会导致品牌定位的多领域分散，容易引起消费者的认知混淆而导致定位失焦。

（2）多元化品牌战略是使用不同的品牌载体定位同一个目标产品，在不同的品牌群中完成资源分配。最典型的特征就是，每一个产品或产品群都使用不同的品牌名称、不同的定位、不同的品牌识别，"深挖洞、广积粮"，在满足不同消费者差异化需求的同时，保证每一个目标产品都拥有自己的定位、市场卡位。著名的瑞士制表集团就是典型的多元化品牌战略，旗下的子品牌诸如雷达、欧米茄、天梭、浪琴、SWATCH 等。

多元化品牌战略不好的地方在于，品牌多元化的战线拉得太长，企业没有足够的实力就难以驾驭各个子品牌，给企业的供应链管理、分销管理、推广管理都产生巨大的压力，也给粉丝对品牌的认知带来混乱。

（3）一体化品牌战略就是品牌产品在日常运营过程中，在产业链的某个环节渗透至其他环节或其他领域，并完成通路打造，开拓新项目的战略模式。最典型的特征就是除了在制造上发展自有品牌的同时，在通路上乃至供应上都衍生出新的品牌项目，如杜邦在经营床上用品的同时，完成了尼龙、莱卡等供应通路的打造；家乐福经营超市零售的同时，也建立了自己的制造工厂。

无论是单一化品牌战略、多元化品牌战略还是一体化品牌战略，都是企业依据自身的产品特点和发展规模所采取的品牌战略定位模式。企业的品牌定位可分为短期目标和长期目标，它应该是依据市场变化而不断调整的动态过程，而不该是一成不变的"认知固化论"。

### 1. 单一品牌战略并非定位的殉葬品

"小米违背顾客心智去发展，是必然要经历失败的"。特劳特中国公司总经理邓德隆的惊人之语一石激起千层浪，邓德隆自信地断言："我可以预见到已经发生的未来，小米盒子、电视机、平板电脑，是做不好的，很难有很大的作为，我这个掷地有声的结论绝对经得起历史的检验。因为他没有一套相应的战略为之护航。"

小米是当下中国最红的科技公司之一，是近年来被人细微化复制的商业奇迹。雷军更是拥有丰富的传奇故事，用 4 年时间将小米手机的销售额从 0 变成 700 多亿元。然而这番似乎是盖棺定论的分析，出自一位定位理论大师之口，让人为之一震。

邓德隆对定位理论有着独到的运用方法，为东阿阿胶集团、加多宝（原王老吉）、方太厨电、香飘飘奶茶等企业提供过定位咨询和方案，活用特劳特定位理论，在这些知名企业的品牌战略定位上提供服务，并成功实践。邓德隆及其团队连续 7 年给加多宝（原王老吉）做战略定位咨询，饮料小厂也一步步成长为中国罐装饮料的龙头企业，加多宝更在 10 年时间里做到 200 亿元规模。对加多宝的成功定位，令邓德隆树立了自己的 IP 声望。

小米的战略定位真的偏航了？

邓德隆认为，符合小米占领消费者心智的品牌定位是手机，而且是直销的手机，所有战略和其他资源都要围绕这个定位展开。而如今雷军大谈要做平台，要做生态，这种一厢情愿的战略定位，是从自己的意愿出发的，没有考虑到对顾客和潜在用户的心智定位。

按照邓德隆的逻辑，小米的平台和生态战略是"致命的战略问题"，是"挖自己的坟墓"，侵蚀的正是小米赖以迅速崛起的"直销手机"定位。

实际上，邓德隆抨击的正是小米的单一化品牌战略：单一品牌（小米）覆盖所有产品，一种核心定位，会引来消费者的认知失调和形象模糊。他认为，尚未达到行业领导地位的小米，若能在拥有数千亿规模的手机市场中坚守好阵地，已经实属不易，如果贸然将品牌延伸到平板电脑、电视机、路由器等领域，而且都以单一品牌全覆盖，就会导致消费者对该品牌的认知越来越模糊，由于战线拉得太长而无法给消费者一个"小米是做什么的"清晰印象，最终心智资源分散，品牌价值沦落。

这些判断的依据来自美国商业战略专家杰克·劳特，他在论文《通用电气为何不听忠告》中开创定位理论，强调企业竞争的战场在于卡位消费者的心智，在于消费者对品牌的认知程度，品牌创建于顾客心智之中。也就是说，品牌的意义是在顾客心智中代表某个品类，进而成为顾客消费某个品类的首选。

在邓德隆看来，心智卡位是消费者说了算，小米在消费者心目中的定位就是"直销手机"，这种印象不是随便就能改变的。雷军应该使用一个新的定位、新的品牌来扩展小米涉足的其他领域项目，只用一个品牌会分散核心用户的注意力。

不过，作为小米的缔造者，雷军认为自己对品牌拥有定位的主动权，在他的定义中，小米是一款"为发烧而生"的手机。两人判断起点的不同，自然会产生对小米战略定位的分歧。

雷军希望打造互联网产业链的爆款，借助以惊人速度崛起的小米手机 IP 资源，跨界延伸到其他硬件领域，以小米手机为核心打造一个闭环的智能硬件生态圈。这也是雷军将小米手机定位为"为发烧而生"的原因，希望这股热度能在更大范围内延续。

雷军在接连推出的平板电脑、手环、空气净化器等诸多产品时使用单一化品牌战略，但在小米手机的布局上也尝试运用多元化品牌战略，小米手机也开发出了多个系列。小米手机业务仍以"小米手机"作为核心业务，围绕"红米"开发低端手机品牌，围绕"小米 Note"展开高端手机定位，用价格差异区隔品牌矩阵。

但是，邓德隆仍不买账，他认为"商战不是产品之战，而是认知之战"，红米的增长使小米的战略潜力透支，把小米直接拉到是一个便宜货的认知之中，可能最终输掉 2000～3000 元这个中高端市场。如果一个品牌已经被定位为便宜货，此时再推出高价产品，就严重违背了潜在用户的心智定位。

邓德隆还借用 2013 年 12 月雷军与董明珠的世纪赌局，预言小米正"走在春兰的路上"。当年春兰空调的市场份额高达 45%，每卖两台空调中就有可能有一台是春兰空调。然而，春风得意的春兰决定做大做强，很快选择多元化品牌战略的道路，抛弃对龙头产品的专注，创立春兰汽车。跨界多元化导致品牌认知失调，多年积累的心智资源很快瓦解。2008 年停牌前，春兰连续 3 年共亏损超过 5 亿元。

邓德隆试图想证明帮助加多宝腾飞的定位理论，同样适合互联网行业。不过，有人批评邓德隆是将几十年前传统制造企业的定位理论和方法生搬硬套，以老眼光审视当代的手机和互联网企业，实际上是死守消费者心智卡位的认知固化论。

定位究竟是应该一成不变，保持核心品牌竞争力，还是因时而变，因势而动？定位就一定要固守多元化品牌战略，就不能动动单一化品牌战略的脑筋？

在瞬间星转斗移的移动互联网时代，在卖手机如卖海鲜的手机行业中，定位的目标不能一成不变，需要与时俱进，无论是单一化还是多元化，都需要在动态发展中调整品牌方向。那种"在某个品类成为第一"的定位理论，并非放之四海皆准。

目前进入后互联网时代的多元化发展，在"互联网+"国家战略的引领下，互联网企业开始寻求与传统产业的融合，许多公司试图建立自己的生态圈，如百度、阿里巴巴、腾讯、小米。

实际上，互联网公司是在尝试构建一个王国，通过网络 ID、互联网平台或入口贯穿在每一个他们所投资的产业，将这些产业聚合在一起。这种多元化具有互联网的内核，是主线贯穿的品牌战略拓展，与传统制造业的非相关多元化截然不同。

需要强调的是，心智认知也会改变，它会随着互联网创新而变，随着自媒体社群而变，随着意见领袖而变。如果说定位是品牌形象和个性在心智中的投射，那么它不过是外部世界的一种映照，这样的外部映照改变了，心智认知也会随之改变。

### 2. IP 多元化的反哺策略

在优质 IP 稀缺的情况下，游戏厂商纷纷把手中的优质 IP 进行次级改造、反复挖掘商业价值，以谋求 IP 价值的最大化。如围绕"仙剑"IP 开发的手游就有 7 款，《仙剑奇侠传 OL》、《新仙剑奇侠传 3D 官方正版》被多次授权改编，进行 IP 价值的深度挖掘。

在天价 IP 时代，手游 IP 的"非唯一授权"做法盛行，导致官方手游认知混乱。每家厂商都标榜自己是官方授权，手游版本采用"OL"、"3D"、"无双版"、"官方正版"等后缀。

国外的 IP 多元化运作已经演变为品牌经营，比如 Falcom 的《英雄传说》系列、《空之轨迹》三部曲。漫威更是 IP 多元化的高手，只要内容有趣能吸粉，那么就创立一个全新的"平行宇宙"。

而国内也在开发 IP 多样化，蜗牛"九阴真经"系列的《九阴真经 3D》、《九阴真经决战光明顶》两款手游相继推出，就是希望以 IP 为中心的外延发展带来更多的变现机会。根据官方描述，《九阴真经 3D》采用全 3D 的视角设计，并继续在 MMO 大世界玩法上深耕，力图打造沉浸式游戏体验及更高的自由度，而《九阴真经决战光明顶》则主要偏重于 PVP 层面，往团战、PK 等方向发展。两者都是在互动性上做文章，只不过一个偏 MMO 路线，一个偏团战 PVP 路线。

两款九阴真经手游虽然目标受众都锁定在武侠用户，不过在 IP 定位上力图寻求差异化。首先是利用名称后缀对两款手游的品牌加以区分，其次在《九阴真经》贴吧、论坛等社区平台上，将用户按需求和爱好分为风景党、怀旧党以及 PVP 爱好者三类，大幅度减少了不同产品之间的用户冲突，达成 IP 外延发展的目标。

IP 多元化还体现在利用反哺策略，使得 IP 能够长久利用。如将 IP 改编成影视、小说、动漫等。如小说《三体》虽然拿到雨果奖，证明了 IP 的品质，但是授权厂商并不急于将游戏上线，而是先将《三体》进行 IP 影视化反哺，掀起追捧的热潮，再将 IP 的轰动效应带到游戏上来。

IP 的定位，关键在于对核心价值观的认知，坚持多元化发展战略，找到撑得起此定位的原因，就能够真正做到对消费者心智的卡位。

# IP 诠释是寻找心智的入口

如果说人物 IP 定位是读懂消费者的心智,那么 IP 诠释就是给定位的内涵和外延做注解,寻找心智的认知入口,让受众充分了解人物 IP 的人生观、世界观和价值取向。

一个 IP 的价值定位,提供了清晰的信念和原则,它确立了 IP 的个性和差异性,是明确消费者心智认知、占领消费者心智的前提。然而,IP 定位只是价值确定的起点,它需要"择善固执"的坚守,坚守并持续展现价值观,还需要清晰的诠释,哪怕是一句简单的广告语,只要定位精准,也能传递出 IP 的个性和价值。所以,诠释是价值阐述,诠释是清晰表达,诠释是确立焦点,诠释是诱发联想,这是 IP 塑造中的重要一环。

乔布斯阐述了价值,向全球果粉讲述苹果产品的魅力;乔布斯进行了清晰表达,提炼经典语录给消费者留下深刻印象;乔布斯确立了焦点,每次发布会都会用出乎意料的出场方式展示主角;乔布斯诱发了联想,令全球果粉迫不及待地想抢购到首部 iPhone 或 iPad。

实际上,乔布斯一生都在诠释苹果,用完美主义定义苹果产品的品位，用激情定义苹果品牌的感染力。苹果在乔布斯的激情演绎下，成为全世界最成功的科技品牌。

## 4.3.1　诠释 IP 需要恰当平台载体

随着移动互联网和社会化媒体的迅速发展，大量用户开始在向移动端转移。移动设备成为更加便捷的新闻资讯、网络文学、视频内容和游戏的载体，这种"指尖上的中国"越来越受到年轻人的青睐。

在移动端用户日益剧增的情况下，人物 IP 诠释需要在传统媒体、PC端与移动端之间做出权衡，选择最合适的平台载体，优化输出自己的个人魅力和价值观，以便针对目标用户展开精准的自品牌营销。

2014 年年底中国智能手机用户超过 5 亿，平均全球每 10 个智能手机用户中有就有 3 个是中国人，中国网民在全球互联网网民数量中占据了很大比例。截至 2014 年 6 月，移动端成为中国互联网的第一大入口。保守估计，全国共有 400 万家网站在投入运营，13 亿手机用户，6 亿多网民活跃在互联网世界，总数量超过排名前 10 位的其他 9 个国家的总和。

目前，手机的功能日益强大，早已从最初以打电话、发信息为主的可移动的电话发展为几乎无所不能的智能终端，丰富多样的 App 应用使手机进入人们生活的各个领域。用户对手机的依赖程度也越来越高，手机已成为人们生活中不可或缺的物品。使用手机进行即时通信、搜索、看视频、玩网络游戏以及在线支付等功能的用户数量迅速增长。

《小时代》之所以取得 20 亿元的票房，就是因为郭敬明有效运用移动端媒体和社交平台对 IP 进行诠释，制造出现象级话题引起粉丝的围观和轰动效应，诱惑越来越多的观众走入电影院，试图解开各大话题抛出的谜团。

2013 年 11 月 24 日晚，郭敬明通过微博宣布："《小时代 3：刺金时代》12 月将正式启动。明年夏天，让未来再次爆炸吧。"微博上还配有首款"刀光版"概念海报，上面是一把沾着血的手术刀和两把餐刀，并列成罗马数字"Ⅲ"。粉丝可以根据海报手术刀尖端上的血迹，联想到《小时代》原著中崇光整容的剧情。从电影项目开始的那一刻起，对题材内容的 IP 诠释就随之启动。

在此后的长达 8 个月的时间内，郭敬明不断通过微博这个平台向外界传达电影拍摄的进展情况，在拍摄完成前还通过社交平台和各大媒体公布新角色，并发布一些片场的拍摄照片。宣发期间，海报、预报片、特辑及各种幕后解密铺天盖地而至，这些 IP 诠释制造悬念，诱发联想，用各种预热信息袭领观众的心智。

在《小时代》的宣发过程中，郭敬明通过个人微博一共发布 29 条视频，包括两部预告片、6 部音乐 MV、21 部制作特辑及拍摄花絮，此外还发布大量的平面资料，包括 15 个系列的 167 张海报和 300 张剧照。

同样，时代地产在珠海时代山湖海 6 期的操盘，也是抢夺互联网的入口来搭建平台，设计游戏"亲爱的鱼"作为 IP 载体，助力房地产营销在盛名之下再度爆红。

项目产品是一个纯中小户型的社区，有前期推广的一定积累，如何渲染一种属于珠海特有的生活方式，是该项目最核心的思考。在创意过程中，他们发现远离拥堵更靠近海，是这个城市一致的追求，代表找回本真自我和梦想的"亲爱的鱼"形象油然而生。

珠海房地产行业的第一个项目游戏"亲爱的鱼"App 因此诞生，这款游戏打通线上线下，撬动市民的内在情感，引起城市关注。这款游戏不仅在用户体验上触动人心，而且是时代山湖海项目对珠海城市特色的贴切诠释，因袭领用户心智而在网上"深度刷脸"。

时代地产继续发力，在百岛论坛上发布置顶帖子《亲爱的，你为什么爱上珠海？》，获得回复 84 条，浏览人数 5000 以上。百岛论坛是珠海最具人气的论坛，在这样一个载体上发布一个提问，触动全城自发传播。

一个房地产项目的操盘，充分调动各方载体，通过游戏上线，传统媒体风暴投放，微博奖励体验，珠海大 V 门户转发，盖楼、抢 iPhone 等游戏，达到很好的营销效果，不仅覆盖范围广，而且互动效果明显。

人物 IP 化的载体需要选择适合其诠释、传播的形式，精华文章、短视频、发布会等载体进行主次搭配，用文字、视频来塑造人物，为人物IP 的确立、成长等提供长期的服务。

## 4.3.2  诠释 IP 关键是输出价值观

2004 年造就收视神话的超级女声，火爆一时却销声匿迹，而中国四大名著之一的《西游记》，热播荧屏依然经久不衰。原因何在？按照漫威主画师麦克丹尼的解读，这是"品牌"与"IP"的较量，像《爸爸去哪儿》和《中国好声音》等火爆电视节目是"品牌"，《西游记》是经典"IP"。

且不说麦克丹尼的判断是否合理，从漫威打造的超级英雄中，我们可以感受到人物形象 IP 化的神奇力量，这要归功于漫威对这些人物形象进行精心的诠释，每个人都承载着可以重复开发的价值观内容。

2000 年以后，漫威授权 Fox 制作《X-men》，授权 Sony 推出《蜘蛛侠》，大获成功。2006 年，一度不被业界看好的漫威电影工作室，推出《钢铁侠》后一炮而红，开启了用电影批量改编漫画作品的时代，超级英雄 IP 的火爆程度至今不减。

在漫威"宇宙帝国"系列大片中，超级英雄的故事具有巨大的跨媒介内容生命力和商业价值，关键是漫威给每个英雄都提供不同的价值观诠释。如钢铁侠代表从个人享乐主义升华到肩负大义，美国队长代表原则至上的爱国主义，蚁人代表肩负着重大责任感的平民英雄主义，蝙蝠侠代表从暴力混乱中诞生的民间正义感等。

正确的价值观诠释，赋予这些英雄 IP 持久的生命力。风格选择、人物设定、故事发展等因素都是可被替换的，唯有价值观的诠释，才给予人物 IP 人格化属性的内核。角色本身承载的价值观与精神内涵，非常符合美国宣扬的普世文化。

这些人类普适的价值观，蕴含爱情、亲情、正义、尊严等普世元素，可以跨越文化、政治、种族、时空，跨越一切媒介形式，以不同的方式面向不同类型的人群，令不同观众产生根深蒂固的认同感，引起强烈的价值认同，对观众产生持久的文化层面的影响。

一个 IP 的价值观和世界观是电影故事的核心载体，一旦占领了观众的心智，就可以根据当下市场喜好来配置故事引擎和文化材料。相对于价值观来说，影片的表现形式和流行元素只是 IP 的最表层呈现，并不是最关键的 IP 引擎。国内作品充斥着大批武侠、功夫、清宫、唐服等流行元素，却是外强中干、跟风炒作，所谓的"中国风"只是表面功夫。《大圣归来》虽然注重中国艺术风格，但是故事和价值观层面尚欠火候，难以打动外国观众，相反《功夫熊猫》在这方面略胜一筹。

同样，单凭故事引擎推动 IP，无论故事多么引人入胜，也因为特定情景、文化环境、时代背景以及媒介性质的局限，难以跨越时间和空间的障碍，无法风靡全球。

相反，价值观是 IP 长盛不衰的关键。以漫威创造的美国队长这个漫画人物为例，几十年过去，罗杰斯依旧如血肉丰满的真实人物，散发着旺盛的生命力。他的经历、价值观念、生活哲学，以及对人生的思考、对现状的迷茫、对过去痛苦的回避，全方位形成丰富立体的人物形象。正因如此，美国队长 2011 年被重新搬上荧屏后依然粉丝如潮，IP 衍生品再度热销，这个角色形象就像一个挖不尽的金矿，每次开掘都能创造一片新天地。

漫威对一个轻喜剧都要花费巨大力气去设定背后的整个世界观、宇宙观，因为只有价值观才能永远存活下去，强势 IP 所传递的价值观可以穿透时空的束缚，跨越情感的鸿沟。

# 一鸣惊人：人物 IP 化的发布

一项产品发布会的成功会影响产品成功的 80%，苹果 CEO 乔布斯每次发布新产品时，总是对新品发布会格外重视。

IP 发布首先要设定好议题，寻求公众人物的支持，并筛选出支持你的种子用户，然后展开一鸣惊人的发布，用震撼的场景渲染气氛，用乔布斯式的激情感召观众。

IP 发布不是滔滔不绝的说教，而是用"心"讲故事，娓娓道来，让与会者融入故事中，随着你的语调和情绪而进入情境，潜移默化之间被你占领心智。

## 4.4.1  IP 发布：品牌势能大释放

当《舌尖上的中国》热播时，西贝餐饮找到了片中的黄老汉，借势营销，卖起了黄馍馍，作为西贝黄馍馍的形象代言人。当《舌尖上的中国 2》播出时，西贝和张爷爷合作，将空心挂面引进西贝，然后又让莜面走进联合国，并且和联合国秘书长潘基文合影，为西贝的品牌进行背书。

　　两次利用《舌尖上的中国》的影响力造势、一次用联合国的场景造势，这些利用杠杆的借势营销，最终为西贝餐饮的品牌大爆发积聚了巨大的势能，一举打造出西贝的品牌知名度。西贝餐饮 IP 发布的三级跳，实现了品牌势能的累积释放。

　　势能的高低，决定了 IP 发布的集中爆发力度。格兰仕全球首款情侣微波炉的发布会，就是利用场景的人格化输出，让产品自带强大的势能，产生了意想不到的震撼效果。

　　2016 年 5 月 13 日，格兰仕在北京 Copper 铜举行了以"1+1＞2"为主题的全球首款情侣微波炉"热恋"品鉴会。为了给粉丝增强现场的体验感，格兰仕此次发布会设计别出心裁，粉丝一入场就能闻到食物的芬香，看到工作人员有条不紊地烹饪操作，听到微波炉作业的叮叮声，微波炉运作的氛围充斥着每一位粉丝的感官。品牌的势能瞬间拉动，在现场发挥出强大的感召力。

　　在发布会上，格兰仕推出全球首款情侣微波炉"热恋"，格兰仕在产品的设计开发阶段就植入了鲜明的个性理念，赋予了产品浓厚的人格化属性，让呆板的产品更具有人格魅力。通过产品差异化的人格魅力，输出产品的核心价值，吸引在场的年轻消费群体为之叫好。

　　发布会犹如舞台演出，想要吸引粉丝的注意力，就必须进行 IP 化运作拉动势能。现代人的生活场景正在悄然改变，面对面沟通被忙碌的生活阻隔，我们的注意力被切割成许多碎片。在这个碎片化的时代，发布会需要融合场景，让观看者触景生情。

**1. 超级势能孵化器**

互联网第一社群罗辑思维，无疑是当今势能经济的主要助推者。从魅力人格体的自营销，到挖掘社群势能的社群营销，罗辑思维正在不断开发社群经济蕴含的巨大金矿。

罗辑思维成立之初，只是一款互联网视频产品，在一年的时间里，快速成长为最具代表性的中国互联网知识社群，并不断挖掘巨大的社群势能，层出不穷地进行社群营销，活动、出书、会员"罗利"、社群征婚、霸王餐、C2B 订制等风风火火。罗辑思维图书包在一个半小时内闪电发售，公众平台上选购罗辑思维月饼，一系列花样翻新的玩法，都是社群势能的变现招数。

所谓的势能经济，或者更具象地称为势能生意，是通过自媒体人的魅力人格体，拉动粉丝社群不断扩大，当社群规模超过群体智慧的临界点后，社群本身进入自组织、自运行的动态失控状态中，产生巨大的社群势能，形成能够变现的资产。势能模式衍生的"势能生意"，有可能成为互联网未来最重要的趋势之一。

正是看到社群势能的强大威力，李冰冰、黄晓明、任泉三位明星推出 Star VC 计划，不开发布会，只首发互联网第一社群罗辑思维，将魅力人格进行跨界势能投资，实际上也是一种发布，是自媒体平台上点对点的发布。中国演艺圈的三大明星准备了足够的诚意与资金，来寻找中国最有创新力的公司，所以在罗辑思维上发起一个酝酿已久的 Star VC 计划。这是一个面向互联网社群的势能发布，许多人早上一起床，就被 Star VC 的公告震惊了。

Star VC 计划是以"投资人+用户体验官"的身份，为企业注入明星IP 的魅力人格。三大明星不仅以投资人的身份进入企业，务实参与企业的发展规划，还会长时间体验和评测产品，为产品的品质进行强 IP 背书，在此基础上帮助企业适当做一些宣传，但不为这些企业做明星代言人。

在无远弗界的互联网时代，足以博尽天下眼球的三大明星，发布 Star

VC 计划却只选择了罗辑思维首发，不上娱乐版、财经版的头条，也不开新闻发布会，不发微博消息。这说明罗辑思维已进入 2.0 时代，成为超级势能的发布平台。

### 2. "自带势能" 的 IP 化场景

场景实验室创始人吴声在一次演讲中指出，场景时代 IP 的商业化逻辑是天生带感，自带势能。2016 年，一个个爆款走向一个个高潮的时候，所有的引爆、所有的产品也必须是爆款，它必须自带流量。

吴声认为，内容的 IP 化能不能形成真正的亚文化能力，这里隐含了 3 个层次：场景洞察、人格化表达和亚文化形成。而社群化的表达，就是亚文化不断形成的一种节点。

在形成亚文化后，用户已经不是普通用户，更多时候是铁杆用户，是超级用户，换句话说是"虔诚的死忠粉"，能够主动分发、转发、分享、点赞、评论，成为积极的口碑推荐者。

这些超级用户本身就是渠道，他们既创造内容也消费内容，既生产内容也分享内容，他们既是朋友圈的刷屏，也是知乎邀请的回答，是豆瓣、微博、微信、贴吧、QQ，是一切内容的分布点和接触点。

在吴声看来，场景造物具有 4 "感"。

（1）仪式感，天生带感的表达。商品消费从纯粹的功能消费转化为精神体验的一种消费形态，物质满足退居其次，内心需求外化成行动标签。所有的年终客户答谢、各种传情达意、各种生活场景正在形成仪式化的表达。随着互联网时代消费精神的崛起，亚文化正以主流的文化形态，重新占领我们的心智。

（2）众筹感，定义互联网时代的生活方式。用户不再满足于成品消费，消费环节从产品的半成品状态甚至设计时就进行深度介入，消费者消费的不再是产品，而是产品的话语。当今时代的资金募集，并不是一个互联网金融的品类划分，它代表了这个时代的游戏规则、生态规则和生活方式。

（3）温度感，有一种表达是刚刚好，不凉不烫。它代表的是基于任性洞察的一种体系，代表着基于生活场景的无缝贴合，也代表着我们理解这样的温度。嘀嗒拼车重要的是社交，它形成的是一种更加富有人情味的连接能力。我们要思考自己的产品有没有完成这样的交互和连接，能不能形成温度和情感，而这种温度和情感，毫无疑问会形成卷入感。

（4）卷入感。这是我们说的产品正逐渐成为社群的货币，成为社交的入口，成为交易的入口，成为从信任代理、分享传播到信任体系的全新价值构建模式。

## 4.4.2 势能比动能重要

《哈利·波特》通过系列小说及电影发行链条，拉动粉丝群体的规模不断壮大，逐渐积聚起巨大的品牌势能，对全球数以亿计的哈利迷们产生强大的票房号召力，缔造出全球最赚钱的魔法 IP。

漫威旗下拥有庞大超级英雄 IP 群，通过一系列人物形象 IP 化打造出"英雄战舰"，以英雄主义精神和普世价值观积聚起持续的价值势能，在全球电影和衍生品市场所向披靡。

IP 势能的积聚是品牌力量的汇聚，是人格魅力的能量爆发，仿佛百川入海，在场景化营销的多维时代，能产生排山倒海般的品牌影响力，因此势能是动能的源动力，比动能更重要。

## 1. 系列开发延续 IP 生命周期

当代文化娱乐产品进入快速迭代期，依靠单款 IP 产品的单打独斗，难以形成大规模的产业势能，无法造成广泛的影响力。在优质 IP 稀缺的背景下，明星 IP 的系列化开发成为蓄势待发的普遍做法，如经典谍战 IP《007》从 1962 年开始，打造邦德不老传奇，历经 24 部电影长盛不衰。

游族网络首席运营官陈礼标认为，在游戏圈围绕 IP 开发系列产品，延续 IP 生命周期是比较常见的事。原创 IP《女神联盟》在推出页游、手游产品后，页游续作《女神联盟 II》与电影同步开启，通过从游戏到电影的跨界系列化开发，不仅延续了 IP 的生命周期，而且能够更长久地积聚品牌势能，形成 IP 引爆的动力源。

随着互联网社交化的不断发展，传统的产品线已经不能满足网民的核心娱乐需求，网民的注意力已经转移到以 IP 为中心的优秀品牌上，IP 正在成为互联网创意产业中不可阻挡的变革力量，原因在于 IP 具有持续的粉丝黏合度，发挥品牌影响力的生命周期更长。好莱坞深耕细作多年的 IP，从暴雪游戏风靡中国，到超级英雄电影席卷国内近半数票房，标志着 IP 系列化开发具有巨大的全球影响力。

中国影视娱乐 IP 系列化开发的一个长远目标，就是 IP 的全球化，通过中国元素的植入进行 IP 底层设计，用中国文化底蕴征服全世界观众。IP 全球化的前提是粉丝全球化，若想让《西游记》这样的中国超级 IP 征服全球粉丝，需要借助大数据的力量，了解全球粉丝的兴趣品位和价值观偏好。

互联网界已经开始用大数据捕捉全球粉丝经济，为 IP 全球化拓展积聚社群势能。著名游戏公司游族在收购覆盖 28 亿移动设备的平台 Mob 后，与谷歌、Facebook 及阿里巴巴在大数据层面达成战略合作，拉动跨国界、跨文化的粉丝群体，深挖社群蕴藏的巨大势能潜力。

游族网络倾向于将科幻、魔幻类等跨国界题材进行 IP 化开发，比如夺得雨果奖的顶级科幻 IP 小说《三体》；成功发行 150 多个国家及地区的魔幻 IP《女神联盟》，以页游和手游的展现形式吸引全球近 2 亿玩家。这些 IP 已具备全球影响力，逐渐凝聚起全球粉丝社群，在后续的影游联动中进一步积聚社群势能，在未来展示出更强大的爆发力。

势能只有释放，才能转化成更广泛的动能。2015 年年底游族网络宣布免费开放《三体》IP，希望在较短时间内有优质产品在市面上出现，形成互生共赢的良性生态圈，释放三体 IP 产能。

陈礼标认为，像《三体》这样的顶级 IP，在实现影游联动之后，还将打造网剧、话剧及线下主题馆等多种娱乐产品，在泛娱乐跨界延展中累积生态势能。庞大的产业化打造，需要不同行业的团队共同参与，仅靠游族一家企业独木难支。

## 2. 链条布局积蓄 IP 势能爆发

中国文化创意产业已经进入泛娱乐化时代，超级 IP 的深耕开发，影游互动的全产业链运作，助推 IP 的势能转换，全方位引爆中国的影视娱乐市场。

2016 年春节档是 IP 势能大爆发的时期，全国电影票房突破 30 亿元，远超 2015 年 18.8 亿元的票房纪录。新年伊始，国产动画电影也轮番上阵，《小门神》、《熊出没之熊心归来》、《功夫熊猫 3》、《年兽大作战》、《青蛙王国之冰冻大冒险》等陆续亮相，代表了国产动漫行业的新迈进。

近年来，IP 逐渐成为中国互联网影视行业的热词，IP 开发成为整个文化娱乐产业的热点话题。如何围绕优质 IP 形成完整产业链、打造娱乐生态闭环，成为整个文化娱乐行业开发 IP 价值的思考方向。原创动画 IP《青蛙王国 2》是这方面很好的例证，其最大限度地完成了 IP 产业链的开发，一系列游戏、漫画、衍生品等都深受消费者喜爱。

成功实施链条布局并引爆 IP 势能的，还有作为超级 IP 的《蜀山战纪剑侠传奇》。该剧在爱奇艺独家播放，吴奇隆担任出品人，赵丽颖、陈伟霆领衔主演，三大 IP 联袂营造势能，轻松斩获 3 亿播放量。首播收视率就刷新了了安徽卫视收视纪录，第二天收视率超过 1%。《蜀山战纪剑侠传奇》开创了网台联动的发布新模式，先在网络平台播放，以爱奇艺会员独享大剧的形式发酵，迅速积累粉丝为影片蓄势，然后在电视台播放完成最大化的势能转换，实现网台共赢。

爱奇艺将《蜀山战纪剑侠传奇》作为爱奇艺会员独享剧，5 季内容累计播放突破 10 亿。剧情的展开也推动网络的关注热度持续发酵，微博话题"蜀山战纪"、"蜀山战纪之剑侠传奇"引发亿万粉丝围观，阅读量分别达到 13.7 亿、9.4 亿。爱奇艺千万会员的助推、网络平台的先声夺人，促成蜀山 IP 话题热度和口碑的持续发酵，这是粉丝经济为《蜀山战纪剑侠传奇》积聚了强大的势能。

《蜀山战纪剑侠传奇》还是爱奇艺打造的又一影游互动大作，正版网游由爱奇艺游戏独家发行，已在网页游戏全平台进行首发。这部巨制在网络平台和电视台的热播，期间所汇聚的巨大势能，势必助推蜀山 IP 价值的跨平台释放，再次引爆游戏市场。

### 3. 产品矩阵扩充 IP 势能储备

源于著名网络小说 IP《鬼吹灯》改编而成的《寻龙诀》，上映期间票房突破 11 亿元；源于同名原创小说《琅琊榜》、《芈月传》改编的电视剧开播后也是火爆霸屏。网络文学的原创作品形成产品矩阵，不断扩充 IP 势能的能量储备，为 IP 在泛娱乐化产业链条中的任一环节引爆做准备。

无论是"颜高、人好、易推倒的靖王"，还是"腹黑、狠毒、耍阴谋的后宫佳丽", 这些超级 IP 蕴含的人格化势能, 是引爆荧屏收视率的源泉, 并成为横扫各大游戏平台的源动力。

原创文学 IP 在泛娱乐市场的活跃表现说明, 原创文学已经成为主流的 IP 发源地, 为泛娱乐产业中创意生产提供端口。阅文集团垄断了 400 万作者、1000 万作品和随时可以读取的 6 亿用户海量数据, 占据国内影视剧改编市场的 90%份额, 这里蕴藏的原创作品矩阵是 IP 势能的强大储备库。

互联网的普及, 极大地推动网络文学 IP 势能的转化, 将原本效率低下的行业链条打破, 造成行业生产力的极大释放。而泛娱乐化为原创文学 IP 的转化提供平台, 将 IP 出售给影视、动漫、游戏等商家, 寻求其商业价值的最大化。然而, 简单的改编、优质 IP 资源的滥用、对人物和世界观的肆意篡改, 削弱了 IP 转化的价值。只有实现全链条产业化, 才能从大局上为 IP 积蓄最大的势能, 才能借势制造更多领域的共赢。

阅文集团在借势上强力入手, 携手造榜专家福布斯一起创立年度"原创文学风云榜", 希望打造更强势的产品矩阵。阅文集团整合国内最具优势的内容储备以及庞大的作者和用户体量, 试图设立 IP 的价值体系, 尝试为泛娱乐产业链创造势能的风口。

《花千骨》的全产业链条开发, 显示出产品矩阵形成的势能规模。作为网络上炙手可热的高人气小说,《花千骨》拥有一大批忠实粉丝, 短短几年时间逐渐拓展到影视、出版、游戏产业, 通过 IP 的跨平台整体运作, 形成一条完整的泛娱乐 IP 产业链。从原创小说到影视再到游戏平台, 从优质 IP、用户辐射再到资源输出, 积聚的势能层层推进, 终于开启了大 IP 元年。

《花千骨》通过影游互动的泛娱乐化战略, 从电视剧一直火热到游戏,吸粉无数的优质 IP 是基础，IP 运作的用户辐射是蓄势，跨领域的资源输出是借势，引爆 IP 价值的叠加力量是拉动，从产品开发的"爆款"、执行的"爆破"到粉丝的"爆点"，完成 IP 产业化价值链的升级。

但《花千骨》IP 价值的开发还尚未结束，爱奇艺联合版权方视骊传媒共同打造的"番外网剧"《花千骨 2015》，又借助电视和游戏作品的爆款势能，创造出超高的人气，这部网络剧的收视率始终在百度搜索的排名榜上居首。

《花千骨》IP 化产业链产生势能的连锁反应，从当年暑假档一直延烧至 11 月，再次引爆话题的人气势能又"反哺"，给游戏带来了高流量。

### 4. 在"奇点"适时引爆 IP 势能

在移动互联网加剧信息大爆炸的背景下，社交网络早就度过内容饥荒期，迎来信息泛滥的内容超负载时代。在注意力经济时代，IP 化势能一旦积累形成，就要以迅雷不及掩耳之势即时引爆。

1970 年，英国理论物理学家霍金等人提出"奇点定理"，即物质演化到一定程度将达到一个奇点。在奇点之前，物质只是逐步积累速度或者能量，而一旦达到奇点，就将迎来能量的剧烈爆炸。

在 IP 产业链的价值输出环节，我们需要及时发现这个奇点并即时引爆，以达到最大的势能拉动效果。

目前，中国的影视娱乐产业迎来了 IP 红利的春天，在明星 IP 和文学 IP 的双重影响下，各色 IP 影视作品都取得了不错的收视率。比如 2015 年掀起了收视热潮的古装剧《花千骨》《琅琊榜》，未播先红的《芈月传》。各大电视台已纷纷购入古装剧原创 IP，准备在 2016 年和 2017 年一决雌雄，尤其是玄幻题材将迎来奇点蓄势后的大爆发。

2015 年 IP 剧集体出来霸屏，各地卫视备播或计划采购的剧目中，90%以上都与 IP 有关。由唐嫣、吴建豪主演的《锦绣未央》，李易峰、Angelababy、TFBOYS 主演的《诛仙青云志》，冯绍峰、宋茜主演的《幻城》，范冰冰主演的《东宫》，刘恺威、郑爽主演的《寂寞空庭春欲晚》，刘诗诗、霍建华主演的《女医明妃传》等都是改编自热门的文学作品。

2016—2017 年，玄幻风题材的势头将压过宫斗剧，热门古装玄幻小说 IP 改编成影视剧的有萧鼎的《诛仙·青云志》、郭敬明的《幻城》、海雷的《无尽天灯》、唐七公子的《三生三世十里桃花》、倾泠月的《且试天下》、我吃西红柿的《莽荒纪》、树下野狐的《搜神记》、唐缺的《九州天空城》、猫腻的《择天记》等。

剧芯文化计划打造超级 IP 引爆后青春时代，成立并启动 IP 电视剧《一粒红尘》项目。经过 2013 年《致我们终将逝去的青春》的不断沉淀，剧芯文化对后青春这一独特视角有着深刻的理解，在题材、内容、品质等方面有全新的设计和把控，有关青春题材的内容已经积聚起强大的势能。

小说《一粒红尘》自 2014 年出版后畅销 50 万册，作者独木舟写作风格青春文艺，拥有 300 万粉丝辐射能量。剧芯文化启动《一粒红尘》电视剧的消息借助 IP 势能发布，引发各界强力关注。原创作品 IP 蓄势已形成"奇点"，制作方借势即时引爆。剧版《一粒红尘》不仅多次与原著作者独木舟进行沟通，在原著《一粒红尘》的基础上做了最时尚化、情感化、趣味化的改编。

制作方剧芯文化还倾情力邀金牌团队，请到了曾执导《丑女无敌》、《爱闪亮》等多部热播剧的著名导演宋洋，意图打造品质 2.0 时代。为了保证影视作品质量，拍摄组远赴迪拜取景，在中国电视剧海外取景的道路上，留下了一抹光辉。

# 宗教热情：人物 IP 化的传播

在互联网时代背景下，受众的注意力成为稀缺资源，受众使用媒介的主动性加强。随着新一代消费者的品牌接触点增多，品牌意识越来越淡薄，品牌的认知度和忠诚度不断下降，同时消费者口味提高，开始强调品牌体验。此时，IP 传播不是枯燥的广告和大众媒体发布，不是简单的写软文，而是需要宗教热情般的激情，能够号召大家跟你一起完成你的事业，实现共同的愿景。

IP 传播涵盖 3 个维度，即产品传播、情感传播、价值观传播。产品传播是依据人物 IP 的魅力和影响力展开产品诠释和推广，网红型 IP 在微博上拼颜值和拼内容，意图是为了推销网店的产品；商业型 IP 精心准备一场宗教热情的发布会，目的是为了诠释产品和宣传品牌。

情感传播是更高阶的传播维度，让用户和产品发生情感的纽带，用户在情感的代入下使用产品，这样植入情感元素的产品就很难被取代。粉丝营销是最强烈的情感传播，并且有很强的口碑传播效应，小米有"米粉"，乐视有"乐迷"，还有"我为自己代言"的励志营销，用得非常泛滥的青春营销。粉丝营销中蕴含的情绪资本，让用户产生较强烈的参与感和自主感，与产品有了情感联结，用户自觉甚至不自觉地愿意为产品代言，主动推广这种产品。

价值观传播是最高阶的品牌传播，因为价值观是 IP 的底层构建，价值观传播涉及人物 IP 或企业品牌的精神层面，对用户产生更深远的影响力。成功的价值观传播需要感染力和煽动力，会让人物 IP 的魅力和企业的品牌精神，根深蒂固扎地根于用户的心智中。

以中国知名饮料品牌露露为例，在各家饮料品牌开始大会战的 6 月，露露不是简单地进行各种促销、路演，或发布铺天盖地的广告，而是与消费者愉快地玩耍度夏。

2014 年，露露果仁核桃便开始与央视《中国汉字听写大会》结缘，成为节目的特约赞助商。2015 年，露露果仁核桃再以唯一冠名商身份，与《中国汉字听写大会》强强联手，通过冠名进行产品传播。

为了给《中国汉字听写大会》海选中失利的孩子们提供第二次机会，露露特地打造了露露果仁核桃"露战队"，在传播中植入情感元素，以露露相信没有"笨小孩"为入口，与孩子们进行情感上的联系。露露还通过扫码赠饮及"露战队"风采展示等活动，成功转化 6502 人为露露果仁核桃粉丝，转化率为 64%。

作为中国植物蛋白饮料行业的领军品牌，露露借助与《中国汉字听写大会》资源的全方位整合应用，还担负起关注青少年健康发展的社会责任，完成了品牌的价值观传播。

## 4.5.1　多平台宣发

一个自媒体人能否成为人物 IP，关键点在于他的原创内容是否具有独特吸引力，并凭靠对粉丝的超强黏性，挣脱单一平台的束缚，形成跨界延伸、多元变现的品牌势能，有能力在多平台分发中掌握流量分配权，继续维持粉丝的忠诚度，延续个人品牌的生命力。要做到这一点，自媒体热播就必须拥有优质内容的创作能力和在多平台的宣发能力，进而多层次多维度覆盖尽可能多的人群。

自媒体"脱胎换骨"变成 IP 的最典型例子，就是被称为 2016 年第一网红的 papi 酱。papi 酱最初并不出众，与艾克里里、穆雅澜等网红一样，都是发源于秒拍，虽然视频的制作特色各有千秋，但是并未显露出绝对的高下之分，大家都处于一个起跑线上。

但是 papi 酱突然火了，她脱颖而出的原因就是多平台宣发，除了"秒拍"的单一渠道之外，还在其他自媒体平台如微信公众号、头条号、优酷等发布原创视频内容，尽可能地向粉丝传达自己的 IP 形象，达到多场景集体轰炸的效果，受到了更大规模的用户认可和欢迎。

相比之下，其他网红还是故步自封在秒拍的平台，他们的影响力被单一平台束缚住了，他们爆红的概率也被单一平台淹没了。所以，一个自媒体若想蜕变成 IP，需要多箭齐发。

### 1. 今日头条打造人物 IP

一个将自媒体塑造成 IP 的平台，必须有足够的内容、流量和活跃用户，为人物 IP 化构建和营销提供支撑性服务。

今日头条现有 8.9 万的头条号，日活跃用户超过 4700 万，日均阅读超过 7 亿，头条号的周新增申请以 15％的速度上涨，这些都为人物 IP 化营销提供粉丝基础，在人物 IP 的塑造上优势明显。今日头条会获得相当可观的粉丝流量，让自媒体的品牌和内容能够送达足够多的用户。

头条号还为优质内容的原创作者提供全网维权，与一家杭州本地的版权保护公司合作，开发了一个原创作者的代维权系统。上线后为 100 多位原创作者开通试用功能，每周删除 2000 多篇关于这些原创作者的站外侵权文章。对原创内容的版权保护，为人物 IP 化构建提供基础保障，在个人品牌的打造上没有后顾之忧。

头条号平台的分成增长曲线，从 2015 年 1 月的几十万元到 2016 年 3 月的每月超过 1100 万元。很多自媒体品牌都在这个平台上获得成长和收益，比如硅谷密探、二更、深夜八卦、商务范、脑洞历史观等。分成机制的完善，便于自媒体人收割 IP 红利，为人物 IP 的养成提供支持。

根据人们每天翻阅的文章性质不同可以将这些文章内容大体分为消费类和媒体类内容两类。消费类内容强调沉浸式的阅读或观看，对广告的容忍度比较低，而且市场采购价格较高，例如中超、电影、电视剧、网络文学。媒体类内容的用户阅读方式基本上是碎片化的、非沉浸式的，这些用户的注意力在信息与信息之间不停切换，通常能够接受广告出现，这些内容的获取相对廉价。比如说新闻资讯、明星八卦、球评影评。

头条号更关注媒体类内容，而且内容渠道已经健壮。内容渠道格局"两微一端"（微信、微博和今日头条客户端）已经基本形成，但是很多自媒体尚未达到顶峰，内容创业正迎来大爆发。

另外，优质 IP 的价值一路走高，因为各家平台特别是视频平台都在囤积 IP，无论是用自制还是签约的方式，这种深度绑定导致 IP 变成流通性变差的稀缺资源。

在 IP 资源相对稀缺的情况下，今日头条希望成为 IP 孵化平台。一方面对独家内容不做硬性要求，希望各家平台对内容创作者提供支持，共同繁荣创作生态；另一方面持续关注新媒体领域，遴选有望成为 IP 的内容创业项目进行孵化。

今日头条成立了内容创业投资基金，投入 2 亿元，第一期计划针对内容创业者的早期项目进行投资，在 30 万～100 万元范围内创投 300 个项目，以视频优先。

今日头条有专门面向内容创业者的加速器，即头条号创作空间，提供办公空间、企业服务、流量辅导和融资牵线，这为自媒体人 IP 化机构提供孵化机制。已经入驻这个加速器平台的团队超过 30 家，明星项目主要有新世相、白鲸社区、硅谷密探、知识分子等。

### 2. 自媒体成 IP 主要宣发平台

自媒体是互联网的衍生品，并非一朝一夕的新生事物，但是微信公众号的兴起，开启了自媒体兴盛的黄金时代，自媒体也成为 IP 宣发的主要平台。

2000 年前后是 BBS 论坛的鼎盛时期，每个人都可以在论坛平台上灌水，都可以表达自己的想法和见解，能够制造话题并参与话题讨论，但是个人账户混杂在论坛的各个版块里，个体意识模糊，缺乏个性的表现形式。

2005 年是博客时代，很大程度上释放了人们的创作欲望，并在注册后拥有了自己的一方言论空间，但是作者能够通过博客生产内容，却对发行渠道没有话语权，对平台缺乏自由的掌控力。新浪博客已经成为众多明星 IP、社群意见领袖的聚集地，很多明星就是通过博客发迹并走红网络，为新浪微博积聚了很大势能，2009 年新浪博客迎来了爆发。

2009 年是微博时代，衍生了粉丝的概念，也催生了真正的自媒体。微博对于自媒体来说是一个分水岭，促成自媒体集内容生产和发行渠道于一体。人们可以在微博上随意记录生活，迅速获取最热最火最新的资讯，也有了发表个人观点的私人空间。

"围观改变中国，微博改变一切"，这是在微博盛行时最流行的一句话。微博不仅捧红许多微博大 V、意见领袖和微博段子手，还孵化出一个专门做微博运营的行业，催生了各种专业的微博运营团队和账号，比如冷笑话精选、全球时尚等。

2012 年是微信时代，也是草根的自媒体时代。2012 年 8 月 18 日，微信推出了一个叫做微信公众号的产品，迅速在草根微博运营圈内引起轰动，纷纷去抢注微信公众号，发表自己的原创内容，展开 IP 化内容创业的征程。在微信自媒体发展的两年间，其他一些自媒体平台也雨后春笋般涌现，抢夺自媒体人内容创业的 IP 红利，如百度百家、今日头条、一点资讯、网易新闻客户端等，纷纷抢夺用户和市场份额，希望成为自媒体人的宣发平台。

腾讯也在挖掘微信平台之外的市场空隙，进一步深度开发自媒体资源。2015 年 9 月，腾讯推出了一款 APP "天天快报"，主打智能推荐阅读功能，短短 4 个月时间跃居 App Store 新闻资讯免费榜首位。天天快报抓取微信、QQ 公众号精品资源，并且大力引入自媒体内容，对用户以及自媒体人具有较强吸引力。

各种自媒体平台的诞生，揭开自媒体的黄金时代，对自媒体人来说也是最好的时代。成功的自媒体应该是一个跨越多平台、多媒介的人物 IP 呈现，不仅能舞文弄墨，还能播发音频和视频，以各种形式创造和输出高质量内容。

## 4.5.2　IP 化的可持续宣发

IP 需要持续性聚集粉丝，在粉丝群体中始终保持高关注度。如果一个人物 IP 被人遗忘在角落，他就变得微不足道。所以，一个人物 IP 只有源源不断地输出内容，才能被人长时间持久关注，才能延长 IP 的生命周期。可持续宣发的 IP，才能称得上一个真正的 IP，而不是喧嚣一时的网红过客。

在互联网社交化的环境下，IP 化营销的作用越来越大，许多网剧借助 IP 势能一夜爆红，快速掘金。韩剧《太阳的后裔》播出不到 1 个月，就把中国女粉丝变成了宋仲基的"老婆"，播放量近 32 亿，首播前就收回了 130 亿韩元。

一夜爆红的 IP，瞬间会受到粉丝的围观和热捧。不过，IP 的关注热度并非囊中之物，也可能来也匆匆，去也匆匆。一个 IP 若想持续保持这种热度，就需要选择一个好的 IP 内容传播平台，持续不断地输出内容，以此保持与用户之间的良好互动。

一个主动产生兴奋点的 IP 实际上是非常强大的，它可以调动粉丝的激情和力量，为进行二次创作孕育灵感，激励它们进行病毒式的传播，从而更广泛地撬动一个更加庞大的粉丝群体，催生出影响力惊人的粉丝经济，从而延续更持久的生命力。

国内最大的图片社交平台 in，就是一个承载 IP 内容传播的良好平台。in 全网用户 7000 多万，用户仅每日上传图片就超过 700 万张，每日图片浏览量超过 1.6 亿次，形成了 43.2 亿次社交关系链。

目前 in 不仅是一个重点的粉丝交流营地，而且还成为 IP 官方传播阵地。据 in App 创始人兼 CEO 清水姐姐介绍，从 2015 年开始，50 多部热门影视剧的宣发入驻 in，包括奇幻电题材的《捉妖记》、宫廷题材的《芈月传》、职场题材的《太子妃升职记》等。此外，100 多位明星也落户 in，包括李小璐、刘涛等。

IP 宣发对内容传播平台如此趋之若鹜，是深谙注意力经济的营销之道。在信息大爆炸和信息碎片化的时代，IP 被人记住和传播并非易事，一次露脸很难让人过目不忘，只有二次创作才能给人留下深刻记忆，可持续宣发是 IP 流芳百世的王道。

# Part 5

# IP化工厂的人物自品牌锻造

IP 就像一间工厂的产品，而 IP 化就是工厂的制造过程。我们产生的内容是产品，是整个生产流程的第一步，而好的产品（优质内容）会带来可观的收益。源源不断的内容产出，犹如福特的生产流水线，是维持运转和客户忠诚度的保障。

对于制造出来的产品，我们不能"锁在深闺"，需要对外宣传，进行前导预热，寻找目标客户，然后在社交媒体上制造话题，推动病毒式传播，让产品知名度迅速远播到社会的各个角落。一股强大的势能已经积累，正蓄势待发。

在 IP 一鸣惊人的引爆之后，产品一夜爆红，我们展开全渠道拓展，让 IP 价值实现产品化变现，最大化开拓粉丝经济的商业价值，并力争让 IP 的生命周期长时间延续。

爆炸之后是沉寂。我们需要将这种"蘑菇云"的爆炸粉尘沉淀下来，IP 在这个垂直领域的社群内留存，化作持久的品牌生命力，通过价值认同和情感互动，增强用户的黏合度。我们在这个过程中大力吸粉，将过客网民转变为我们的粉丝，将粉丝变成我们持久的忠实用户。

人物 IP 化工厂通过内容生产、渠道宣发、社群沉淀、粉客转化，成功锻造出具有人格化魅力和强大粉丝能量的个人品牌，在多元化平台分发原创内容的同时，吸引用户自愿帮助其转发并主动埋单。

在 IP 化的生产过程中，想要成功操作并不难，只需把握好这几个关键点：一是内容为王，有价值的内容仍是 IP 化成功的关键；二是持续性宣发，要持续不停地输出优质内容和价值，激发起受众的情感共鸣和价值认同，引起聚焦和围观，才能成为具有永续生命力的 IP；三是品牌价值的沉淀，爆款后的 IP 需要在沉淀中深耕细作，维持与粉丝的情感互动，搞好社群运维，继续增强用户黏度，等待蓄势之后的又一次厚积薄发。

01

# "内容为王"是人物 IP 的金科玉律

在人人皆媒体的众媒时代，内容为王更是金科玉律，能够反复开发的内容才能受到持久关注，有价值的内容是 IP 化成功操作的关键。无论是电视、广播还是报纸，无论是自媒体还是微媒体，都是内容的载体和渠道。没有内容的任何媒体都是"皮之不存，毛将焉附"的浮云。

在互联网大潮来势汹汹的背景下，"互联网颠覆论"曾经喧嚣一时，"互联网+"颠覆了媒体、零售和金融。实际上，互联网导致的只是平台和载体迭代，颠覆的只是传统行业的通路，而主宰互联网的仍是内容，无论是微信、微博还是其他社会化媒体，它们依然在传播着同样永恒不变的东西——内容。

言之无文，行而不远，内容是一个 IP 的载体。一个关于 IP 的精彩故事、一个为 IP 设计的经典剧本、一篇描述 IP 的优秀文章，通过动画、文字、视频、声音等各种媒介进行演绎出来，可以对受众产生强大的吸引力，就能够在短时间内凝聚起粉丝强关注度，这为其成为超级 IP 奠定了基础。

同时，水能载舟，亦能覆舟，内容的好坏决定着一个人物 IP 的粉丝关注度，决定着一个魅力人格体的生命力。一个人物 IP 只有不断输出优质的内容，独特性的内容，才能够带来持续的关注度；如果 IP 输出的都是一些空洞的内容、雷同的内容甚至是抄袭的内容，不但有伤大雅，还会导致粉丝们背离而去，最终导致 IP 红极一时后消失在茫茫的网海中。

目前，各式各样的自媒体平台纷纷涌现，呈现出百家争鸣的态势。从搜狐自媒体平台到百度百家，从微信自媒体联盟到微媒体联盟，从商业资讯平台虎嗅到创业生态平台 36 氪等，无数自媒体平台的涌现，都是在提升自身影响力的同时，聚合、沉淀自己的 IP 资源。

近年来，IP 成为互联网和影视娱乐公司疯抢的资源，正是青睐 IP 所承载的、能够重复开发的内容。随着这些公司内容生态战略的建立，IP内容的孵化逐步延伸至游戏、影视、衍生品、文学等多个领域（见图 5.1 ）。

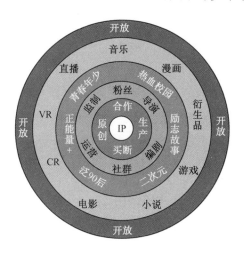

图 5.1　IP 化的内容开放生态

多年来囤积热门 IP 的乐视，手握庞大的内容资源，正以优质内容开发为驱动力，完善生态型 IP 商业模式；腾讯的泛娱乐生态战略，也是将目光瞄向了优质内容的 IP 授权，寻求跨平台的商业拓展。

## 5.1.1　IP化的内容生态战略

在互联网战场上，以内容IP为核心的生态布局，才是强势的角斗阵型。泛娱乐化生态运营，将为IP的价值挖掘提供广阔的空间，从而在全产业链条上延长IP的生命周期。

在内容生态战略的IP化营销中，能够大量聚集粉丝的影视和游戏，是IP演绎的两个主要形式。影视作品具有很强的视觉冲击力，最容易调动起用户的情绪，可以迅速收集用户的直观感受，为游戏内容和世界观的设定提供参考。而具有互动娱乐性的游戏先行，可以丰富玩家的情感代入，增强用户黏性，成为电影上映前的重要宣传阵地。

同时，IP化的内容生态战略也具有多种多样的变现路径，呈现出IP跨界延伸、多元变现的特征。《喜羊羊》从系列动画片中产生人物形象IP，再扩展到图书、电视剧、电影等多个领域；改编自郭敬明同名小说的电影作品《小时代》，在火爆热映前就已经积聚了足够的势能，势能打动起来之后又延伸到电视剧、手游等；《极品飞车》本是一款美国游戏公司研发的赛车类游戏，再跨界延伸到图书、动画、电影等。

无论IP化的泛娱乐产业链扩展以何种形式演绎，穿针引线的都是内容。阿里巴巴、腾讯、百度、乐视等各大巨头，都在紧锣密鼓地布局自己的内容生态帝国版图。内容正驱动产业形态重构，驱动传统内容产业发生变革。

乐视网通过内容生态的战略布局，通过内容制作占据产业链的上游，成为内容的出品方和生产方。乐视全资收购了国内顶尖的电视剧制作公司花儿影视，打造了众多网播热剧，如《甄嬛传》、《芈月传》等。

以电商起家的阿里，早在 2013 年 4 月就买入新浪微博 18% 的股份，成为新浪第二大股东，试图补足内容生态的短板。2014 年，阿里开启了内容生态战略的版图扩张，3 月收购文化中国 60% 的股权，斥资 62.44 亿港元；4 月阿里和云锋基金宣布认购优酷土豆，斥资 12.2 亿美元；11 月向华谊兄弟注资约 15 亿元，占股 8.80%，推出娱乐宝。

阿里的内容生态战略布局，在 2015 年维持势头不减，11 月对优酷土豆的收购达成最终协议，高达 56 亿美元的估值，创国内传媒领域收购金额新高。在音乐内容方面，阿里先后收购虾米、天天动听等，音乐内容生态的布局做了进一步完善。

腾讯则天生具备内容基因和社交优势，在 PC 时代凭借 QQ 软件的即时聊天通信聚集了因内容而生的用户，在移动时代凭借手机 QQ、微信等社交软件打造内容和社群。

腾讯的内容生态战略，是从内容生成到商业转化的渐进战略。在 PC 时代，腾讯在自身庞大的用户群体基础上，建立起区域化媒体矩阵，最明显的标志就是 2006 年 4 月与《重庆商报》的合作，共同建立了大渝网。又先后与其他地域性媒体展开合作，成立大粤网、大申网、大楚网、大浙网、大渝网、大湘网、大辽网、大燕网、大成网、大秦网、大闽网和大苏网等，在全国范围内编织起新媒体矩阵的大网。

腾讯在内容生态战略上大力推进，组建腾讯游戏、腾讯动漫、腾讯文学、腾讯电影等，其中腾讯文学与盛大联合成立阅文集团，在上游积累优质内容，一举垄断国内的网络文学 IP 资源，意图打造"IP 航母"矩阵。目前网络上的热门影视娱乐 IP，有超过 90% 的作品来自阅文集团，包括《步步惊心》、《裸婚时代》、《致青春》等热播电视剧。

## 5.1.2　内容沉淀压榨IP化"干货"

在心智疲于应付的信息大爆炸时代，只有引起情感共鸣和价值认同的高质量内容，只有不含水分的真材实料，才能迅速聚集大量粉丝用户，才能长期沉淀下来实现IP化。这些能持续产生关注热度的高质量内容，就是所谓的"干货"。

"干货"最初在电子商务术语中出现，代表电商经营活动中有经验的人传授的网络推广和网络营销技巧，并整理成一定的理论体系。由于这样的文章和方法实用性比较强，慢慢地被电商从业者称为"干货"。

目前，内容创业正在成为下一个创业风口，自媒体创业者需要生产和输出干货，去打动读者和受众群体，拒绝乏味和空洞，这样才能吸引大众的目光，增加用户数量和阅读数量。

微信上阅读量超过百万的爆款文章、专业营销人员分享的社会化营销经验、华尔街见闻网推送给用户的全球实时金融资讯、优酷上美妆达人上传的化妆视频、起点中文网连载的网络小说等，这些以创业为目的的内容，分发在不同的平台上，以不同的风格形式呈现，最终的目的都是为了借助粉丝流量变现，所以一般都会输出不含水分的"干货"，以引起别人的关注度。

在传统媒体和强势平台垄断资源的时代，渠道的作用就非常显著。此时，内容显得无足轻重，渠道才是造星的舞台，一个垄断资源的平台变得非常重要。央视著名主持人白岩松曾说过，在平台垄断的时代，哪怕让一只狗天天上央视，都能变成名狗。如果离开了央视，没几天名狗也会变成土狗。

　　幸运的是，如今的移动互联网已是众媒时代的天下，渠道已经不再是稀缺资源，好的内容天生具有聚合人气的优势，具备高度传播的特性。以优质内容为基础的超级 IP 一旦养成，所爆发出的能量甚至是传统媒体平台所不能实现的。

　　知识 IP 李叫兽在自媒体上传播的营销理念，受到许多企业家人士的关注，是输出干货的最典型代表。

　　"光明心自空"、"石榴婆报告"、"星座小王子"、"Alex 是大叔"、"回忆专用小马甲"等自媒体账号都具有超高的人气，《屌丝男士》、《奇葩说》等视频网站自制节目的火爆，《花千骨》、《琅琊榜》等电视剧的热播，还有 2016 年第一网红 papi 酱的横空出世，我们都看出干货释放出的巨大能量。他们都有一个共同的特点：内容独特，不含水分。

　　《屌丝男士》在情景喜剧的设计上不走寻常路，鲜明的网络风格吸引了广大网民的追捧。《奇葩说》内容上的成功，给了米未传媒创立的信心和底气，开始着力于视频内容垂直生态系统的打造，做上下游的投资和布局，创立艺人经纪、投资制作团队，复制米未本身的生态效应。

　　在国内最浮躁的游戏行业，却是最重视知识产权的行业，也是 IP 塑造和经营最集中的行业。游戏产业与 IP 有着千丝万缕的历史渊源。1993 年智冠推出的《笑傲江湖》游戏，就是根据早期的武侠小说 IP 改编而来。在获得金庸 14 部小说的统一授权下，智冠于 1996 年推出单机版《金庸群侠传》并取得成功。不过，当时的游戏 IP 只是一种衍生品，并没有成为内容生态战略布局的一环。

　　随后，IP 成为手游行业的宠儿，从用户的碎片化时间开掘商业价值，部分厂商利用 IP 的品牌价值"吸量"，导致"换皮不换骨"的抄袭行为泛滥。所谓"换皮"，就是套用其他游戏作品的游戏规则、标识和界面，只是改了游戏名称。

经过多年游戏更新换代的内容沉淀，"换皮"游戏早已令人倦怠，游戏界开始通过影游联动的"IP 订制"来生产干货，通过泛娱乐内容生态战略的"IP 反哺"来培养干货，如《仙剑客栈》是游戏《仙剑》IP 打造的网剧，《武林外传》游戏 IP 也是在电视剧热播后开发衍生出来的。

如今，游戏 IP 实现泛娱乐化生态模式的内容整合，国内游戏产品早已超越三国、西游、武侠三大经典 IP 的模式套路，来自网络文学 IP、影视剧 IP、动漫 IP 等的游戏干货层出不穷，游戏产业正处于一个干货频生的 IP 大时代。

## 5.1.3　人格是人物 IP 化的灵魂

众媒时代的传播模式发生变化，从过去"神与人"沟通的点对面模式，过渡到如今"人与人"的点对点模式。在人人皆媒体的平台上，一个 IP 就是一个人的人格标签，从某种意义上讲，IP 化就是人格化的过程。

信息传播环境的不断变化，催动传播模式的发生变迁，在信息 IP 化传播的今天，需要更多考虑以人为本。

如今企业的品牌诉求，都在试图通过品牌人格化的塑造来袭领人的心智。无论是倡导张扬个性的企业创始人，还是经由平民化的社交媒体，都是通过人格化影响力，来拉近品牌与粉丝之间的距离。董明珠就是一个最典型的例子，其坚韧的个性及对质量的直执把控，以人格化深深嵌入格力空调的品牌形象中。

2015 年，香奈儿在奢侈品排行榜上名列榜首，不是因为香奈儿的价格，也不是因为在中国的品类打折，而是因为香奈儿基于女权的发声，持续创造人格化的内容和输出的价值，彰显出富有差异的人格化特质。

罗辑思维的罗振宇提出"魅力人格体"的概念，他认为 IP 传播可以放大价值或实现价值的最大化，但是传播内容的本身产生价值的可能性微乎其微，只有跟"魅力人格体"绑定的内容才会值钱。也就是说，把自己塑造成为一个有魅力的人格化 IP，你就是一座蕴含庞大资源的金山；没有魅力人格体，你就是一块土堆。

擅长文案剖析的李叫兽曾经研究过一个案例，人气美食博主文怡利用自己的 IP 势能，向粉丝推荐了一块 1500 元的砧板，10 分钟之内销售了 1.5 万个。罗辑思维在售卖《文艺复兴三杰》羊皮卷版本的时候，也在挖掘自己的 IP 势能，单本售价 6800 元，销售额居然几百万元。

很多名人大咖登高一呼，就有粉丝狂热购买他们推荐的产品。与其说是在卖东西，不如说是在中产阶级层次中寻找相似的生活品位。他们卖的不是简单的产品，卖的是 IP 影响力，卖的是"魅力人格体"。十几年前冯小刚曾在电影《大腕》上曝光土豪的消费观："不求最好，但求最贵"。那时 IP 化营销就已经初现雏形。

IP 的魅力人格体呈现出"高大上"的层次感，营造出一种"人造幻象"，无论是文字、图片、音频还是视频，都必须有人格化的表达，才能引起情感共鸣的集体围观。

现在，新媒体营销开启了人格信任模式，各种意见领袖大 V 们通过文字或行动，展现其独有的人格化魅力，在追求价值观认同的同时，寻求受众对其人格产生信赖。这样，在大 V 们推荐或自己打造一款产品时，就有了自己的人格背书，令用户对其背书的产品信任不疑。

乔布斯对于苹果的激情嵌入，雷军对于小米手机的信念植入，罗永浩对于锤子手机的个性融入，都是这种人格背书的影子，让品牌和商品本身的衍生价值更大了。

罗永浩从一个新东方英语老师转身做锤子手机，依据互联网的人气资源和人格背书，快速打开宣传市场。罗永浩独到的段子营销，在微博吸引百万计的粉丝，形成了罗振宇口中的"魅力人格体"，给锤子带来了太多的潜在价值。这种魅力人格体可以赢得信任，可以变现。有人对老罗说，只要你创业，我们都投你。

未来流量的格局一定会改变，只有碎片化的流量和碎片化的组织，而内容的人格化是未来流量的良好入口。一个魅力人格体能燃起疯狂的社群，在内容创业的风口上呼风唤雨，点石成金。

### 可乐"昵称瓶"的人格化营销

2013 年，澳洲可口可乐公司发起"Share&Coke"主题营销活动，主打个性牌，在可乐瓶身上印上深受年轻人喜爱的流行网络昵称，与年轻人玩乐之中展开品牌宣传，这种人格化营销策略引爆网民围观，从而掀起话题风暴。

中国知名演员黄晓明发出一条微博："大咖？和我有关吗?不应该是土鳖吗？正在《岳飞》MV 拍摄现场找回当英雄的感觉，就收到了可口可乐的特别礼物，以后都要用这个大咖瓶装喝的吗？吼吼"。原来是可口可乐公司"先斩后奏"，给黄晓明送去印有"大咖黄晓明"昵称的瓶装可乐，这种"私人订制"和"直邮快递"完全在黄晓明不知情的情况下进行。黄晓明自发在微博上展示瓶子，引起他的粉丝集体围观和大量转发、评论，始作俑者的可口可乐隐身在幕后一言不发。

一周后，新加坡歌星林俊杰也收到同样的瓶装可口可乐，私下定制的昵称是"有为青年"。2013 年 6 月 2 日他在微博中感谢称"谢谢可乐送我有专属名字的瓶子，Special edition Coke bottle with my name, thanks Coca Cola!"

随后，更多受年轻网民喜爱的明星收到这样的可乐瓶，如王心凌、蔡少芬、林更新、姚笛、汪东城、炎亚纶、辰亦儒、陈建州、星座小王子等，共有 2430 位各路明星和意见领袖陆续收到这些充满人格化的昵称瓶，纷纷在各自的社交网站上发表感言，分享自己的惊喜和疑惑，短时间拉起了可口可乐"Share&Coke"营销活动的势能。

随着越来越多的网民对可口可乐制造的悬念感到好奇和簇拥围观，可口可乐夏季营销的帷幕也慢慢拉开。可口可乐提供私人定制的明星们，都是中国网民围观的大 IP，他们分享的内容自然会成为网民们争相追捧的热门话题："为什么他们会有这样的可乐瓶？""哪里可以买到？""是山寨的吗？"没过多久，可口可乐发布大瓶装的消息在整个互联网社交平台上传得沸沸扬扬。

实际上，这次充满悬念的人格化营销，从 2013 年 5 月就开始酝酿。可口可乐精心准备，最大限度地搜集能向年轻受众传达信息的明星和意见领袖的联系方式，并策划分批次向这些明星和社群领袖寄出个人专属的昵称瓶，让他们在毫无预兆的情况下，收获惊喜促进分享，从而达到品牌宣发的效果。

寄送的对象分为四类：明星、艺人；有影响力的社交媒体意见领袖；可口可乐社交平台自有的忠实粉丝；媒体、代理商。为了保证营销活动的效果，所有被选入寄送名单的人，都会在寄送昵称瓶同时，附加一张小卡片，邀请他们在 5 月 28 日在自己的社交平台"晒瓶子"。

尽管网络上闹得沸沸扬扬，但是可口可乐官方始终沉得住气，直到 5 月 28 日才在各大社交网站陆续放出 22 款昵称瓶悬念贴海报，这些海报都没有可口可乐的 LOGO，官方只在每两个小时发布一次消息，吊足了粉丝的胃口。

以"技术男"昵称为例，可口可乐发布了一篇"一起分享技术男"的专属海报，整个创意海报设计十分简洁，其他内容均作留白。直到 5 月 29 日，可口可乐开始与其他媒体、营销类账号进行互动，推动收到昵称瓶的粉丝集中出来晒瓶子、分享感言。

"5 月 29 日到底会发生什么？"网友的好奇推波助澜，将悬念进一步引向高潮。在粉丝最为关注的时刻，可口可乐官方将策划已久的悬念揭开，正式宣布推出昵称瓶包装，并发布全新海报，引发粉丝评论热潮。据统计，参与这次活动的用户超过 160 万，有关信息高达 33 亿条，新包装的可口可乐未卖先火，成功将年轻消费群体锁定为争相购买的主力军。

"大咖"、"文艺青年"、"有为青年"、"吃货"、"纯爷们"，这些人格化的昵称包装，很容易联想到人格化的味道，好玩又亲切，自然会助推网民的病毒化传播。可口可乐由于本次营销活动的巨大成功，在同年 10 月底获得了中国广告大奖"艾菲奖"。

## 5.1.4　质感体现 IP 的品质追求

内容，体现 IP 的核心竞争力；质感，体现 IP 的品质追求。被认为"中国电视剧监制第一人"的吉阳认为，质感，比 IP 更重要。

吉阳是《盗墓笔记》、《古剑奇谭》等现象级大热 IP 剧的监制，不仅拥有丰富的制作经验，而且高度追求品质，极致苛求视觉美感，拓展了监制的工作范畴——打造质感。

天才监制吉阳一直秉承品质至尚，早早就打下了国内电视剧质量代言人的称号。吉阳非常注重影视作品的细节，为了保证电视剧的质感到位，往往会在影视作品的策划、道具、服装、美术、特效和宣发上进行全程把控。

塑造人物 IP 的过程中，影视作品的质感非常重要，高质感会让用户在视觉和触觉上对影视作品的品质做出感官判断。IP 质感具备语言功能，蕴藏着强大的营销力。

正是由于对质感的极致把握，《盗墓笔记》尚未开播就已在各大影视平台引爆话题。2015 年 7 月，当天上线的《盗墓笔记》就收获了 10 亿的播放量，好评刷爆网络，在会员独播开启后更是一度造成服务器瘫痪。当天《盗墓笔记》上线 VIP 全集后，不到 5 分钟的时间播放请求达到 1.6 亿次，同时带来了 260 万的 VIP 会员开通请求，访问和支付页面均出现大量请求失败的情况。高质感给《盗墓笔记》带来了 VIP 会员的高订单，同时让中国网民改变了不愿为版权付费的习惯，开启付费看网剧的新纪元。

吉阳认为："一种风格、一个元素，当你觉得它流行时，其实它已经过时了。我要做的是力图在故事性最强的情况下，让作品最美，用画面和概念去表达故事，在满足观众审美欲望的同时，引发他们的思考和互动。"吉阳最为看好的《航海日志》，就是基于对一部作品的质感判断，而不仅仅是粉丝捧红的 IP 价值。《航海日志》是发表在天涯论坛上的原创连载热帖。它的影响力甚微，与《盗墓笔记》等热门网络小说完全不在一个量级。但是，吉阳认为，作品本身的宣传点更重要。

2016 年，吉阳已正式启动大 IP《航海日志》的精品打造，构建荧屏上的"航海时代"，策划"东方版加勒比海盗、中国版海贼王、海底版盗墓笔记、民国版少年派"4 部作品。

漫威系列电影更注重打造电影本身的质感，而非局限于动漫 IP，不过分依赖原作的传统内容。与原著漫画相比，漫威的电影虽然在故事情节和人物塑造上一脉传承，但是在电影质感上的大幅提升，反而让一系列超级英雄的漫画更加风靡世界。

在美国，电影公司和漫画公司掌控了几乎所有的核心 IP 资源，电影公司在打造质感 IP 决定话语权，Google、亚马逊、苹果等公司很少能够介入内容生产领域。在中国，BAT 和优酷、乐视等公司，正在泛娱乐化生态战略的驱动下，向电影运营领域进行渗透，电影质感的掌控权逐渐向产品经理手中靠拢。

尼科尔·帕尔曼是漫威动画的著名编剧，他曾就好莱坞电影圈现象发出感言，"选择创作什么剧本就像是一场赌博。当我周围的一些编剧朋友成家之后，他们就再也不会创作原创剧本了。写剧本就像创业一样，他们不再愿意去创作一个不知道卖不卖得出去的剧本"。也就是，很多编剧对电影质感判断的信心正在流失。

追求质感，就是对影视娱乐 IP 化的品质追求。首次接拍网络剧的赵小溪，希望将《重生之名流巨星》打造出电影质感，不仅在制作上全部使用电影级设备，以此营造出电影的画面质感，而且关键的是坚守理念，有一个真想把它拍成电影的执着心。

《重生之名流巨星》虽然只是一部网剧，却常常采用最大光圈的拍摄手法，获得很多浅景，让画面看起来更唯美。另外，这部网剧的服装、道具、场景等都达到电影级水准，服装准备了 1000 多套，剧组中修改服装的裁缝就有七八位，每天连夜赶制。

网剧对质感要求的不断提高，体现出年轻观众审美情趣的升华，他们不仅追求故事内容的精彩，情节安排得跌宕起伏，还要求画面的唯美品质。前几年的网剧并不讲究细节刻画，主要靠一些猎奇内容吸引观众，但是如今已经无法满足 90 后的挑剔目光，他们是看着好莱坞电影和韩剧长大的一代，如果网剧不能提供好品质，他们就会选择看电视剧。

同样，在电视剧领域，有现实质感的都市生活大剧，开始在 2016 年霸屏，掀起收视狂潮。《欢乐颂》、《翻译官》、《好先生》等先后播出，不但人物鲜明，而且极具生活质感。

目前，中国影视娱乐市场呈现重"大 IP+小鲜肉"模式，而陷入轻"剧本+制作"的误区。围绕 IP 的全产业链条开发，导致 IP 被严重估值过高，形成了畸形的价格市场。但是狂热之后是凄凉，如果不重视制作，作品的品质扛不起这个 IP，就会造成观众走向彻底的习惯性排斥。

一个讲究质感、内容精耕细作的 IP，会获得持续的关注度，从而延长生命周期；一个不讲究质感、内容粗制滥造的 IP，会让人感到空洞乏味，早晚会脱离人们的关注。

02

# 人物 IP 化：宣发决定成败

IP 化操作的成败关键，一是内容，二是宣发。宣发涉及 IP 的预热、引爆、拓展和持续，攸关一个 IP 能否成功爆款，能否获得持久性的关注度。能否成功地完成宣发环节，主要是靠平台和媒体的选择。

以好莱坞巨制《钢铁侠 3》为例，这部超级大片的总投资达 2 亿美元，其中宣发费用通常会占到总成本的 50% 左右。即使抛却角色形象和影片版权的广告资源置换，宣发费用也占到 30%～50%。在电影上映之前的必要曝光和宣传，关系到票房是否大卖，其重要性可见一斑。

姜文执导的《让子弹飞》采用多平台宣发，在硬性广告投放和新媒体平台上都赫然醒目，涵盖网络、电视、报纸杂志等，成功的宣发决定了票房成绩，最后缔造了 6.7 亿元的内地票房收入。

电影叫座好不好，主要看宣发。电影《让子弹飞》的总投资花费了 1.5 亿元，而影片的宣发费用就花去三分之一，足足 5000 万元。影片在上映之前就展开了铺天盖地的宣发攻势，最后取得了预期效果，普通观众对影片的认知率达到 30%。肯定买票到电影院观看的观众，其认知度高达 60%。同时，制片方制造的"《让子弹飞》包机去戛纳"的话题新闻，长达 7 个月依然保持较高的观众关注度，也印证了影片宣发的成功。

不宣发，坐等死。台湾电影《赛德克巴莱》是一部史诗性大片，历时 12 年打造、投资高达 1.7 亿元，结果在内地出现高口碑与低票房的明显反差。观众怒斥影院不给排片空间，影院吐苦水称这部影片的宣发、营销环节薄弱，难以引起更多观众的注意。

电影界深谙"四分拍电影、六分靠宣发"的硬道理，宣发可以让一部影片提前预热，在全面公映时引爆票房，取得较好的卖座率。一些优质影片如《赛德克巴莱》、《飞跃老人院》和《我 11》，虽然备受好评，但因为宣发营销不给力而最终折戟沉沙沦为炮灰作品。

如今电影宣发已进入新阶段，全媒体营销将成为主流，形成多媒体、多平台组合运用的宣发理念，除了依托传统媒体的宣传渠道外，更要看重新媒体的 IP 化营销。

## 5.2.1　IP 预热积聚势能

IP 预热是势能的积聚，是在大爆发前的人气积累。无论是打明星牌还是打亲民牌，无论是情怀营销还是饥饿营销，预热都是为了蓄势待发，达到势如破竹的宣发效果。

周星驰自导自演的电影《美人鱼》，在项目筹备开始阶段就进行 IP 预热，比如与 360 影视联合举办的主角甄选赛，在影片 IP 和明星 IP 阵容上，就引起娱乐圈和社会大众的广泛关注，影片尚未开机，就达到了传统媒体宣发模式无法达到的效果。

为了尽可能最大化《美人鱼》的宣发效果，制片方针对影片自身 IP 量身定做宣发策略，在影片宣发预热阶段大打感情牌。通过对周星驰《大话西游》、《喜剧之王》、《食神》三个视频的追忆，掀起粉丝对周星驰昔日代表作品的怀旧潮，唤起一代人的观影情怀，在粉丝群体中制造巨大的情怀杀伤力。

《美人鱼》团队在微博上发布周星驰过去作品的海报，热炒"欠星爷一张电影票"的话题，进行煽情造势，直击粉丝内心深处，进一步凝聚星爷粉丝。为了进一步唤起受众的恋旧情怀，《美人鱼》邀请莫文蔚和郑少秋演唱影片宣传曲，扩大IP影响力。

影片在打情怀牌的同时，大搞饥饿营销，不举办点映、首映和媒体发布会，在剧组巡回宣传时对剧情进行封锁，通过偶尔放出一些手绘和海报，吊足观众胃口。这种对信息释放的把握，营造了浓厚的神秘感，完美诠释了饥饿营销的精髓。在影片上映之际，大IP周星驰带着他的IP团队进行全国巡回宣传，为影片预热造势添风加火。

在情怀营销和饥饿营销的攻势下，影片在粉丝群体中最大限度地积聚起强大的IP势能，从首映前一天的票房就可以看出IP的影响力，《美人鱼》票房预售超过亿元，将《港囧》所创造的国产电影9992万元的预售纪录甩在后面。而且，预热拉动的势能在上映首日继续发酵，当日票房达破纪录的2.8亿元。通过IP造势产生的预热效果不同凡响，豆瓣网评分7.7，时光网评分8.0，春节期间在电影排行榜上遥遥领先。

正所谓酒香也怕巷子深，IP预热可以预先赢得口碑和挖掘潜在用户，在正式宣发前找准卖点、吊足胃口、积聚势能，最终在宣发期间毕其功于一役，达到最大限度地吸引眼球的目的。

总制作费190亿韩元的韩国电影《鸣梁：旋风之海》，预热宣传费高达40亿韩元，就是看重了IP预热的重大价值。《鸣梁：旋风之通》在2015年热映前大炒爱国题材，预热取得票房成功，一举超越《阿凡达》成为韩国影史的票房冠军。

### 1. 话题营造 IP 舆论气场

在社交媒体日益盛行的今天，每个人都能成为一个传播渠道，每个人都能成为一个事件的推手，每个人都可能成为营销环节中的一个焦点，每个人都有可能引爆一个话题。一个能引起共鸣的关键词和话题，就是一个热点的引爆器，就可以造成网络社群炒作和病毒式传播，为 IP 营造强大的舆论气场，提升 IP 的知名度和美誉度，短时间内集聚粉丝的关注，这是人物 IP 化一个最好的营销手段。

全球顶级太阳镜品牌 Ray-Ban 雷朋，在中国开展品牌宣传活动时，不仅在上线了官网、官方微博及官方微信，还利用明星效应制造"怕什么"的话题，并邀请年轻一代明星在微博平台分享有关"怕什么"的勇气故事，鼓励粉丝直面困难，勇于挑战，听从自己内心的声音，热爱生活，活出自我的色彩。

在这场品牌宣传活动中，"怕什么"是雷朋着力渲染的关键词。吴亦凡戴雷朋渐变反光镀膜的飞行员墨镜，透过镜头大胆直言"小爷我够胆，逐真我，怕什么"，并讲述自己成名背后不为人知的真我故事，向粉丝传达出明星也是普通人，也有平凡人一样的情感感触。在面对挑战和公众的质疑时，通过努力和拼搏，流露出真实情感并得到粉丝的认可。

明星 IP 说出真我的自由表达，正是可以引爆热点传播的话题，不仅为人物 IP 营造出舆论气场，也为雷朋的品牌 IP 创造病毒式传播效应。雷朋有关"怕什么"的话题营销，在利用明星引爆社交媒体传播的同时，还宣扬出"崇尚自我，自由表达"的品牌理念，让"有雷朋怕什么"的广告语深入消费者的心智。

如今，一部电影若不制造社会性话题，想"裸映"就期待票房佳绩，简直就是天方夜谭。《致我们终将逝去的青春》就是打造了"全民致青春"的话题营销。该片由赵薇执导，影片前期围绕青春和明星 IP 制造话题，拉动势能，公映前使用多种手段吊足观众的胃口，电影一经上映，十分火爆。影片在开机前就做了充分的准备，官方微博自开通以来每日平均发布微博 5.3 条，在推广周期内微博的发布数量更是急剧跃升，直到公映当天达到 50 条。宣发周期跨度 1 年 2 个月，官方微博一共发布微博 2409 条，对影片的筹拍、开机、制作和上线过程进行了不间断直播。这些预热宣发的微博，都是为影片进行话题营销，为这部电影 IP 营造舆论气场。

除了社会化媒体的全景式宣传，影片还进行公益活动的前期预热，电影上映前适逢雅安地震，赵薇第一时间代表剧组捐款救灾，向壹基金捐助了 50 万元，用善款爱心助推这部电影的宣发。影片还利用舆论造势，组织了大量营销专家、意见领袖等，为这部电影写正面影评。在电影推广的高潮阶段，为了给电影宣传营造更大势能，赵薇甚至动用了自己和光线传媒的人脉关系。黄晓明、王菲、李克勤、赵又廷、韩寒等好友纷纷助阵，为电影营造了强大的舆论气场。

影片公映前还进行了制造噱头引发热门话题：赵薇导演处女作、北电研究生毕业作品、IP 关锦鹏和李樯强力加盟、青春怀旧、文艺路线、辛夷坞同名小说改编、天后王菲献唱主题曲、明星阵营友情客串等。"全民致青春"的社会性话题，更是《致我们终将逝去的青春》话题营销的巅峰之作，不简单局限在一个场景、一部分群体的造势，而是在整个社会层面上营造舆论气场。

这场大手笔的全民致青春，开启了一代人甚至几代人的怀旧季，以全民"致敬青春"为主题，发布了"青春宣言"特别版宣传片。电影主创还以"青春宣言"的创意，帮助观众切入话题；以勾勒出每个人心中青春样貌的方式，引导观众一起渲染话题；以晒出网友对比照纪念青春的形式，用感染场景进一步引爆话题。

而且，影片主创人员的全民阵容构成，也成为话题营销的一部分，与"全民致青春"的主题相契合。导演赵薇表示，剧组拥有 50 后的监制、60 后的编剧、70 后的导演、80 后的工作人员和 90 后的群演，电影里面有每一个人的青春，它具有共性，却又独一无二。

《致我们终将逝去的青春》的话题营满满都是泪点，校园青春演绎初恋情结，毕业之后在社会上经历的种种无奈，处处透露出真情冷暖，滴滴泪水挥洒的都是年轻时的回忆，让观众在情感上引发共鸣，营造出震撼人心的舆论氛围，所以在社会化媒体平台上得到广泛传播。

《致我们终将逝去的青春》在新浪微博上宣发引起的微话题"致青春"，讨论量达到 400 多万，众多明星 IP 纷纷助力，造成全民都在怀旧的情感寄托假象。在微博上互动转发的明星不乏其数，王菲、舒淇、姚晨等明星也参与其中。《致我们终将逝去的青春》的预热证明并不是表面功夫，制作成本仅 6000 万元，却取得超过 5 亿元的票房佳绩，观众好评不断，赵家班也获得业界认可，在票房和口碑上双双取得佳绩。

### 2. 主题营销借明星 IP 发力

主题活动营销是指企业在策划重大的社会活动中，有效地制造或借助热点话题，引发受众群体积极响应，参与互动，迅速提高企业及其品牌知名度、影响力，传播品牌价值，从而促进产品销售量和销售范围。主题活动营销一般都会利用明星 IP 效应，达到迅速传播扩散的效果。曾经风靡全球一时的冰桶挑战，就是一项成功发挥名人效应的主题活动营销案例。

冰桶挑战接力游戏最先在美国发起，其初始目的是为罕见病肌萎缩性脊髓侧索硬化症（ALS）筹款，活动开始就非常受民众欢迎，快速流行。活动规定，被邀请者必须在 24 小时内接受挑战，接受挑战者要对自己浇一桶冰水，并拍下视频上传到社交网络，之后邀请 3 位好友接力进行该游戏。如果被邀请者不能接受这个游戏，就要向 ALS 协会捐款 100 美元。

这个活动运用了营销心理学里的"承诺原理"，让人有分享的欲望。活动蔓延到硅谷后，迅速在名人之间传播，无论是商界大佬，还是体坛明星，或者是政界名人，都乐此不疲地参与。很多世界名人也参与了冰桶挑战游戏，其中企业创始人包括微软的比尔·盖茨、Facebook 的扎克伯格、特斯拉的伊隆·马斯克、苹果的库克、Twitter 的迪克·科斯特罗等。体育界明星有 NFL 球员史蒂夫·格里森、NBA 球员勒布朗·詹姆斯和科比·布莱恩特。演艺界明星有著名歌手贾斯汀·布莱克、摇滚天后泰勒·斯威夫特等。

许多中国企业家也踊跃参与冰桶挑战，包括优酷土豆 CEO 古永锵、小米创始人雷军、果壳网创始人姬十三、百度创始人李彦宏、万达集团董事王思聪等。演艺圈明星黄晓明、李冰冰、章子怡、刘德华、周杰伦、容祖儿、陈奕迅等也参与其中。

另外，主题活动营销往往会选择在重大节假日进行，一般在活动结束后仍能产生长久的病毒传播效应，影响力深远持久。莉家女装就借助中国七夕节，推出"荔枝秀"活动，鼓励买家晒出最美的自己，增强店铺与粉丝互动，同时也扩大品牌知名度。"荔枝秀"活动的主题是七夕节约会晒照片，获评最美照片的人将赢得大奖，而约会是一般人不敢怠慢的事，结果活动出人意料的火爆，收集到 1300 多张"买家秀"照片。

同样，雪地靴品牌 UGG 在 2014 年首次入驻天猫，也是开展"聚定制"和"大洋路之旅"两大主题活动，希望借力中国"双十一"的销售狂潮，打出品牌知名度，迅速积累用户。

### 3. KOL 助力唯品会，微博 IP 营销显奇迹

2013 年 9 月 5 日，郭敬明其微博中发布了这样一条博文："忘记是从哪天开始爱上网购的了，但对于我这种不爱出门的人来说，分分钟搞定一堆东西的成就感真是'哇哦'……而且这个唯品会的打折特卖，折扣真的太低了，一没控制好，就淘了一大箱子，你们猜是什么……"

郭敬明的这条博文在粉丝圈里瞬间炸起了锅，粉丝们纷纷猜测郭敬明究竟买了些什么，并在网上发表各种充满戏谑和想象力的评论，无数网友调侃郭敬明的身高，直言不讳郭敬明买了增高鞋，也有粉丝脑洞大开"郭敬明给自己买了个房子"。博文在三分钟迅速吸引评论上千，受到全网调侃与热议，上升至当日热门微博 TOP2、神右榜 TOP2。

实际上，这是唯品会开展的名证言顺主题活动营销，利用名人明星和时尚意见领袖的真实体验和证言发布在社交媒体上，让唯品会品质品牌概念渗透到目标受众的心智。郭敬明为唯品会发布了成名以来第一条商业营销性质的微博，这条微博被转发近 6 万次，阅读次数也超过了 1400万。唯品会的品牌也伴随着粉色的 Logo 在郭敬明粉丝中广为传播。

被打上奢侈品标签的郭敬明，在微博大晒唯品会购物单，引起粉丝们的纷纷猜测。不少人在互相探问："郭敬明也会在网上买东西？""郭敬明也会买打折的品牌吗？""唯品会里面都是打折的东西，郭敬明都愿意去买？"……粉丝带着各种疑问去搜索唯品会。百度指数显示，9 月5 日郭敬明发布这条微博后，唯品会相关搜索指数在当日达到其月度峰值，大量用户涌入唯品会官方网站。

唯品会在这次营销活动中还邀请刘涛、吴昕、赵奕欢、苏芩 4 位明星以及昕薇封面女郎等十几位时尚名模，通过微博发布在唯品会相关购物体验，并精选大量时尚类草根账号进行进一步的传播转发，多层次多

维度地将唯品会品牌传递到目标消费人群。其中刘涛的相关微博当天在10分钟内获得上千次转发，在热门微博上排行TOP5。

唯品会这次主题活动营销模式是明星先行分享体验，随后名模发表证言，大量草根账号再一起发声配合精准传播。活动结束后，唯品会品牌在微博上被提及次数上升了100多万次，也为唯品会9月股价上涨奠定了基础。

各种数据都说明，唯品会这次人物IP化主题营销活动取得了很大成功。郭敬明"你们猜是什么"的微博预热，不仅在网上引起大量的关注度和提及率，而且还潜移默化地改变网友对唯品会的品牌观念。这说明，IP化营销在社会化媒体上的应用，比传统刚硬冰冷的广告传播更容易俘获粉丝的心。

## 5.2.2　IP引爆激活品牌势能

在IP预热的势能积聚之后，IP引爆已经是箭在弦上，经过博尽眼球的话题制造、一鸣惊人的发布、病毒式传播的舆论矩阵，完成势如破竹般的人气爆款。这是IP在商业营销活动中的一次华丽转身，也是一次品牌势能向动能转化的大蜕变。

互联网环境对不同来源的内容，在IP传播的引爆方式上也有所不同。IP传播在内容形式上可分为三种情形，分别是UGC（用户生成内容）、PGC（专业生产内容）和BGC（品牌生产内容）等。我们在IP势能的引爆过程中，还会叠加应用UGC、PGC和BGC内容蕴藏的品牌爆发力，实行IP的一次引爆、二次引爆或多次引爆，如图5.2所示。

对于粉丝自产内容的UGC来说，会通过话题圈的自发互动，在群体智慧的最大释放中引爆 IP 传播，激活个人品牌势能。对于 UGC 内容精品化的 PGC 来说，网红、明星或企业创始人通过自制优质内容、外部团队扶持，来输出内容的主题、调性、品牌价值，通过专业魅力聚集巨大粉丝流量，引爆 IP 的病毒式传播，激活品牌势能甚至社群势能。对于 BGC来说，通过制造话题或槽点，凭借口碑效应来引爆 IP 的点对点病毒式传播，激活品牌势能。

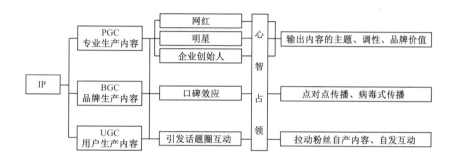

图 5.2　网络环境引爆 IP 传播

《恶棍天使》在 QQ 空间的 IP 引爆，就是微博大 V 邓超的一次营销杰作。邓超整合多平台资源进行跨界营销，QQ 空间上举办《恶棍天使》首映发布会，拉动了话题圈的自发互动，利用用户产生内容的群体爆发力，激活品牌势能发酵，并转化为市场势能变现（QQ 空间网上购票）。

作为明星 IP，邓超的品牌势能积蓄已久，在执导处女作《分手大师》之时，开创了具有爆笑风格的"超氏喜剧"，并将"贱到无底限"的独特魅力融入个人品牌中，强烈的"无底贱超"魅力形成独特的个人品牌，在微博吸粉无数。

这个蓄势待发的品牌势能，凭借《恶棍天使》首映发布会在 QQ 空间轰然引爆，源自电影特质与 QQ 空间的用户特征高度匹配。QQ 空间已是承载 90 后用户娱乐消费观的社交平台，用户普遍是有自娱精神的年轻人，与《恶棍天使》"发展喜剧运动，增强全民欢乐"的宗旨一拍即合。邓超与年轻粉丝在 UGC 平台上制造了十足的话题，在群体狂欢下引爆品牌势能，极大地提升了电影热度。

孙俪与邓超夫妻档出演这部爆笑喜剧电影《恶棍天使》，在 QQ 空间预热造势时使用"超俪嗨"话题来拉动 IP 势能，引来 CP 粉踊跃参与话题。在邓超夫妇明星 IP 的魅力感召下，当日国际首映礼独家在线直播时，吸引到超过 942 万直播预约，超过 650 万人在线观看。

QQ 空间具有强大的 UGC 传播度和影响力，正成为电影宣发的新阵地。《恶棍天使》在整个宣发过程中巧妙利用 UGC 话题让粉丝参与内容生产，对目标电影受众群体进行精准覆盖，结合 QQ 空间、天天 P 图、话题圈、全民影帝及 QQ 等宣发平台，成为一个完美的 UGC 闭环，在话题营销中实现了资源整合、品牌传播，点燃电影最核心用户的观看欲望。

UGC 激活《恶棍天使》的品牌势能后，激起粉丝用户的观影热情，12 月 24 日凌晨上映首日的票房爆棚，取得圣诞档领跑的票房佳绩，碾压同期上映的强劲对手《寻龙诀》和《老炮儿》。官方数据显示，《恶棍天使》24 日的单日票房超过 2.8 亿元，不但刷新平安夜当日的票房纪录，还一举创下进入贺岁档以来的新高，1.5 亿元的单日成绩比《寻龙诀》和《老炮儿》的单日票房相加都要高。

另外，《恶棍天使》不仅发布会热爆 QQ 空间，而且独家在线直播首映礼也成为网络热点，邓超自嘲"又快撑爆服务器"。邓超与 QQ 用户进行现场视频连线直播，并放出粉丝拼图图集和素颜搞笑小视频……火爆气氛感染大量年轻用户。

邓超发出号召引导粉丝进行全民娱乐，影迷们纷纷在 QQ 空间参与话题互动，并晒出有趣的合影，有关恶棍天使"调戏"邓超的贴纸更是运用的恰到好处，接吻、扇巴掌、击掌等动作让粉丝直接感受到邓超的个性魅力。在与粉丝群体的互动话题讨论中，《恶棍天使》的关注度也获得了极大的提升。

值得一提的是，QQ 空间早有宣发引爆势能的历史。2013 年 7 月红米手机在 QQ 空间举行首发活动，10 万台手机在 90 秒内全部预售完毕，销售量惊人。业界也对 QQ 空间的社会化营销充满了热议和好奇。

### 1. UGC 闭环循环

UGC（User Generated Content）是互联网术语，意即用户生成内容。UGC 伴随着 Web2.0 概念而兴起，体现出网络用户的交互作用，用户在浏览网络内容的同时，也参与到网络内容的生产创造。UGC 平台就好比一个生态系统，这里有充满生命力的内容，有滋润这些生命繁衍不息的用户，有物竞天择的用户注意力，也有互利共生的内容流动。在这里，内容和用户的生命周期都符合自然规律，旧内容消亡，新的内容诞生。

在 UGC 平台上，用户渴望第一时间获取所需的优质内容，内容供给方在激励机制的作用下，源源不断地提供优质内容，优质内容能够广为传播，吸引更多的内容消费者和更多的注意力，这样一个周而复始的良好 UGC 生态环境便产生了。正是用户对优质内容的饥渴需求，UGC 平台因此成为人物 IP 引爆的理想场所。人物 IP 可以通过原创内容和价值观的输出，在 UGC 的平台载体上瞬间引爆，迅速聚积起庞大的粉丝圈，创造一个适合自品牌成长的 UGC 生态环境。

UGC 平台分开放型和半封闭型，开放型平台以内容为纽带，提供视频分享、照片分享、知识分享、音乐分享；半封闭型平台刚开始以工具或关系为切入口，后续转化为 UGC。

在 2016 年引爆社交网络的鹿晗，通过 UGC 内容激励机制，尝试用新的社交传播方式来激活品牌势能，在 UGC 平台上刺激内容产生，与粉丝亲切互动，引导粉丝兴趣的定向投放，成为互联网"UGC 营销新范儿"。

鹿晗是影视圈的新晋人气偶像，这次名为"鹿晗愿望季"的 UGC 营销新尝试，在 QQ 空间进行上线，引发了粉丝的极大关注，一天突破 500 万。"鹿晗愿望季"的轰动效果，也证明了 QQ 空间在娱乐产业上有着连接器的作用。

作为 UGC 平台，QQ 空间正在逐渐占领 90 后用户的娱乐消费观，成为人物 IP 传播的超级渠道，可以帮助众多人物 IP 更清晰地了解目标用户，认识到个人粉丝的所需所想。人物 IP 在 UGC 平台刺激内容产生，制造话题，引发明星和粉丝的双向互动，可以提升粉丝的黏合度。因此，UGC 目前已成为明星进行个人宣传的重要方式，也是明星提升 IP 品牌势能的一种有效手段。

QQ 空间用户感兴趣的 UGC 内容，都带着明显的互联网印记，他们虽然关注游戏、明星、电影、综艺、搞笑等方面，但是只对互联网和社交网络上拉动的话题颇感兴趣，最为关注的是关于明星 IP 和娱乐性的话题。因此，琅琊榜、花千骨、EXO 乐队是这些新生代群体追捧的热词，明星效应对他们具有强大的影响力。

鹿晗工作室转战 QQ 空间，就是为了抢占这个 90 后的 UGC 平台，拉动能引起新生代共鸣的娱乐性话题，拓展明星效应的影响力，最大限度地争取年轻粉丝，激活个人明星 IP 的品牌势能。

"你 2015 年没有实现的愿望我帮你实现"，是鹿晗在 QQ 空间着力渲染的话题营销，与鹿晗"愿望季"热点话题相切合，招募粉丝响应，引发话题圈自产内容，激励粉丝自发互动，粉丝可在话题圈点赞和关注，发表对最新时事的看法，在与好友相互评论的过程中生成新的内容，拉动关系链传播。鹿晗登录 QQ 空间的活动主场，还呈现多屏场景营销的特色，不仅设有活动移动页、话题圈互动、打卡签到，还有鹿粉专属手机封面装扮、气泡、皮肤装扮等精心场景布置，在移动与 PC 多屏全方位引导粉丝的参与热情。

鹿晗玩转 UGC 引爆的粉丝热情，成为品牌商扩大品牌曝光度的机会。鹿晗将不同兴趣和年龄层的用户分类，形成相同属性标签的特定人群；品牌商对特定人群广告投放进行心智卡位，精准定位提升粉丝对内容的消费卷入度。

可以看到，鹿晗充分利用 QQ 空间形成 UGC 闭环生态：鹿晗发布优质信息，优质信息吸引新用户围观，新用户也发布优质信息，这样更多新用户被吸引进来，如此循环就形成一个闭环。而作为 UGC 平台的 QQ 空间，在兴趣定投、情感化沟通、场景化营销等方面都颇具优势，为鹿晗创造出与粉丝线上互动的场景，为社群提供全方位交互体验。

## 2. 病毒式传播引爆 IP 口碑

病毒式传播是一种网络营销的常用手段，利用用户口口相传的口碑效应，让信息如同病毒裂变般急剧蔓延和扩散，通过快速复制的方式传播给数以万计的受众。作为创意诉求的传播方式，病毒式传播表现为信息分享的爆炸式膨胀、受众的指数式剧增。

病毒式传播是人物 IP 引爆口碑效应的绝佳方式，是社交媒体上迅速蔓延的口对口传播。在病毒式传播的过程中，人物 IP 能够借势口碑效应，瞬间积累起百万甚至千万量级的粉丝，成为一夜间爆红的超级 IP。

这种立竿见影的口碑效应，也衍生出一种新的营销方式——病毒式营销。病毒式营销是网络营销中性价比最高的营销手段之一，投入成本低，获得的口碑效应非常高，通过深挖产品卖点和人物 IP 的槽点，制造适合网络传播的热点话题，引爆产品和人物 IP 的品牌势能，迅速袭领目标受众的心智。病毒式营销是发挥口碑撬动营销杠杆的作用，所以病毒式营销实际上是口碑营销的一种。

"2015 年为自己加油"，高德地图在 2015 年春节期间制造的传播彩头，巧妙利用中国人节日送祝福的习俗，制造引爆网络传播的热点话题，一句口号式的鼓励引发病毒式传播，横扫春节假期前后的朋友圈。这轮病毒式传播还利用"话题传导"效应，衍生出更多的裂变传播话题，掀起一波波的传播和扩散。

"2015 为自己加油"的由头是，单个用户呼朋唤友为自己加油，在第一波快速复制的传播扩散后口碑效应发酵，在朋友圈中衍生出"帮别人加油"的二级传播，后来发展到微信群组间"组团互相加油"的三级传播。

从个体到熟人间祝福的一级传播，再裂变成陌生人间的病毒扩散，实现一对一、一对多、多对多的网状传播矩阵，引爆高德地图的品牌势能，四两拨千斤地撬动营销杠杆。在病毒式营销活动期间，高德地图 App 的知名度和关注度大增，在苹果店总榜从第 33 名上升至第 2 名。

无独有偶，中国洗护发品牌之一的飘柔，开展"秀出来，勇敢爱"的营销活动，也是多次利用微博、定制 App 等新媒体工具，增强品牌与用户之间的交互感，为病毒式传播提供一个很好的契机。

飘柔在过去几年的营销策略中，通过系列柔顺爱情故事，感染了许多年轻的消费者，增强了消费者对该产品柔顺特质的深刻印象。为了在市场竞争加剧的情况下提升品牌影响力，顺柔续写这一爱情故事，促进与目标客户群体的深度交互。飘柔在第一阶段展开中国单身男女调查，面向多达 5 万个样本，并对新浪微博的大数据进行分析挖掘，绘制出中国单身分布图，通过微博、动画视频和 App 等方式向网友展示中国的单身图谱。在 2013 年的"光棍节"中，《剩女那些事儿》的动画视频在优酷上线，引起媒体的广泛关注，山西卫视播放了这段长达 3 分钟的视频，央视网等媒体也纷纷转载。

在 12 月 12 日"爱的表白日"中，飘柔推出以微博红人真实故事改编的《勇敢·爱》微电影，同时在优酷互动上开展"你就是飘柔微电影女主角"的上传照片活动，立即引发病毒式传播，吸引网友主动创造出大量的原创视频和微博短文。飘柔还利用品牌代言人杨幂，在新浪微博宣布结婚的轰动新闻做文章，及时在新浪官微及意见领袖的平台上进行推广，并对这个社会热点借题发挥，制造"用飘柔，马上有真爱"的话题，得到杨幂的关注和转发，瞬间在网友间引发病毒式传播。

要想达到病毒式传播的宣发效果，病毒式营销的关键在于内容，而不是渠道。飘柔充分利用了代言人结婚这一热点制造话题内容，很容易引发用户的自发传播，大大提高了品牌的社会关注度。

### 3. 网络平台烘托 IP 爆款

如今信息大爆炸的互联网环境，为人物 IP 引爆提供广阔的平台。社会化媒体上的一句话、一张图片和一段视频，都能成为威力强大的引爆源，引起网民的内容共生和病毒式传播。微信和微博等平台渠道，是话题引爆的导火索，吸引粉丝追随内容在互联网世界狂奔。而好的内容引爆源可以在网络环境内反复开发，只要网民的关注量不减，就能够进行一次引爆、二次引爆甚至多次引爆。

互联网的诞生和迅猛发展，给人的生活形态创造出两种世界：真实的社会环境和虚拟的网络环境。在不同的环境中，人们沟通的方式也发生变化，信息来源和社交圈子来自线上和线下两种路径。网络环境独特的点对点传播和口碑效应，极大增加了信息的扩散渠道和传播广度，为人物 IP 引爆搭起理想的平台。

人物 IP 可通过微信自媒体文章排行榜、微博排行榜、微博热门话题、百度搜索指数等，预测热点话题，规划热点事件，创作出穿透媒体界面的引爆源，并借势话题和事件启动引爆源，达到人物 IP 的最大引爆效果。

在网络环境中，朋友圈刷屏量、自媒体报道量或微博热门转发量，是人物 IP 引爆的见证。人物 IP 引爆如果达到足够当量，还会产生网络环境的跨界效应，即我们所说的多平台多场景分发。

目前，网络环境为影视娱乐产业提供了 IP 引爆的平台，一部影片从创作时的粉丝积累，到宣发时的话题和主题活动营销，无一不和互联网有着极为密切的关系。而网络剧更是在网络环境下诞生，是网络环境下典型的 IP 引爆源，电视已经无法垄断影视作品的播放，也不再是 IP 爆款的唯一平台。

网络剧是指专门针对网络平台制作、在互联网上进行播放的新兴剧种，大体上有单元剧和连续剧两种。网络剧的主要播放媒介是 PC 端和移动端等网络设备，如计算机、手机、平板电脑等，这与以电视机为播放媒介的电视剧明显不同。胡戈的自制视频短片《一个馒头引发的血案》，就是根据电影《无极》改编而来，在互联网上引发广泛传播。随后，大量自制的网络剧涌现，在各大视频网站上百花齐放，争奇斗艳。

网络环境是一个相对自由的空间，为网络剧提供了宽松的创作环境和播放平台，同时网络世界又拥有庞大的受众群体，这也提供了大量的创作资源。2010 年，一部名为《老男孩》的微电影引爆互联网，引发了千万次的点击，IP 爆款后还带动《老男孩》歌曲走红，通过励志精神触发了每一个观众的心声，说明 IP 在网络环境下引爆的力量是无穷的。

2013 年，"极限情侣"张昕宇、梁红和优酷网合作，制作发行《侣行》，在原有网络剧模式的基础上做了新的突破，打造成中国首档网络户外真人秀节目，一经播出就引发粉丝热捧，带领中国网络剧 IP 引爆走向了新的方向。

大型古装穿越偶像剧《四大萌捕》，与电影版《四大名捕》同宗同源，但是无情、冷血、追命、铁手等主要角色都替换成萌妹子，名捕骤变"萌捕"，养眼之余又增添萌态效果，引起网友"舔屏"热捧。

这部 2014 年上海游族网络出品的奇幻武侠故事，邀请加拿大影视特效公司 Morro Images 参与，重金打造画面的质感，由华视网聚业进行多渠道整合，在网络视频、数字电视、移动终端、户外流媒体等终端实现全媒体覆盖，促使这一电视剧 IP 在网络平台上成为爆款，自同年 9 月 1 日在优酷开播以来总点击量高达 1668 万人次。

网络平台烘托 IP 爆款后，催生一批网剧电影异军突起。《屌丝男士》、《十万个冷笑话》、《万万没想到：西游篇》，都是网上爆款的热门网络剧。由《吊丝男士》衍生来的电影《煎饼侠》，收获票房 11.59 亿元，高居华语片影史上第五名。第一部由网络剧改编成电影的《十万个冷笑话》，也获得 1.2 亿元的总票房。

## 5.2.3　IP 拓展开启势能转化模式

经过前期预热和集中宣发，人物 IP 已经积累起强大的自品牌势能，进入势能转化的关键阶段——IP 拓展。人物 IP 通过多渠道的拓展，可以将粉丝流量转化为商业价值，开启在多个领域延伸和变现的营收模式。

### 1. 全渠道立体化拓展

中国影视娱乐行业进入"互联网+"时代，目前阿里巴巴成立了阿里影业，乐视成立乐视影业，百度有爱奇艺影业，都在打造"互联网+电影"，不仅逐渐形成了线下线上同步放映的局面，而且在营销战略上也变成线上线下全渠道拓展的格局。

互联网与电影的联姻是 2014 年电影圈的热门话题，一部影视作品 IP 的产业链条，从项目规划到制作、发行、营销、购票各个环节，全方位被互联网颠覆。上映前的预热引导，放映过程中的宣发、销售，都被互联网所改变，"线上选座购票"、"众筹"等新玩法层出不穷。

作为电影营收的最后一个环节，衍生价值的开发也将纳入互联网轨道，通过深度挖掘电影的 IP 资源，将电影的衍生价值与互联网多元整合，在全渠道拓展上大做文章。事实证明，只有将电影 IP 和明星 IP 的衍生价值开发加入互联网元素，才能充分发挥 IP 的影响力，才能更高效地将电影的线上影响转化为线下价值。

迪士尼是电影 IP 全渠道拓展的大师，有关后影视作品的衍生开发内容五花八门，多元化拓展的触角延伸到众多领域，包括图书、影碟、玩偶、文具、游戏、纪念品等。这种全渠道拓展，还体现在贴片广告、置入式广告上，并延伸至主题公园、文化课程、定制文化旅游等。

聚思传媒在实施电影《狼图腾》项目的商业价值开发上，就借鉴好莱坞模式，开发出一套本土化的后电影产业衍生开发模式。这种模式通过剖析中国影视的消费人群，挖掘除电影放映以外的附加产值，开发独具创意的衍生产品，结合新型营销渠道，对电影文化价值进行全渠道拓展。

这些后影视阶段的全渠道商业拓展，需要对影视产业模式和 IP 品牌营销具有深入了解，需要专业的品牌娱乐整合营销公司来操作。

聚思传媒对《狼图腾》的后电影产业衍生开发，采取与电商平台的嫁接模式，与天猫联手打造为期一周的"男人的盛宴，狼人的选择"主题活动，线上线下共同联动，开发出全新的立体化拓展渠道。

该活动联合一些与电影相关性较强的品牌，如古井贡酒、狼爪、七匹狼、科尔沁、艾尔康居、长江文艺出版社等，并在宣传影片的同时为品牌引流。天猫还进一步开拓 200 万独立访客资源，与电影《狼图腾》贴片资源实现互利合作。

聚思传媒的全渠道拓展并未就此止步，在寻求深入的合作上选定了与艾尔康居、中国邮政，共同进行开发电影《狼图腾》衍生品计划。中国邮政顺势推出了《狼图腾》为主题的典藏系列纪念邮品，在明星 IP 个性化邮票的商业价值上完成了深度开发。艾尔康居则针对产品的特点，推出狼图腾定制款便携式空气净化口罩、狼图腾定制款空气净化器，将"狼图腾"的 IP 印记深深嵌入衍生品的开发中。

IP 产品的全渠道拓展，可以全方位整合线上线下的营销资源，可以全景式、最大化地实现 IP 产品的自身商业价值和衍生品价值。

### 2. IP 借力重大事件互推

IP 互推是社会化营销的一个手段，IP 间通过互粉互推可以彼此积累粉丝，增加品牌知名度，达到互利双赢的目的。

IP 互推要想达到预期效果，必须选择热点话题融入，借助重大活动和重大事件发力，促成互推本身成为热点，受到网民的极大关注。所以，一个成功的互推需要做到"神同步"，为这一同步制造话题、制造悬念，能够引发互联网的病毒式传播。

同时，IP 互推的图文内容要精心设计，表达有趣，足以吊起网民的胃口，才能最大限度地激发人们的阅读兴趣。

宝马和奔驰就成功演绎了一次神同步互推，巴西世界杯期间在微博上互动为德国国家队助威，开展了一系列"基情四射"的社会化营销活动。

宝马和奔驰都是世界著名的汽车品牌，都具有德国基因，本是汽车市场的竞争对手，却在 2014 年巴西世界杯期间强强联合，将同是三大豪华品牌的奥迪冷落在一隅。

这一江湖恩怨发端于 6 月 15 日结束的勒芒 24 小时耐力赛，奥迪包揽了冠亚军，成功赢得 5 连冠，这也是奥迪参与勒芒 24 小时耐力赛的第 13 个冠军。然而高处不胜寒，在奥迪霸气夺冠之后，奔驰与宝马之间就开始"缠绵"。

在德国与葡萄牙比赛前的 6 月 16 日 22:47，@宝马中国发微博："敬友谊，为悍将，齐喝彩！德系战车凝聚信仰披甲上阵。今夜零点，#We are one team#逐悦巅峰！@梅赛德斯-奔驰"。

接到宝马的眉目传情，奔驰同在 22:47 发微博回复："共把盏，齐上阵，同进退！德系战车两强合璧剑指前敌。今夜无眠，#We are one team#闪耀寰宇！@宝马中国"。

这两条微博在发布的时间上分秒不差，在内容上也极其相似，对仗工整，仿佛一副对联的上下联，而且不约而同地用了同一句英文"We are one team"。

这次同时间的一唱一和，表达出兄弟同心的感情，也起到社会化营销的显著效果。而且，宝马和奔驰的互推还在继续。

在德国队以 4:0 的大比分战胜葡萄牙后，奔驰和宝马于 6 月 17 日早晨 6:59 再次同时间发出了微博表示庆祝，配图除了角度不同以外，其他的内容如出一辙。

宝马中国的微博写道"再见江湖，相逢亦是对手@梅赛德斯-奔驰"；

奔驰的微博是"旗开得胜，合力所向披靡！@宝马中国"。

又是一段惺惺相惜，又是一次互诉衷肠，再次引起网友们惊呼："是激情还是基情"。同类竞品之间进行互动营销，实属破天荒的罕见之举。

宝马和奔驰的"基情"上演，发生在 16 日晚奥迪 R7 上市之际，被很多网友玩笑地解读为"老二联手老三，希望撼动 6 月老大权威"，"宝马和奔驰这对好基友，有抱团的需求"。

两大汽车品牌的几条微博发出后，获得网友们纷纷围观、不断转发和分享，迅速在网络上引爆，取得大分贝的网络传播声量。6 月 18 日早上的朋友圈和微博，满眼都是奔驰、宝马、奥迪的影子，德国队和世界杯倒成了配角。

这种"神同步"的互推，不仅微博文案经过精心设计，而且借热点话题烘托，趣味十足，将世界杯与两大品牌巧妙地融合在一起，极大地激发了网民们的围观兴趣，令宝马和奔驰互相借势取得事半功倍的营销效果。

### 3. 核心价值支撑 IP 多元化延伸

影视娱乐 IP 跨界的多元化延伸，是泛娱乐产业链生态圈拓展的结果；人物 IP 跨界的多元化延伸，是个人品牌多平台多场景分发的进程。多元化延伸是 IP 的一个特征、一种能力，撑得起的关键是本身蕴含的核心价值。在内容为王的众媒时代，如果有核心价值的关联性做支撑，IP 化延伸就能带动新产品，拓展出更为广阔的市场空间；如果缺乏核心价值的关联性，多元化就会成为空架子，陷入"IP 延伸"的陷阱。

知名品牌雀巢袭领全球消费者的心智，关键在于其塑造了品牌的核心价值，即"国际级的优秀品质、温馨、有亲和力"，有了这种核心竞争力的支撑，所以品牌 IP 能延伸到咖啡、奶粉、冰淇淋、柠檬茶等众多产品，获得消费者的接受。

香烟品牌万宝路的多元化跨度更大，将"粗犷、豪迈、阳刚"的品牌个性跨界延伸到牛仔服、牛仔裤、腰带、鸭舌帽等不同领域的产品上，把"自由进取的开拓者"的品牌形象展现得淋漓尽致，它们是万宝路系列产品中始终贯穿的核心价值。

相反，作为曾经的洗衣粉名牌，活力28的多元化延伸出现策略失误，将产品延伸到矿泉水，总是难以"洗"去矿泉水中的洗衣粉味道，核心价值的缺失造成一损俱损；电器名牌海尔强行推销的海尔药业，其多元化呈现也令人感到不伦不类。

总而言之，多元化是IP价值延伸的快车道，可以充分利用已有的IP资产，实现跨领域的商业价值开发。在文化创意领域，基于核心价值的内容多元化呈现，能够获得更广维度的IP开发。

玄学小说《麻衣世家》的网络点击量高达15亿之多，而《鬼吹灯》只有8亿，胜就胜在以IP价值为核心的多元化呈现上。《麻衣世家》的整体内容涉及广泛，冒险、相术、探墓、惊悚、玄幻、爱情、武术等各种元素无所不包，许多故事内容蕴藏中国玄学和道家文化的底蕴。由《麻衣世家》改编的网络巨制《麻衣神相》，坐拥15亿粉丝量的大数据IP，让投资方在探索多元化商业模式方面信心十足。

针对《麻衣神相》项目的多元化优势，北京中和星空文化传媒有限公司酝酿全市场开发，已初步完成一系列的商业变现布局，包括影视剧、院线电影、手机游戏、魔幻舞台剧等。在制片人李璠看来，《麻衣神相》IP的多元化特质尚未被挖掘到极致，除了电影、季播剧、手机游戏之外，《麻衣神相》将会精心布局舞台剧，通过各地巡演来预热，还会在新媒体平台和周边创意上花样翻新。在舞台剧方面，制片方将会凸显《麻衣神相》的魔幻色彩，结合《麻衣神相》的小说内容，融合创新，形成新的魔幻风格，在场景上辅以高科技的舞台技术，给观者奉献一场视听盛宴。

同样，人物 IP 的多元化品牌延伸，也是以核心价值的竞争力为依托。事业型 IP 是以拼搏进取的事业心为核心价值；学者型 IP 是以传播知识理念为核心价值；网红型 IP 是高频率地输出人格化内容；匠人型 IP 具有多年专注研究一种产品的匠心精神，无论是哪种类型的人物 IP，都需要围绕自身的核心价值展开多元化延伸，任何缺乏核心价值关联性的跨界拓展，都将失去核心竞争力的支撑，而最终坠入 IP 延伸的陷阱。

## 5.2.4  IP 持续在于定位和重复开发

每个人物 IP 都有生命周期。一个 IP 要想持续存活，就必须源源不断地产生内容，引起持久的围观和关注度，才能延长生命周期。如果内容的输出一旦断链或空洞无物，就会逐渐淡出大众的视线，重新回归默默无闻。

人物 IP 的塑造是一个竞争策略，为了在广而无垠的互联网世界内脱颖而出，需要成为大 V、大号、意见领袖或网红，更多地掌握网络话语权，更好地发挥价值号召力，吸引强大的粉丝流量和忠诚度，长期维持人物 IP 在网络空间的影响力和生命周期。

不过，人物 IP 与世界上任何事物一样，都要遵循生命规律，遵循出生、成长、成熟和衰退的过程。人物 IP 的生命周期是其市场寿命，如果一个 IP 的明星光环一朝褪色，失去持续的关注度，这个 IP 也就濒临衰退甚至消亡的边缘。

在某种程度中，人物 IP 的生命周期与定位息息相关，IP 定位越聚焦和差异化，生命周期就越长；IP 定位越宽泛和同质化，生命力就越短。

IP 的生命周期持续还在于重复开发，IP 的泛娱乐化是 IP 保持持续生命力的另一途径。一个 IP 无论是在网络小说、电影、电视、动漫、游戏中的哪个环节产生，只要具备足够强大的粉丝流量、能够进行跨界的重复开发，就能在泛娱乐产业链条上无限度扩展，延续自己的生命周期。

IP 持续是人物 IP 积淀注意力和影响力的保障，同时持久的生命周期也是 IP 区别于品牌的特色。

### 1. 网剧自制保障 IP 持续输出

IP 并非长生不老的传奇，多元化延伸的跨界 IP 是有时效性的，而网络剧自制能够激活 IP 生产线，保障 IP 在各个环节不断产生和持续输出，延长 IP 的生命周期。

以搜狐视频为例，利用平台资源在 IP 生产线上做文章，通过自制优质 IP 来推动 IP 的稳定输出和持续发酵。开启搜狐视频自制剧大幕的，是 2016 年春季档的玄幻爱情网剧《示铃录》，改编自晋江尾鱼的悬疑言情小说《怨气撞铃》，这部网络小说是自带粉丝的人气作品，自开拍以来一直引起广泛的话题与反响。

从网络小说到自制网络剧，《示铃录》是搜狐视频在文字 IP 基础上的再次创新和再次引爆，通过反复开发模式保证 IP 的持续输出，升级成自制剧 IP，从画面、剧情、制作上都赋予这部作品以新生。

2014 年，搜狐视频开始入手网络剧自制计划，并在单集 24 小时流量、单季流量、单剧流量等方面刷新纪录，自制剧《屌丝男士 3》和《匆匆那年》也都刷新了 10 亿人次的点击量。自此搜狐视频在 10 亿网络剧的公司中占据一席之地，取得与爱奇艺、腾讯视频一样的地位。

搜狐视频对自制网络剧水准极为看重，从网络剧项目开始之初就在质量上严格把控，与一线卫视、一线制作公司等看齐。足够优秀又丰富的平台资源和战略上的重视，使得搜狐视频在自制 IP 上完成了资源积累。

同样，作为 IP 产业开发第三种创意内容源的网络小说，目前已经掀起造神运动，希望深挖大神级作者让 IP 稳定输出。

从 1998 年痞子蔡的《第一次的亲密接触》火爆网络开始，中国的网络文学经历 10 多年的发展历程，最近两三年更成为 IP 生态链孵化的策源地。起点中文网、盛大文学、腾讯文学等码字平台风生水起，中国网络签约作者目前已经突破 250 万人，文学网站的日更新量突破 1.5 亿字。

担负 IP 造血使命的网络文学，培养出年收入 10 万元以上、粉丝 10 万人以上的大量"小神"作者，年收入 50 万元、粉丝数十万的"中神"作者，年收入和粉丝量都超过百万的"大神"者，以及年收入超过千万、粉丝铺天盖地的"白金"作者。

在浩如烟海的网文世界里，"大神"以下的作者勤奋码字，主要收入来自付费阅读，而站在金字塔顶端的白金作者，落笔每个字都具有很高的含金量，靠版权收入就能日进斗金，跻身作家富豪榜。

阅读量超百万的网络小说，都凝聚了大量忠诚的原著党，是自带粉丝、能够反复开发的热门 IP，因而被影视娱乐产业趋之若鹜。

为了扶持大神作者和白金作者这样的稀缺人才，阅文集团为这些 IP 生产精英启动了作品制作人制度，并为他们量身打造专属团队，承担作者、编辑、运营、商务团队等工作。各大互联网公司为了把草根作者塑造成超级 IP，在泛娱乐化生态混战中占据有理位置，纷纷收购、合并旗下文学网站，成立自己的文学集团，进行抱团作战。

阅文集团整合腾讯文学旗下的 QQ 阅读、创世中文网、云起书院，以及盛大文学旗下的起点中文网、潇湘书院、红袖添香、小说阅读网和盛大文学旗下的出版机构中智博文、华文天下等文学品牌，在腾讯强大的社交资源和用户基础上进行统一的管理和规模化运营。

阿里文学集团把旗下 UC 书城、书旗小说、淘宝阅读等入口资源进行整合，将阿里系的新浪微博、天下书盟等作为版权输出端口，将阿里妈妈、阿里影业和九游等平台作为影游输出端口。

互联网巨头纷纷吹响集结号，大军团作战的最直接驱动力就是优质IP，因为只有优质IP才能保持IP持续，才能借势打造泛娱乐化的产业链条。百度文学集团则把泛娱乐化作为发展战略，主打粉丝经济路线。

无力与拥有庞大文学机构的巨头抗衡的游戏公司，选择了砸巨资采购IP的道路，计划进行次级开发。巨人方面已经囤积储备了超过40个IP。如果上线后获得玩家的力捧，未来这些IP将会被改编成为影视作品和其他周边产品，形成泛娱乐产业链条。

### 2. 优质IP生命周期更长久

IP是不死之"神"吗？前漫威主画师、现Black Dragon创始人麦克丹尼指出："真正的IP是可以永久存活的。中国目前的IP不能叫做IP，只能叫品牌。品牌有生命周期，到了一定时间会死亡，但IP不会。"

IP是哲学达人吗？麦克丹尼认为："当大家说到故事和IP的时候，不是所有故事和IP都能活下去的，绝大部分大家所认为的IP只是个商标（品牌），真正的IP有自己的价值观和哲学。"

毋庸讳言，进行过价值观底层设计、强大品牌构建的IP，的确保持了长久的生命周期，像漫威打造的美国队长等超级英雄。不过，被赋予价值观和哲学的IP要想流芳百世，仅仅基于底层构建还是不够的，成功的IP开发和引爆必不可少，否则也会被"锁入香闺"与世隔绝。

另外，我们不认同IP长生不老甚至永不消亡的说法，IP有自己的生命周期，跨界IP更是有变化无常的时效性。IP需要生命周期的管理，我们需要打造具有核心竞争力的优质IP，让它的生命力延续得更长久。

日式 MMORPG 手游《时之扉》，就是 3 年磨一剑打造出的原创 IP。为了保持较长的生命周期，核心研发团队"九天互动"对这款游戏进行精心的底层设计，试图打造出具有核心竞争力的优质 IP。

"九天互动"在 IP 孵化上独辟蹊径，有着丰富的经验，曾参与研发了多款日本国内顶尖的大型 MMORPGPC 端游，在亚洲、北美、欧洲等全球区域发行，取得不错的成绩。这个互相磨合超过 5 年以上的团队，在《时之扉》的游戏中构建了一个非常庞大的世界观结构，世界观的背景设定超过 30 万字，游戏剧情设计总计将近 50 万字，使得这款游戏 IP 的底层构造有了非常坚实的支撑。

在底层设计的基础上，创作团队对内容和情节的构建弹精竭虑，首个游戏版本包含 15 个职业，涵盖多个种族，设计了 190 张世界地图，出场游戏角色多达 320 个，编写了近 2 万个游戏剧情任务脚本，在世界观结构上做到了多元化展现。

"时之扉"游戏开发设计前夕就开始为游戏 IP 的超长生命周期打基础。目前游戏容量上达到了目前市面上 MMORPG 类型游戏的 10 倍以上，采用跨平台引擎技术，兼容 iOS、Android、PC 端游和 Windows10 Mobile 等多平台版本。

在第十二届移动游戏"金苹果奖"评选中，"时之扉"获得了"最佳美术风格游戏产品金苹果奖"。由于游戏基于超长 IP 生命周期进行构建，因此被发行商一致称赞为难能可贵的好游戏。

但是，"时之扉"的 IP 没有被看作不死神话，创作团队为该款游戏规划的生命周期长达 3～5 年，并相应制定生命周期管理，计划每年将推出大型资料片，保持内容持续不断的更新，进行 IP 的二次引爆，以延续这个原创 IP 的生命周期。

# 人物 IP：内外兼修的沉淀

酒越陈越香，历经沉淀才能出好 IP。——凯撒股份总经理吴裔敏

时间沉淀 IP，一个好 IP 的打造需要长时间的累积。

同仁堂、全聚德、瑞蚨祥、王致和、杨裕兴等中国老字号，经过逾百年的历史洗刷和沉淀，在文化内涵和品牌价值的积淀中仍能坚韧地延续。多少年以后，你也许会发现腾讯、百度、阿里巴巴、老干妈等当今的热门品牌，经历互联网峥嵘岁月的洗涤，在智能化社会的未来仍能顽强地挺立。

所以，打造一个好 IP 需要坚持的力量，不仅需要外在的品牌装饰和传播，还需要"慢工出细活"的内在匠人情怀。快餐式的开发和制作方式，换来的只能是昙花一现的 IP。

目前国内 IP 市场空前火热，而国产动漫 IP 的含金量却众说纷纭。"猫片"执行董事王裕仁认为物极必反是生态规律，强调 IP 需要沉淀，日积月累才能磨出好作品，而粗制滥造是对 IP 的伤害，对整个产业链来说也是过度消耗。

　　"猫片"是中国 IP 化运营的成功典范，成立数月便蚕食了网络小说 IP 的大半壁江山。王裕仁指出，IP 运营是一个资源整合的概念，从发现 IP、梳理、生产到营销，需要多元化的操作方式，以及对市场细分的把握。打造这些优质 IP 是个多渠道开发过程，通过超级网络剧、电影、游戏等多种产品媒介，做到让每一个 IP 都不浪费。

## 5.3.1　个人数字品牌成"生招牌"

　　微博大 V、博客写手、意见领袖、电商网红和视频主播……这些人之所以能在网络上呼风唤雨，得益于个人数字品牌的长期沉淀，成为互联网某个领域的标志性人物。

　　若想成为这样的"生招牌"，首先要选择一个正确的数字品牌方向，从自己的特长和专业技能中发现能够延伸和传播的通用技能，如豆瓣励志女神彭萦，主持微信公众号"改变自己"，一直关注性格分析的 MBTI 理论。

　　另外，个人数字品牌的沉淀非一日之功，要靠时间慢慢打磨。写一篇干货文章瞬间爆红，只是短暂博眼球的虚假繁荣；只有每年都坚持写上几十篇、一百篇，日积月累地输出，才能引起网友们的持续围观，被粉丝加入微博关注和微信订阅号收藏，慢慢地就建立起个人品牌。

　　影星胡歌认为，影视明星其实也是个人 IP，个人品牌的塑造在娱乐互联网化的时代变得越来越重要，在每个人都能出名的今天，明星也需要对自己的 IP 价值进行运营和管理。这位琅琊榜榜首"梅宗主"，获颁百度发布的"2015 年品牌数字资产榜"最具价值男艺人，这个奖项的评审来自大数据算法，是网民的日常在线行为颁奖给胡歌。

百度品牌数字资产榜已经连续发布三届，2015 年则新增了口碑推荐量，即通过口碑总评数和推荐度，挖掘大数据的应用价值，将消费者对于品牌的讨论热度和情感态度进行分析，把综合结果反映在互联网上。

胡歌主演的《琅琊榜》、《伪装者》和《大好时光》三部剧先后播出时，正好获奖颇多。胡歌在一次典礼上通过全英文的获奖感言向粉丝传递学霸气质，在粉丝群体引发热评和追捧，从而在百度上引起了很高的搜索热度，得到了充分的新闻曝光。

胡歌登上"品牌数字资产榜"，一方面表明胡歌在粉丝心目中的关注度，另一方面体现出其个人数字品牌沉淀的厚度。

### 同道大叔到同道文化

同道大叔本名蔡跃栋，是微博认证知名星座博主、《大叔吐槽星座》作者和"陪我"App 创始人。

从 2013 开始，同道大叔在微博账号陆续发布一系列关于 12 星座在恋爱中及生活中不同表现的漫画，用星座形象讲述着普通人的情感故事。同道的微信号从 2015 年 4 月开始运营，每天晚上 10:30 分左右推送星座漫画，仅微信头条的日阅读量就超过 10 万，月阅读量估计高达 1.8 亿。

同道大叔的漫画作品，是将幽默诙谐的文字做成文案，通过动漫的形式表达出来，以吐槽 12 星座在恋爱中的不同缺点，引人入胜，吸引了网友将自己与星座形象作对比，大呼精准，引起情感共鸣。微博热门微博排行榜也经常可以看到"大叔吐槽星座"系列漫画。目前，同道大叔在中国自媒体排行榜上名列第六，在情感类高居榜首。

一两年时间内个人数字品牌的沉淀，为同道大叔带来了极大的关注度。截至 2016 年 5 月，同道大叔新浪微博的粉丝超过 1000 万，微信粉丝超 500 万，全平台粉丝数量估计超过 2000 万，其中女性比例达到 74%，话题阅读量超过 3.7 亿。

同道大叔虽然以段子手的印象示人，实际上并非凡夫俗子，他毕业于清华美院，画得一手好画，而且是一个连续创业者，从美术学校到社交平台，同道都曾有所涉及。

同道大叔不彰显高山流水的风雅，却进入吐槽的占星圈，原因是他对自己个人感情经历的复刻，况且他在做社交平台时，又积累了大量年轻妹子的用户画像，为他做星座漫画时提高了早期的研究范本。

在网络上爆红之后，同道大叔尝试粉丝经济的商业转化。2015 年，同道大叔成立了深圳市同道大叔文化传播有限公司，开始将微博与微信的 IP 形象与使用权一步步进行公司化运营。

同道文化下设 IP 与品牌管理公司同道创意，搭建基于星座文化与卡通形象的文化品牌，下设的新媒体公司同道传媒，凭借其自媒体影响力进行营销与传播。与此同时，同道文化开始设立影视公司道仔影业进行影视作品的制作，设立衍生品公司同道制造进行围绕同道 IP 文化衍生品产品的设计开发。

把 12 星座形象化，是同道大叔 IP 沉淀的第一步。同道大叔最擅长以美术手段建立表达方式，以此尝试将一个自媒体星座大号打造成星座IP。在品牌营销方面，同道大叔依据客户对星座产品的需求，从简单曝光变成了形象授权等整合营销。

同道大叔还把自营品牌推出，让他的网生内容产品向线下沉淀，成为图书、话剧《同道大叔吐槽 12 星座》等优质的线下内容产品。预计同道监制的网剧《超能星学院》，将在粉丝群体中掀起新的追捧热潮，为其影视内容作品填补空白。

从同道大叔到同道文化的个人数字品牌沉淀，是个内外兼修的过程。同道大叔曾在一次项目洽谈中顿悟：星座文化不是一个 IP，星座是可以诞生各类 IP 的优质主题。现在大家都知道同道大叔等于星座，未来我们希望星座等于同道大叔，这是我们成立公司之后的目标。

同道大叔传递出的内容都是比较快乐的，比较正能量的，而且用户的需求量比较大，在星座这个领域里面，其他自媒体的内容数量加起来不及同道的一半，因为同道大叔已经袭领用户的心智，形成网民意识上的垄断：同道大叔=星座。

2014 年的某一天，同道大叔曾翻查 2011—2016 年天秤座的百度指数，发现有关这个星座的增长速度超过了以前好几年的增长速度，原来是同道大叔发布了一篇有关吐槽天秤座的文章。同道大叔感到，作为一个很普通的人，他推动了文化的旅行，星座以前是一个亚文化，但是同道把它推向主流文化。

目前，同道大叔还想推动星座的商业旅行，已经成为公司商业发展的一个构想。他认为，星座会是一个全新的品类、很好的文化增量，星座漫画可以做出星座衍生品，塑造出星座的业态。

## 5.3.2 个人主题社群的沉淀

爱部落轻日记社区创始人兼 CEO 杨子超认为，社群是未来互联网公司最核心的竞争力，社群的力量将参透整个的"互联网+"的产业。

人是一种群居的社会动物，因而有社交需求。社群就是一群人的集合，基于兴趣和爱好的一种社交关系链将大家聚合在一起，满足人们的参与感和认同感。社群是一种相对特殊的社会关系，有着共同的精神需求或社群情感。

互联网时代的社群，是存在于虚拟空间里的，一般都是粉丝社群模式，因提供物质上和精神上的满足，而将粉丝凝聚在一起，形成共振化的粉丝社区，不断积聚起社群势能。高质量的社群将会催生优秀的品牌，极度传播品牌的价值，提升产品的销售广度。

小米在智能手机的推广战略上，运用的就是崭新的社群营销，将手机定位为"发烧"，利用社群的沉淀开启粉丝经济，迅速引爆市场。小米每次都能登上各大媒体的头条，成为媒体争相报道的宠儿，这都为小米的快速发展提供了动力。在小米式的社群营销中，雷军捆绑式进行个人 IP 的持续宣发，将自己打造成中国智能手机的代言人，打造成中国的乔布斯，被粉丝称为"雷布斯"。

正如苹果手机的果粉驱动效应，小米在网络上吸引了一大批米粉，打造的是一种参与感营销。这种对社群效应的开发，不仅提升了企业的运作效率，而且降低了营销、供应链、渠道的成本。

营销大师科特勒在著作《营销革命 3.0》中认为，社群营销是社交时代的产物。在社交时代，产品营销已经上升到价值驱动营销，追求的是人文中心、独立思想、精神内涵，是典型的多对多营销，这种营销模式就是所谓的社群营销。

工业时代的营销模式以产品为中心，对产品的标准化与规模化要求严格，营销活动中主要是满足消费者从无到有的需求。信息时代的产品营销以顾客为中心，奉行的销售理念是顾客就是上帝，营销活动中需要满足各色顾客的不同需求。

互联网上一度最活跃的小米社区，就是粉丝社群的长期积淀。小米社群的起源，就是一群爱好刷机的年轻的智能手机发烧友。核心的用户群体，利用社交自媒体向外传播小米福音，与外部用户交流互动，掌握小米社区的动态。

小米以"发烧"为主题构建社群，展开社群营销；罗辑思维则以"知识"为主题兜售思想。罗辑思维在个人主题社群的沉淀中，更愿意传播的是卖书的电商属性。

小米和罗辑思维虽然做的都是品牌推广的社群营销，但是两者在主题社群的沉淀过程中都推动了品牌人格化，雷军被粉丝称为"雷布斯"，罗振宇被粉丝昵称为"罗胖"，所以小米和罗辑思维的社群实际上都是两个人粉丝的聚集。

小米构建的社群主要满足 4 种人的梦想：第一种人属于羡慕型，对雷军传统企业向高科技转型、迅速成功的个人成就充满崇拜；第二种人属于感慨型，对公司持续融资、发展壮大、不断刷新估值记录有着期待；第三种人是"嫉妒"型，心里总是梦想快速营销、一夜致富；第四种人是草根型，以为只要追随大咖就会获取成功的机会。

而罗振宇是讲故事的高手，犹如单口相声，社群构建采用的是娱乐节目玩法，通过"有种、有趣、有料"的卖点吸引网友们围观。同时，罗辑思维搭建的社区平台为草根提供高大上社交，而罗振宇的视频具有强大的凝聚力，优酷上的视频点播高达几百万，已经相当于一般省级电视台的流量。

无论是小米社区还是罗辑思维，其主题社群的构建和沉淀都凸显人格化的特征，背后支撑的正是罗振宇所谓的"魅力人格体"。这种在主题社群营造的人格化营销，实际上是一种信任营销，用户被人物 IP 的魅力所吸引，愿意为 IP 付费埋单，从而建立起这些社群的盈利模式。

### 1. 微博成社群构建策源地

在汤圆创作总编血酬看来，未来十年 IP 的趋势将是：10 万人的族群打造 IP 社群经济化；年轻人成为 IP 创造的主力军；IP 创作互动性强；

创作上的创意多源化；富于参与感的聚合众创；创作即营销。

微博平台已经沉淀了不同领域各种优秀社群，而且已经发展成为主题社群沉淀的平台，在各种商业活动策划交互过程中，微博都可以连接所需的资源。而社群深化是未来社交平台的重要商业模式探索，一个成熟的平台及社交网络，势必走向垂直化场景深化发展和 IP 社交化。

目前中国民众对生活的品质有着相对较高的需求，旅游社群也演变成为微博上规模最大的兴趣群体，微博上有 7000 多万旅游兴趣用户，占据了微博月活跃用户的 40%。

社科院发布的微博旅游白皮书显示，用户在微博提及旅游话题的总次数为 9.77 亿次，搜索次数为 9928.3 万次，提及旅游并签到的总次数为 1695.5 万次。微博的统计数据也显示，2016 年 6 月"你不知道的旅行"中，超过 2 万人次的长微博作者发布游记，正在举行的"带着微博去旅行"，不到 2 个月里也有 9000 多篇游记被分享。

与微信明显不同的是，微博平台的最大特点是开放性，人人都是信息的创造者，人人都是信息的传播者，人人也都是信息的接受者，这让微博成为全国最大的垂直领域社交平台。微博也在扶持垂直领域 IP，打造以用户为核心的垂直生态化体系，在旅游，电影、音乐、旅行、股票等领域已经开始演变出微博信息流的垂直子产品，部分产品具备开发独立 App 的基础，IP 化社群经济悄然形成。

微博上连续多年的"带着微博去旅行"活动，通过扶持旅游达人，建立微博旅游社群的线下线上连接，并大大带动了优质内容的产出，对微博垂直社群生态的营造起到推波助澜的作用。群红包、粉丝红包等商业化尝试，也是对社群生态的辅助。

## 2. 健身女皇掘金社群经济

韩国健身女皇郑多燕是风靡亚洲的健身明星，她创建的一套健身减肥操通过网络视频疯传，在中国积累了一大批粉丝，成为健身减肥领域的第一大 IP。她宣布将要进军中国创业，发力运动 IP，从多年健身社群的粉丝积淀中挖掘粉丝经济，通过 App 结合线下拓展激活社群势能。

已定居上海的郑多燕，在中国开启互联网创业之路，推出 ZETNESS 健身品牌，目前拥有三类主要业务，包括健身运动类 App SLine、JETA 教练学院和 ZETNESS 健身会所，展开线上线下立体化的全渠道拓展。

郑多燕目前已经在亚洲健身女性群体中享有较高知名度，拥有广泛的粉丝基数，具有深厚的个人社群沉淀，形成了强大的社群势能。郑多燕健身光盘在全球完成销售 8700 万张，网络健身视频超过 7 亿次浏览量。ZETNESS 计划也在探索健身 IP 的盈利模式，为用户打造线上线下相结合的闭环健身体验生态。

这种社群经济的融入，是 ZETNESS 与传统健身房的最大不同。目前，用户的黏合性不高是传统健身房的痛点之一，形成用户黏性的只有 15%，85%的用户属于沉睡用户，通过在社交平台引导用户分享健身的乐趣，可以更好地调动用户健身的积极性和提高好友的参与度。郑多燕的中国合作方赢捷，想要推行一套结合线上社交和线下锻炼的运营理念，并将社群经济战略实现多元化延展，IP 多元变现的方向上，瞄准了以郑多燕为品牌中心的服装、营养餐、健身书等 IP 衍生领域。

社群是一种基于互联网的新型人际关系，社群中人具有相同的价值观和审美情趣。社群经济是一种社群交易互动的市场经济模式，社群能够内生出独特的共享内容，颠覆性改变内容者与消费者之间的单向关系，在生产和定制的柔性闭环互动关系中获取利益分配。

郑多燕的社群经济战略，就是借助社群媒体构建的线上社交关系，改变以往 ZETNESS 与消费者之间的沟通和互动模式，实现个人 IP 品牌的网络传播，利用社群增强与粉丝的黏合度，拓展出粉转客的社群经济。

### 5.3.3　情感互动提升社群温度

创业家集团董事长、黑马学院院长牛文文表示，在移动互联网时代做有情感的社群。

个人社群的积淀是以情感互动为纽带的，充满人情味儿懂分享的，将喜怒哀乐的人生体验与人共勉，就会形成良好黏性的朋友圈。社群营销则更需情感互动，就算偶发一两条软广告也能获别人体谅，如果一味粗暴地靠刷屏，不讲人情，难免会被人屏蔽。

所以个人主题社群的沉淀，需要懂分享的情感互动，有情怀、有温度。在任何组织中，人皆为利而来，为情而留。用户加入社群的动因，是社群能带给他所期望的价值。如果这个社群还能源源不断地带来温度感，用户则会选择长期驻留，并自愿传播社群文化，成为社群的代言人。

如果说利益是社群的心脏，能够为社群提供源源不断的动力与血液，那么情感就是社群的血管，成为社群良性互动的纽带。

目前互联网社会生态催生一种新型社交关系——粉丝社交，粉丝社交的一个主要元素就是情感互动，因为作为第一代互联网原住民的 90 后和 00 后，有很强的情感需求。与 80 后相比，这些 90 后和 00 后更容易接受高度情感化的产品，他们对于偶像的认可和追捧，往往是建立在情感喜好上，对偶像的情感表达直白，毫不遮遮掩掩，在某种程度上偶像变成恋爱需求的娱乐化，追求的疯狂程度衍生出典型的"90 后脑残粉"。

另外，情感诉求对象的不同，也形成五花八门的粉丝群体类型。在喜欢韩国当红男子偶像团体EXO的粉丝群体中，会有仅喜欢其中一人、当他人透明的"惟饭"、喜欢团队在一起的"团饭"、喜欢集中两位偶像之间关系的"CP饭"、母爱式喜欢的"亲妈饭"、吐槽为主的"后妈饭"以及"ANTI饭"、"私生饭"等。错综复杂的情感形态，产生不同方式的情感互动需求。

情感互动会提升粉丝的参与感，积聚大量粉丝的流量，为个人社群的粉丝积淀打下基础。不同的情感互动投入，会营造出不同的社群温度。如人气偶像王力宏的日签到数为2万个，坐拥微博第一粉丝数的陈坤，贴吧日签到数仅有3000个，情感互动可能是决定因素之一。

### 5.3.4　社群归属感留住用户

社群运维的一个核心主题是，如何把人召进来，如何把人留得住，如何让人玩得嗨，如何让人有回味。对于社群运营者来说，粉丝就是你的客户，如果你的产品不给力，你的内容不感人，客户就会背离而去，跳槽加入其他社群。一个成功的社群，是将社群打造成一群人的品牌，把社群变成族群、族群成员。这样，社群就不单单是一个人的附属物，而是一个家族心灵停泊的栖息地。

许多微信社群当初建立时都有一个美好愿望，希望为兴趣相投者搭建一个平台，分享信息和乐趣，为信息需求者提供可利用的价值，将群友之间复杂的资源进行整合，为群友提供项目合作的机会。不过，一些微信社群往往时间一久就疏于打理，被空洞的垃圾信息充斥，反而干扰了正常的信息收集，变成劣币驱逐良币的垃圾群、无人问津的"僵尸群"甚至彻底瘫痪的"死群"。

造成垃圾群的主要原因有：群主不尽职，造成群龙无首；群里没干货，变成无聊的问候群或红包群；社群无定位，长期无法形成统一的价值观。所以，社群需要持久的运营和维护，需要持续不断的给养，切不要以为社群建立后就万事大吉，听之任之。

社群运维是一个慢功夫，首先要倾听粉丝的声音，在情感互动中了解粉丝的想法，获得及时的反馈。其次，社群运营需要内容补给，一份节日问候、一个话题、一则爆料都能引起粉丝的关注和参与，营造社群的活跃气氛。三是精细化管理，对粉丝进行分类管理，分成 VIP 用户群、新用户群、老用户群等，也可以依据种类进行细分。四是建立定向邀请制，邀请新人、一些大 V 或意见领袖加盟，给社群注入新鲜血液和新的价值观植入。

### 明星：专人管理  疯狂聚粉

以澳大利亚一个"学习交流小组"的微信群为例，最初是由墨尔本一个孩子的爸爸创立，结合自己女儿的学习成长经历，向众人分享读书、升学、兴趣班、学习中文等方面的心得体会。

这个社群在短时间内迅速膨胀，目前已经扩大到 449 人，而且还开设了悉尼分组。社群的运营方式是，群主不断提供教育子女的经验，并推荐世界各地的教育图书，每天的聊天记录都有上百条甚至几百条。

社群的成员都是孩子的父母，大部分由全职妈妈和专业人士组成，海外华人对子女教育的重视是这个社群联系的纽带。社群还不时开展联谊活动，增强成员之间的情感互动。

又如，著名财经作者吴晓波的公众账号，则由用户组成班委会负责组织和管理。吴晓波的公众账号最初只是吸引爱读书的人，随着数量的累计，读者开始自发建立 QQ 群，并组织线下活动，呈现线上互动、线下交流的立体社交方式，现在已经聚拢了百万量级的粉丝。

由于用户分散在全国各地，地域和兴趣的特性也凸显出来，社群开始自发建立各城市的群，以及像读书、创业、理财这样的兴趣小组。这些社群都由用户负责组织和管理，组成了班委会，由班长和班委负责运营管理。这样的社群由于管理相对正规，增长的空间非常大，可覆盖的用户量级也很大。

在众媒时代，粉丝们的传播力量不容小觑，关系到明星们的知名度，也关系到票房的成败。正因为粉丝群体蕴藏的强大造星力量，聚粉营销已经演化成一门专业。粉丝们开始有了真正意义上的组织，从单纯的"某某粉丝后援会"发展成日益专业的粉丝服务平台。2014 年 5 月，韩国最大的娱乐公司 SM 与百度开启了互联网平台战略合作，旨在打造和升级娱乐营销平台。

当一个人的粉丝屈指可数时，这个明星的号召力就很薄弱，无法引起强大的轰动效应；如果一个人的粉丝跃升至 500 万，那就可以呼风唤雨，有能力担当意见领袖的角色，言行举止都会受到众人瞩目。

这些可以号令天下的人，就是冉冉升起的明星，其个人偏好、广告代言将直接影响到粉丝们的消费心理与购物习惯，引领一股新的消费潮流，他们可以带来经营性创收，他们可以创造粉丝经济。

以韩国为例，根据韩国国际交流财团发行的报告书《2014 地球村韩流现况》显示，截至 2014 年 12 月，全球共有 79 个国家和地区建立 1248 家网上韩流粉丝俱乐部，全体会员人数达到 2182 万人。在《来自星星的你》热播韩剧 IP 的驱动下，包括中国在内的亚太国家地区韩流粉丝俱乐部会员较上一年增长 14%。同年，无国界的韩流收割粉丝经济，拉动各产业产值同比增加 12.6 万亿韩元（约合人民币 728 亿元）。

韩流横扫全球各地，幕后有专业造星工厂的支撑，在明星 IP 孵化环节形成了从选秀、培训、推出组合到唱片制作的内容生态，在市场拓展环节形成营销、投资回收、开发衍生品的一整套产业链条模式。

既然明星的吸粉变现能力如此巨大，自然就需要对聚粉社群的精心运维。聚粉已经演化成一门专业，无论是线上的社交媒体还是线下的商演走穴，都有专人负责运营管理。

在点对点营销的自媒体时代，明星也感受到刷存在感和社群影响力的重要性，采取 3 个主动进行社群运维：一是主动秀自己，秀自己的生活、态度、状态，让大家看到自己贴近生活的另一面；二是主动拉粉丝做一些线上线下的互动活动，与铁杆粉丝近距离接触；三是主动触媒，与媒体建立良性的合作关系，形成利己的正面报道。

## 5.3.5  社群以核心价值黏住用户

社群是以共同利益或共同兴趣为中心的强交互形态，所有元素之间都发生高频的交互关系，而非单纯元素的积累。社群有自己的核心价值观，有共同的兴趣爱好，有共同的社会认同感，这些成为维系用户黏度的关键因素。其中，核心价值是一个社群赖以生存发展的基础，也是一个社群的目标导向。

在信息大爆炸的当今社会，社群有过滤信息、集中传播的作用。由于社群是基于兴趣爱好和共同利益而产生的，它自然便成为一个半定制型的信息过滤器，帮助用户筛选出有价值的信息，过滤掉垃圾信息。这是用户愿意依附于一个社群的动力所在。

社群还是一个弱中心化、较为扁平的闭环或半闭环组织，每个人都能成为信息传播渠道，每个人的观点也都能获得相应的反馈，个人的权利得到充分体现，个人的价值获得尊重，因而成为一个社群忠实的一员。

运营管理好一个社群，增强社群用户的黏度，首先要进行核心价值定位，这是用户选择加入并驻留社群的关键。其次要有效引导社群的发展，不要沦为纯粹灌水的垃圾群，而将一些有干货的用户驱离。最后是组织一些活动留住用户，这些活动能够增强社群的活跃度。

### 1. 新女性社群：为自己"带盐"

被称为中国第一女神社区的"她生活"成立两年多以来，开创了中国首个女性社群经济商业模型，已经发展成为中国女性粉丝经济第一平台。这个"中国女孩梦工厂"吸粉魅力惊人，覆盖中国 1000 万优质女性的白领社群，高黏度粉丝超过 150 万。

"她生活"之所以培养出如此高的用户黏度，源自社群的核心价值观：为自己"带盐"的新女性主义社群。"带盐"含有代言之意，也显示出当代女性独立自主的个性风格。

2015 年，"她生活"联手国内知名媒体相继做了两个大型调查——《中国姑娘的性与爱》和《中国姑娘的怕与爱》，不仅在中国成为舆论热点，也引发海外的高度关注，显露出"带盐"的味道。

调查显示，80 后、90 后，大多是独生子女，从小在孤独的环境中长大，有着更加强烈的寻找社群的需要。她们追求情感自由、追求经济独立，追求自我实现。她们希望在勇敢、自信、优雅、独立、有爱这些性格上完善，对价值认同有着强烈的渴望。而融入一个为自己"带盐"的新女性主义社群，形成共同兴趣和沟通方式的链接，正是 80 后与 90 后之间迫切需要而且可以满足的事情。作为移动互联网背景下的新女性主义社群，"她生活"正好满足了这种需求。

"她生活"的粉丝称为"她蜜","她生活"希望给粉丝传递的不仅仅是干货资讯，更是塑造出粉丝心中有着成熟、性感的年轻个性精神 IP——"她她"。作为优质轻熟女领袖，这正是"她生活"社群的核心价值观体现。

在这个核心价值观的引领下，"她她社群"构建起来，并在多个"她她"朋友圈的基础上，已拓展成六大专家团，包括她蜜时尚变美专家团、她蜜理财专家团、她蜜网购电商专家团、她蜜旅行专家团、她蜜情感文艺专家团、她蜜美容瘦身专家团，将 60 多个她蜜话题讨论群以及 30 多个地方她蜜群进行资源整合，构建社群矩阵，通过 IP 的影响力带动超过 50 万的种子活跃粉丝的价值走向，积聚起自产内容、自发互动的社群势能。

在"她生活"的粉丝群体中，北上广深等一线城市占据多大多数。从年龄分布上来看，99% 的粉丝的心理年龄介于 23～28 岁之间，这些女性白领群体个性强，思想前卫，善于自我展现并渴望得到认可，在"她她"社群中互动积极高。这些粉丝所处阶层具有很大的消费潜力，消费观上也更为感性。

"她她"社群粉丝，不仅在线上形成高强度黏性，形成心灵上互契的精神闺蜜，而且这种黏性还延伸到线下的真实世界，希望能找到现实中可以挽手逛街的真实闺蜜伙伴，对线下活动有着很高期待值。

"她生活"成功举办过两届铁杆她蜜活动"她生活女神 T 台秀"，通过线上招募线下选秀的模式，首次创立了平民女神选秀模型，让优质生活意见领袖主动为品牌代言。

"她生活"致力于打造国内首个带有社交媒体属性的垂直女性社区，曾经荣获了"2013 年新媒体创业大赛北京赛区一等奖"、"全国传媒梦工厂之星"、"2014 年度最受关注社交媒体奖"、"2016 年度最具投资价值自媒体"等十几项殊荣。

### 2. 同道中人的狂欢盛宴

谈笑有鸿儒，往来无白丁，兴趣带动型社群更加注重群体的力量，以共同的兴趣、爱好、话题凝聚同道中人，分享彼此对某一事物的认知和看法，从而增强用户黏度。

这些同道中人聚集在一起进行自由交流，利用口碑效应和从众心理，引导改变其他人的消费行为。以百度贴吧为例，当消费者看到贴吧里某个产品获得 70% 的人给出正面评论时，社群的口碑效应发挥影响力，驱使他们往往做出从众购买的决定；若这 70% 给出差评，则传递出负面的口碑效应，多数人会追随从众心理而放弃这一产品。

全球知名的户外运动品牌 The North Face，就是利用人们对户外运动的共同爱好，构建兴趣带动型社群，并通过发布游记和发认证的方式，以兴趣为纽带提高用户的黏度。

The North Face 在自己的官方旗舰店上建立了一个"去野吧"的户外贴吧，召集来自世界各地的上万名同道中人加入，他们都是户外运动爱好者，有着共同的兴趣和话题。"去野吧"与知名的户外俱乐部合作，定期发布会员的游记、博客、活动信息，还为一般个人、有经验者和组织机构发认证——达人认证和领队认证。

"去野吧"还推出定制信息的新功能，这些信息的有效投递，一方面，既满足了用户的兴趣需求，又增加了用户与社群的黏性；另一方面，通过收集社群数据，The North Face 还了解到目标顾客的消费偏好与习惯，便于开发出消费者喜爱的产品，迅速占领心智。

# 用户转化是 IP 化的终极目标

IP 经过预热蓄势、话题引爆、病毒式传播、全渠道拓展和持续运作等宣发大战，再到个人品牌和主题社区的沉淀，最终的目的是实现用户的转化。网络营销的最终目的是将访客转化为顾客，而用户转化率是衡量网络营销成功与否的关键标准。

为了提高转化率，我们首先需要凸显 IP 的差异化特性，让 IP 通过图文展示从众多信息噪音中脱颖而出，然后通过各种媒介形式展开大撒网似的推广宣传，让 IP 铺天盖地占领人们的视野，不放过每一个能促使用户转化的吸睛机会。

在移动互联网时代，社交媒体营销被认为是用户转化的方法之一，通过 IP 的信息渗透，让路人变成粉丝，让粉丝变成顾客或者直接让路人变成顾客。营销传播代理商帕特纳发表博客文章，认为"通过社交转换，品牌寻找自己身上的人情味"。

以全球具统治地位的社交媒体 Facebook 为例，Facebook 在全世界范围内拥有 12.5 亿用户，真的能把粉丝们转换成为付费用户吗？弗雷斯特研究公司副总裁兼分析师艾略特直言，那是天方夜谭。

艾略特指出，根据弗雷斯特的研究结果显示，在全球排名前 50 的品牌商，平均只有 1% 的访客会点赞、分享或者评论不到 1/10 的品牌内容。哪怕你有 300 万粉丝，访客的点赞率可能只有几千个，评论量也只有几百个。参与度的投资回报率是如此之低，粉转客的转化率更是无从谈起。

不过，在浩如烟海的社交网络，即便只有 1% 的用户参与度，也相当可观。如果 1% 的比例通过指数性传播扩散，在互联网上得以复制并延伸，很可能给 1 亿人留下印象。这种漂流瓶式的传播效应，对品牌商来说完全可以构建一个可持续的影响力，最终会在某个节点上实现用户转化。

以《西游记之孙悟空三打白骨精》为例，一开始就通过大制作、高投入进行 IP 化制作，意图打造出一个魔幻巨制 IP；在宣发阶段也采用 IP 化营销，进行多平台的全渠道作战，不仅是网络传播、剧组巡回模式、点映宣传模式、传统媒体跟进模式等一应俱全，同时邀请微博大 V 引导舆论导向，在宣传效果上做到极致传播。

影片 IP 化营销的预热集中在上映前一个月到上映后两周，期间发布终极预告片、主题曲 MV、宣传曲童声《白龙马》、拍摄花絮等，精心剪辑主创人员的专访视频在社交化视频平台上传播。影片上映期间投放了喜剧版预告和金句版海报，针对情人节还投放了征途版预告和情人节版海报，始终保持 IP 化的深度营销，保持高曝光率，在推广宣发上下足了功夫，在目标受众的关注下达到高潮。从 2016 年 1 月 20 日起，该影片在正式首映前完美输出百余场点映活动，获得粉丝热拥。

IP 化制作和 IP 化营销的终极目标是用户转化，后者是衡量 IP 化是否成功的一个关键标准。传统媒体的跟进报道、微博大 V 的舆论引导、上映前各路微博大 V 的齐上阵造势，是否影响公众的观影意愿？是否实现用户转化？结果，票房纪录显示这部 3D 奇幻喜剧上映 24 天已收获票房近 12 亿元。

## 5.4.1　事件为 IP 提供路转粉的理由

"路人转粉"是指对一名演艺圈艺人从完全无感到成为其粉丝的过程。也许是看过一个综艺节目，或者是目睹一次巧妙的公关危机，令原本视其若空气的路人对这位艺人的印象突然改观。

Angelababy 杨颖因在《奔跑吧，兄弟》中自毁三观，由柔弱的外在印象摇身变成女汉子，而引来众人踊跃围观，上演路人转粉的奇迹。

Angelababy 是《奔跑吧，兄弟》唯一一位固定女嘉宾，节目的高关注度让 Angelababy 更加受到粉丝关注。之前，Angelababy 一直给人一种冷傲女神的感觉，大众对她的评价平平淡淡。她给人的形象关键词多数是有关相貌，颜值高占到第一位，青春、可爱、清纯三个维度紧随其后。但 Angelababy 参加《奔跑吧，兄弟》这档节目中一改柔美形象，放下了明星包袱，主动去接受"弹射椅"这种高危险性游戏的挑战，化身大众口中的女汉子形象，为比赛胜利挥洒汗水。从颜值女神到女汉子的形象的颠覆性突破，反而受到了大众的普遍好评。在《奔跑吧，兄弟》播出之后，大家对她有更多的认识与发现，很多人"路人转粉"成为她的忠实粉丝。

与 Angelababy 一样，杨幂也是以美丽见长，在她的形象关键词中可爱、阳光和勤奋敬业占据了很大的比重。不过，因为整容、唱歌跑调甚至臭脚等负面新闻多，杨幂曾受到大众的质疑。但是，杨幂通过《快乐大本营》和《超级访问》等综艺节目给自己翻身，通过自黑的方式直面回应负面新闻，巧妙地化解尴尬，在大众面前展示了自己聪慧的一面，并成功地将焦点转到了她的演技上。另外，作为电视剧《古剑奇谭》的女主角，杨幂的演技也受到大众的一致好评与喜爱。

人物IP吸引路人转粉，一方面可以采取点对面营销方式，在一个公开场合上改变自己的公众形象，令路人对自己的印象出现颠覆性改观，就像杨幂在综艺节目上的自黑方式。另一方面也可通过点对点营销，在社会化媒体上进行潜移默化的形象渗透，让网民对自己的印象逐渐好转。

**健身励志让明星路转粉**

袁姗姗曾是最没有观众缘的当红女星，演艺生涯备受"黑粉"折磨，被网友喊着要"滚出娱乐圈"。然而，袁姗姗并没有在骂声中气馁，在网络暴力下逆势前行，不仅健身秀身材骤然变身成为"马甲线"女神，而且用一段震撼人心的演讲俘获人心，成为广大网友心目中的励志女神，通过有意无意的"事件营销"成功洗白，上演路转粉甚至黑转粉的颠覆历程。

袁姗姗在于正的多部电视剧中担纲女主角，因此走红荧屏，如扮演过孝庄皇后和任盈盈，不过成也于正败也于正，她受到不少网友的口诛笔伐，指她扮相差、演技烂却总是女主角，还有人竟然效仿明星后援团的做法成为"反袁姗姗后援团"，大有置人于死地的势头。

不过，袁姗姗通过一个个事件重塑自己的明星IP形象，扭转路人和黑粉对自己的不良印象。她在《奇葩说》节目录制中进行"颜值营销"，清爽的空气刘海、脱俗的文青气质、靓丽的现代装扮引起网友纷纷围观，成为观众心目中的"颜值女神"。网友对袁姗姗的外貌印象骤然改观，已经引起不少人路转粉。

袁姗姗还在微博上进行形象营销，晒出一组健身照片，秀起马甲线和小蛮腰，靠健美身材力博网友的眼球，引起一片赞叹。众多网友"拜倒在袁姗姗的马甲线下"，对这位"马甲女神"路转粉和黑转粉，"川"字型马甲线更成为"洗黑神器"，一雪前耻的袁姗姗，被网友封为"中原马甲派掌门"。

　　袁姗姗不仅靠身材引人关注，还凭借演讲输出打动人心的情怀营销。她在回应网络暴力时表示："我希望有更多的人能像我一样，主动从逆境中走出来，这个世界还有很多需要我们去关心的事做，需要我们关心的人去爱。"一段感人肺腑的话语，顿时戳中黑粉心中的柔软之处，感化网友促成黑转粉。

　　袁姗姗路转粉的事件营销，还呈现在爱情喜剧电影《所以，和黑粉结婚了》的观众见面会上。一位参与过"滚出娱乐圈"话题的黑粉，现场向袁姗姗道歉，声言被袁姗姗的励志演讲所感动，被成功圈粉。

## 5.4.2　情绪渲染提供粉转客的气场

　　粉转客，顾名思义就是将粉丝转为客户。如果能借势超级 IP，做到极致 IP 甚至成为意见领袖（KOL），实现粉转客的成功率就会大增。

　　成为超级 IP 或意见领袖，意味着要拥有足够的粉丝群，拥有足够的关注度，能够一呼百应，凭借自己的号召力就能输出价值，实现粉丝经济的 IP 变现。每个人、每个店主、每个创业者都可能成为网红，但是在爆款之后实现 IP 的产品化和商业化，完成 IP 创业质的飞跃和蜕变的超级 IP 只有 5%。

　　超级 IP 的粉丝量，有可能短短数月从几千飙升到几十万，但是粉丝只是粉丝，粉丝只有变成顾客，才能产生粉丝经济，而吸引粉丝变成顾客，有时不止是一步的跨越，需要粉丝认可产品或企业品牌，将对 IP 的忠诚转化为对产品的忠诚。

　　若想成功完成粉转客的跨越，首先仍要内容为王，用有价值的内容打动粉丝，绑牢粉丝；其次是要用温馨的人工互动，给人亲切感；再次是从线上到线下，在现实世界中见面沟通；最后是贵在坚持，日积月累培养与粉丝的感情。

美国新泽西恶魔冰球队通过粉丝营销，让粉丝产生内容，创建与球队相关的话题讨论，实现粉转客的转化。

早在2011年，新泽西恶魔就创建了社媒控制中心，把社媒营销放在重要地位。恶魔队社交媒体控制中心的管理员，有25位来自于忠实粉丝群体，这些粉丝跟随赛事动态，创建了很多与球队相关的热点话题。这一举动引爆了社交网络，成为当年最具社媒影响力的品牌之一。

根据内容营销机构Brafton的数据，这场营销活动获得了巨大的成功，恶魔队Facebook的粉丝从10万增长到17万，Twitter上增长了2.5万粉丝，产生了大约1.7万美元的增量收益。

粉转客对人物IP来说是一个巨大的跨越，若想实现粉丝向顾客的转化，单靠人物IP的魅力还远远不够，还需要有品质保障的产品。从长远来看，人物IP的魅力只能维持一时，只有质量过硬的产品，才能保证粉丝愿意甚至主动转化为顾客。

### 5.4.3 爆款带动路转客的冲动

松下幸之助的一句名言是：路人都是顾客。

企业凭借价值为先的差异化品牌定位，迅速袭领消费者的心智，并通过强IP打造品牌爆款，直接将路人转化为顾客。"路转客"省却"路转粉"的中间环节，是用户转化的直接跨越，因而需要爆款IP带动强势的传播攻势，对顾客产生强大的品牌影响力和购买欲望。

同时，顾客群体的发展有一个金字塔模型，从过客、散客发展到常客甚至忠诚客。路人可能偶尔产生消费的需求，进行一次性随机消费而成为过客或散客，没有形成品牌忠诚度。过客对品牌产生长期需求，就会反复消费，成为常客，对品牌有较高的忠诚度。如果一个常客频繁消费，对品牌消费有一种黏度，就成为忠诚客，对品牌有极高的忠诚度。

为了完成路转客的转化，许多著名品牌会花费大量资金在媒体上打广告，利用爆款 IP 发起强大的传播攻势，增强路人对品牌的认知和关注。如果是一家没有足够宣发资金的小企业，就会在视觉上下功夫，利用店面装潢的差异性设计来吸引路人光临。

一个自媒体也是如此，如果版面设计美观，能够抓住网民的眼球，给人有强烈的视觉冲击力，就会吸引过路网民的围观兴趣。如果是具有个人品牌号召力的爆款 IP，内容上又是真材实料的干货，就会吸引过路网民立即成为用户，不需粉丝阶段的人气培养，就完成"路转客"成为忠实的会员。

所以，一个自媒体的 LOGO 和版面设计，就好像是店面招牌，只有别致和醒目才能引人关注。如快餐连锁店麦当劳的招牌是最醒目的，无论是步行还是开车，你会从很远就会看到那个大大的"M"，对饥肠辘辘的人立即会产生消费的欲望。对于喜欢麦当劳赠品玩具的小朋友来说，这个"M"会成为他们的童年记忆。

补充新顾客可以扩大市场，但是维持老顾客也非常重要。如果只重视吸引新顾客，忽视保持现有顾客，就会造成"一周内失去 100 个客户，同时又得到另外 100 个客户"的现象，循环往复的增减之中，陷入"漏斗原理"的怪圈。

为了摆脱这种漏斗效应，一些自媒体就会推出会员制，用会员福利、专享折扣等优惠措施，让过客变成粉丝再转化为忠实的顾客。

# IP 迭代开发延续生命周期

一个优质 IP 不仅经过底层设计的情感唤醒或价值观构建，需要撑得起多平台多场景的传播推广，而且还能够反复开发，换句话说就是 IP 迭代。只有经受得起反复开发却依然保持品牌活力的 IP，才具有持久的生命周期，才算得上能够持续商业拓展的超级 IP。

在竞争激烈的智能手机市场，无论是苹果 iPhone 还是三星 Galaxy，都是通过产品的技术迭代，来占领消费者的心智，锁住一大批忠实用户，以此延续品牌 IP 的生命周期。

同样，手游行业也是依靠 IP 迭代，对 IP 进行二次创作和二次开发，保持游戏玩家的新鲜感，不断激发他们的兴奋点，以延长 IP 的生命周期。

当前手游 IP 一次性开发的现象十分普遍，对新的 IP 跟风炒作，对旧的 IP 用过即弃，由此造成手游 IP 的生命周期日益缩短，导致整个行业出现 IP 供不应求的畸形局面。实际上，中国真正缺乏的不是 IP 资源，缺的是 IP 人才，那些懂 IP 底层设计和迭代开发的人才。

不懂 IP 的迭代开发，只忙于生产新 IP，结果造成 IP 资源的过度量产。不少游戏公司收购和囤积大量新 IP，年度产品线超负荷运转，被塞入十几款甚至几十款的不同 IP 产品。

盛大游戏 CEO 张蓥锋反对这种盲目量产的做法，认为这是对 IP 资源的严重浪费。在他看来，好 IP 应该采用打造百年老店的理念，通过 IP 的迭代开发和品质提升，延长 IP 的生命周期。

张蓥锋认为，一个 IP 有许多内容源点能够迭代开发，可以是不同的类型和玩法，可以是不同的人物和剧情，甚至可以是别具一格的美术和音乐。这些核心资源需要从各种角度加以丰富或再创造，再合理配置到各个不同的领域，如手游、小说、动漫、影视等，从数量增长转向质量增长，使核心 IP 一步步成长为一个系列产品。

另外，IP 的迭代开发还可以通过跨界反哺的方式，在泛娱乐化生态链条内融合共生，无论是网络小说、动漫、游戏、音乐还是影视剧，哪个环节诞生的原创 IP，经过泛娱乐生态圈其他环节的跨界反哺，在二次改造中再次凝聚起品牌势能，为产品迭代开发提供素材和动力。如漫威的动漫超级英雄 IP，通过跨界改编成电影，丰富和深化了 IP 的内涵，充分延长了 IP 的生命周期。

同样，被改编成影视剧的手游 IP，也能够通过跨界开发和引爆来延长其生命周期。长时间的品牌沉淀和多版本的跨界呈现，也为游戏 IP 塑造起良好的口碑，获得更高的关注度和认知度，为 IP 的迭代开发培育更多粉丝，积聚品牌势能。

手游迭代一般呈现在三个维度。第一个维度是工艺迭代，在硬件 CPU 和 GPU 性能更新换代的基础上，迭代开发意在突出画面的表现力，展现出更好的场面感染力和交互效果，提升镜头旋转带来的代入感及景深带来的操作感。第二个维度是游戏类型的迭代，衍生出如 SLG、恋爱养成及模拟经营类等新玩法。第三个维度是游戏热门 IP 题材的迭代。

同样，人物 IP 也需要原创内容和品牌定位的迭代，来维持长久的个人品牌生命力。从单纯的企业家标签到自推广的营销女王，董明珠就是完成了个人品牌的迭代，给自己的人物 IP 形象注入了新的活力。

## 5.5.1　体育 IP 成产业迭代下一个风口

在中国 IP 开发的整体产业环境中，游戏开发商疯抢网络小说 IP，电影界争相改编原创 IP，"影游联动"孵化泛娱乐生态 IP，文化创意产业的 IP 开发已经进入红海时代，而体育 IP 可能是产业迭代的下一个风口。

目前，全球旅游市场中增长最快的垂直领域是体育旅游，年增长率能够达到 14%。发展体育 IP 旅游经济是一个新兴的商业经济模式，游客在体验旅游的乐趣与文化的同时，还可以感受体育 IP 传递的品牌价值观。

由于体育旅游兴旺发展趋势，体育 IP 成为资本追捧的新目标。而目前旅游企业的布局更多聚焦在体育类休闲旅游产品，对于体育旅游反应冷淡，尤其是最为核心的赛事旅游，关注度更低。

中青旅联合（北京）体育旅游有限公司副总经理时光认为，现在都是"互联网+"的时代，"体育+旅游"也是一个热点。

在影视娱乐领域，爱奇艺在重金买断《太阳的后裔》的网络直播权后，开发《太阳的后裔》的 IP 周边衍生产品，并对 VIP 会员推出了特惠，如"你家老公的同款雷朋眼镜"。爱奇艺在打造全新影视 IP 会员、电商联动服务模式的同时，围绕爆款 IP 资源整合娱乐生活服务业务。

体育 IP 也可以进行同样的衍生产品开发，如赛事电视及新媒体版权、赛事商业开发权、赛事票务销售权、官方授权产品等。

世界旅游组织曾对体育旅游产业进行估值，每年产值已经超过了4500 亿欧元。而且，当旅游产业整体的增长额在 2%～3%浮动时，体育旅游在全球旅游市场中增长最快，增长率能够达到每年 14%。

民众对体育 IP 的需求十分火热，携程主题游频道上线的第一天，就产生一张英超切尔西的观赛订单。现在，主题游频道每周都会产生英超、西甲、NBA、澳网、马拉松等体育旅游的订单。

传统的观赏型旅游日渐颓势，体验型旅游正在强势兴起，体育旅游的出现在这方面为消费者提供了较好的服务保障。凯撒旅游打造了个性化的自由行项目，在官网的奥运频道，可以找到奥运观赛、观光、助威团等多种体验式组合。

目前，体育旅游和青少年相结合的模式，比较受到市场认可，如中网与澳网在 2012 年达成球童项目合作，双方在比赛期间可以互派球童，为中网和澳网的体育旅游增添了一道靓丽的风采。

体育 IP 开发的关键是注重体验感，体育旅游产品绝对不是"体育 + 旅游"的单纯嫁接，而是为客户提供观赛的最佳体验感。如凯撒旅游组织的温网观赛团，刚好赶上由郑洁参与的路演，游客们可以和郑洁合影签名留念，加上一些仪式感的活动，给游客留下很好的印象。

## 5.5.2　IP 定位迭代延续生命力

众媒时代将是人物 IP 丛生的时代，人人都可能成为网红，人人都可能升级为 IP。每个人都有自媒体的舞台，每个人都可以接过话筒，发出震撼网络世界的声音。

在移动互联网时代，人物 IP 延伸的主战场已经从早期的论坛、博客切换到微博、微信，再到如今的直播平台，同时自媒体已经瓦解了传统门户媒体模式。

互联网平台的不断迭代，给人物 IP 提供多平台的出镜机会，也给人物 IP 的定位带来挑战。不同平台的目标用户不同，他们的兴趣爱好千差万别，这要求人物 IP 结合自身特点与社会化媒体平台的不同优势， 进行个人品牌定位的迭代调整，以适应社会化媒体平台的迭代趋势，从而实现最佳的多平台分发效果。

同时，为了延长人物 IP 的生命周期，保持一个 IP 在剧烈竞争中长期立于不败之地，一个人物 IP 需要从低端 IP 走向高端的迭代调整，维持品牌价值的拉升态势，持续获得网络关注度和话语权，成为具有价值感召力的可持续性 IP。

首先，优良的内容属性是高端 IP 的永恒基石。互联网时代是内容为王的时代，只有依靠优质内容作支撑，才能聚拢受众的关注度，越好的内容能打造出越杰出的 IP，越能维持粉丝的忠诚度。papi 酱以吐槽视频感染受众，同道大叔以漫画星座打动粉丝，精心制作的差异性内容是他们脱颖而出的关键，靠内容迅速积累人气而成为强势 IP。

其次，精准的价值定位是高端 IP 的核心驱动力。IP 必须建立起一个清晰而强有力的价值定位，以此占领受众的心智，形成与众不同的形象认知，这样才能在激烈的注意力竞争中抢占制高点。

乔布斯给苹果嵌入的价值是卓越，雷军给小米植入的价值是发烧，董明珠给格力注入的价值是品质坚持，这种差异化的价值是这些 IP 脱颖而出的核心动力。

再次，多平台的渠道策略是 IP 高端化的途径。一个 IP 积累到足够的粉丝人气，积淀出口碑效应，就能够进行跨平台分发，在多场景中实现 IP 的广域传播和产品变现。这是一个高端 IP 与网红的不同之处：不局限于一个平台，而是能够在各个平台拓展粉丝经济。

最后，情感体验和价值认同是高端 IP 的终极走向。一个低端 IP 只能满足粉丝的一般信息需求，只是靠分享的初级阶段，而高端 IP 能够满足粉丝深层的情感和价值需求，提供深层的精神体验。作为强势 IP，微博大 V、意见领袖正是满足受众的心理享受和价值认同，才在网络世界发挥着自己持久的影响力。

# Part 6

# IP化创业：追逐"IP红利"

papi 酱获得 1200 万元融资和天价广告费后，标志着新网红时代的到来，一个移动互联网时代的千亿元红利市场就此开启。

随着注意力经济向影响力经济过渡，无论是内容创业者、科技创业者还是教育创业者，都敏锐意识到 IP 化才是王道，争先恐后地力图占据 IP 化的红利风口，成为下一个 10 年叱咤风云的最大王者。

自媒体内容创业希望撬动粉丝红利，给我一段震撼人心的文字或视频，还你一个日进斗金的粉丝经济；科技创业希望撬动创新红利，用脑洞大开的发明创造敲开投资者的大门，手握创新技术闯出一片天地；教育创业希望撬动在线红利，将课程资源上线直播或录播，利用网上互动打造社区化联结的平台生态圈。

如何踏上粉丝红利、创新红利和在线红利的直通车，迅速成为成功的创业者？如何在创业初期快速进行品牌营销，拉动势能，比竞争对手抢先一步实现 IP 红利的转化？如何快速精准地占领消费者心智，将产品价值传递到位？

在当今 IP 为王的时代，创始人 IP 化无疑是创业者快速实现梦想的重要手段之一，一个追逐 IP 红利的创业风潮已经到来。

# 内容创业撬动"粉丝红利"

自媒体内容创业的迅猛发展，让早期运作的自媒体攫取了先知红利。在传统媒体尚在垄断发声渠道的情况下，有些人就意识到自媒体将要迎来一波新浪潮，在这波浪潮中中心化媒体的影响力会逐渐减弱，有着优质内容的自媒体平台会招徕粉丝拥趸，形成围绕人物 IP 为中心的全新经济模式。如图 6.1 所示。

图 6.1　内容创业生态图谱

中央电视台原栏目制片人罗振宇，在 2012 年底推出了网络视频脱口秀节目"罗辑思维"，经过 IP 化的操作运营，在互联网社群品牌中独树一帜，链接了微信公众号、知识类脱口秀视频及音频、百度贴吧等平台和载体，建立微商城，发展了自己的会员体系。罗振宇通过这些平台和载体向用户传递个人魅力，凭"魅力人格体"卖书，成为自媒体首个挖掘巨大红利的人。

中央电视台知名主持人马东，2012 年离职后加盟视频网站爱奇艺，2015 年 10 月创办米未传媒，打造现象级网络综艺《奇葩说》，携奇葩天团在喜马拉雅开设的付费精品《好好说话》，七天热卖 1000 万元，邀华语辩论界知名辩手开坛布道进行内容创业。

《外滩画报》原总编辑徐沪生在 2013 年离职后，2014 年 5 月创办"一条"微信公众号，每天推送一条优质原创视频，凭借格调和品质锁定中产阶级受众，15 天粉丝破百万，2015 年底粉丝高达 1000 万，成为第一个粉丝数突破千万大关的公众号，在最新一轮融资后估值达到 2 亿美元。

在专业媒体人从传统阵营倒戈转战自媒体领域的同时，凭借原创内容创业的自媒体、公众号、App 等也开始日益兴盛。争相撬动粉丝红利的内容创业已经呈现三大趋势，即团队专业化、内容垂直化、分发多平台化。一切迹象表明，自媒体内容创业赢家通吃的红利时代已经来临。

"罗粉"的一句名言，道出罗振宇"等包养"的春风得意："你只管谈笑风生，粉丝帮你营利"。2013 年 8 月 9 日罗辑思维开始收费招募会员，在不到 6 个小时的时间里，会员名额被粉丝一抢而空，聚拢起最忠实的核心粉丝；在网络社群的线下互动中，"罗粉"自愿为罗辑思维扬名造势；刻上罗氏烙印的各种产品上市兜售，"罗辑思维月饼"居然也成为品牌；视频节目的文字稿也是洛阳纸贵，用来编辑汇总出书变现，让粉丝为 IP 溢价埋单。

范卫锋创办微信公众号"范言直谏"，推送一篇篇干货的人物专访和新媒体发展见解，获得媒体的争相转载。作为证券时报传媒集团战略发展部投资总监的范卫锋，凭借对媒体时局的"惯看秋月春风"打响知名度，委托"赞赏"平台众筹出版其新书《新媒体十讲》，粉丝在 1 天之内赞赏金额达到 12 万，刷新赞赏记录。

曾经供职于传统媒体的年轻编辑和作者马凌，创办微博大 V 咪蒙和公众微信号咪蒙，2015 年底凭借一篇微信公众号文章《致贱人，我凭什么要帮你》走红，凭 70 篇文章就赚足 300 万粉丝，成为靠码字赚钱的内容创业者。

最新数据显示，优酷土豆用户中有超过 2200 万人开通了自频道，其中优质原创视频作者超过 1 万人。2016 年 1 月 19 日，合一集团（优酷土豆）与阿里百川在北京联合发布"合一百川创业加速计划"，10 亿元投向自媒体创业，通过融合的"文娱+电商"生态，从内容到商业渠道综合扶持广大创业者。

2016 年 3 月 11 日，今日头条启动内容创业者投资计划，计划投资内容创业项目以视频为主，3 天内完成决策到打款流程。今日头条还为这些项目提供完整的孵化方案和办公条件，在流量扶持、创业补贴、融资对接、办公空间上给予大力扶持。

罗振宇也好，咪蒙也罢，越来越多的优质内容圈到大量的粉丝，从而开始塑造个人品牌，逐渐开始组建团队和创立公司，开启追逐盈利性质的商业化操作，从一个人的孤军奋战进入一个公司的整体运营，人物 IP 本身成为大众消费的品牌引领者，出书并组织线下活动，全网络多平台分发，实现了从"红人"到狂吸粉丝红利的"IP"的转化。

在这个 IP 漫天横飞、网红瞬间爆款、自媒体创作井喷的今天，内容创业的浪潮似乎走向空前繁荣的新纪元。然而，内容创业的黄金时代真的来临了吗？

### 6.1.1 自媒体元年开启内容创业的荆棘之路

暴富的神话天天出现，有人通过网络直播月入数 10 万；悲剧也同样在上演，多家企业轰然倒地……最惨痛的不是葬身沙场，而是与时代脱节的不甘与落寞。

——"野狼财经"微信公众号发刊词

2015 年大量的互联网公司成为内容创业大军中的一员，2015 年也被众多媒体称为自媒体元年。

papi 酱因短视频自媒体创业爆红，成为 2016 年第一网红；咪蒙以文字自媒体创业，用标新立异的逆向思维博尽眼球；同道大叔则凭星座自媒体创业，用漫画图文引起粉丝情感共鸣。这一年诞生了许多千万量级用户、估值上亿元的微信公众号，内容创业也吸引了不少自媒体人放逐梦想。

但是，透过网红和 IP 光鲜亮丽的表面，内容创业并非写写文章、拍拍照、拍拍视频，就能一夜成名，现在中国市场上 95%的内容创业者都是无利可图的。

尽管内容创业的市场空间越来越大，但是面对的内容差异化空隙越来越窄，可选择的创业方式也相应缩小。由于用户的喜好难以捕捉，受众群体的兴趣点飘忽不定，做综合门户还是做垂直平台，是悬在每个自媒体人心目中的困惑。内容创业商业模式正在悄然改变，如图 6.2 所示。

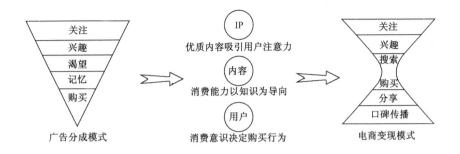

图 6.2　内容创业商业模式悄然改变

内容创业是一条荆棘之路。若想开展自媒体的内容创业，并非抄起笔和话筒那么简单，需要前期铺垫和精心准备。

（1）要确定内容模式。自媒体选择什么样的内容定位，与品牌树立、目标受众群体的选择、内容产生方式等都息息相关。选择视频直播，就需要颜值和口才；选择心灵鸡汤，就需要在心理学上为用户把脉，提供正能量；选择营销传播，就需要满腹经纶有干货；选择段子手，就要有自黑精神和幽默天赋。内容模式的定位，攸关题材的选择、兴趣互动的形式、经济价值的实现以及与哪些共同爱好者建立连接。

（2）内容必须原创。只有原创内容才是自媒体的核心竞争力，才是最好的传播源，才能持续引起用户的围观和转发，从而大量凝聚和积累粉丝；自媒体必须持续输出原创内容，否则难以沉淀忠实用户群体。原创内容的产生需要才气，所以那些表面上瞬间走红的 IP，背后都有强大的专业背景做后盾，无论是罗辑思维、papi 酱还是咪蒙，都是在相关的行业领域浸淫多年的专才。

（3）用质量抢占品位制高点。一篇文章、一段音频或视频有多少含金量，你的创作和制作付出多少心血，表现形式上是否有格调，用户一眼就会感受到你的劳动价值。他们会为那份真诚所打动，心甘情愿地做传声筒帮你转发，所以内容的高质量是俘获人心的关键。

（4）跨平台多场景"出镜"。内容创业者应选择多个平台展示自己，增加曝光率，这样才能从不同的平台上广泛吸引粉丝，最大限度地提高关注度。多平台延伸非一人独木能支，可能需要一个团队的参与和扶持。

然而，搭建好平台、撰写或拍摄好原创内容、在多平台发布，对一个自媒体人来说只是粉丝的原始积累阶段。许多人创建自媒体并非仅仅为了爱好，并非为了一时风光，最终目的是要实现粉丝经济的变现。

广告是内容创业的最直接变现方式，但这种粗暴的硬性推广很容易引起反感，反而产生驱离粉丝的反作用，可能导致一些用户退出公众号。

各种自媒体平台招贤纳士的优惠政策，也是自媒体人的收入来源之一，包括原创保护功能、广告分成，甚至是直接的现金补贴模式，不过这些一般只提供给站在金字塔顶端的人。如今日头条启动的内容创业者投资计划，就是一个补贴自媒体的平台。

目前，变现困难仍是困扰许多自媒体人的问题，内容创业虽然被炒得沸沸扬扬，但真正能盈利的却是凤毛麟角。只有极少数自媒体创业者能先知先觉，从创业伊始就洞悉未来的商业模式，就知道如何在多元化平台分发中实现粉丝流量变现，大部分内容创业者还是摸着石头过河。自媒体人的变现之路，实则是从"网红"到"IP"的变化，需尽早进行盈利定向和策略执行，在内容创业之前就规划好自己的盈利方式。

### 1. 从10万到30万粉丝，从分文不赚到A轮融资

张华创建的微信公众号"少年商学院"，在用户超过十万的时候仍是分文未进账，凸显粉丝变现并非一朝一夕之功。

笔名东方愚的张华，是少年商学院（YouthMBA）创始人、西柚教育 CEO。作为一名资深财经媒体人，他曾供职于《南方日报》《南方周末》、彭博 iBloomberg，对中国富豪生态和财富变迁的聚焦关注是其报道的主要内容。

根据自身的专业经历，张华的内容创业没有选择娱乐八卦，而是专注于儿童教育领域，是儿子小报的出生，导致他对儿童教育萌生兴趣，"少年商学院"微信公众号就这样诞生了。

2013 年 2 月张华创建的微信公众号"少年商学院"，坚持在每天早 7 点准时向用户推送一篇原创文章，介绍欧美青少年跨学科人文教育的干货，逐渐从一个传统财经媒体人的角色中开始蜕变。

在以内容论英雄的互联网世界，天天都有人写八卦吐槽，天天都有人写各种段子，天天都有人希望靠奇葩内容崭露头角，然而内容往往是千篇一律，成为自媒体人内容创业的瓶颈。

张华是内容为王的信奉者，他坚持做到有料、有深度，同时又不乏内容的故事性和趣味性，在特定的专业领域内独辟蹊径，在改变表达方式上追求横向创新。

张华对优质内容的坚守获得收获，半年时间内微信公众号粉丝突破十万，迅速建立起"少年商学院"这个品牌。2013 年 11 月微信公众号"少年商学院"用户订阅数达到 7 万，每日阅读量达到 9 万，分享转发量超过 4 千。11 月 1 日，张华选择辞职正式创业。2015 年 5 月，少年商学院积累的精准用户已超过 30 万。

然而，靠干货积累粉丝流量，只是内容创业成功的第一步；解决粉丝变现的瓶颈，才是自媒体人获取供养的永续生存之道。张华就遭遇了这样的创业瓶颈，在用户积累到 10 万时仍是分文未赚。

在多次变现遭遇挫折的经历后，张华摸索出了一套内容服务化的 O2O 方法，线下举办各种活动和讲座，打造跨财经和教育的体验式学习产品；线上借助微信平台招募年费会员、打开游学和设计思维工作坊通路，在教育行业打造横跨多媒体的内容产品。

少年商学院的粉丝流量变现，在 3 个方面实现产品化，分别为线下项目"设计思维工作坊"、海外项目"国际游学营"以及在线教育项目"趣课题"。第一个上线的产品是"设计思维工作坊"，经过一年多的发展，已经在北京、上海、深圳、广州等多个大城市成功落地，其中包括跨学科创造力训练营、前沿科技公司体验营及国际教育沙龙。

线上的"少年商学院"微信公众号，被打造成孩子教育的"微百科全书"，为中国家长提供掌上国际教育助手。同时，张华的内容创业也实现多平台多载体分发，上线了少年商学院 APP，可以在手机或 iPad 桌面上阅读文章和观看视频。

经过早期创业的艰辛，少年商学院构建起青少年创新实践产品体系，并在 2015 年完成数百万元的 A 轮融资，投资方为香港某知名家族。少年商学院在 O2O 社会实践产品的开发升级上重点投入资金，将趣课题作为本轮融资的核心项目来打造。

时至今日，从 2013 年到 2016 年，从当年的十万粉丝分文不赚到 A 轮融资，张华从内容创业做起，经过多次尝试不同的商业模式，最终将 O2O 服务作为主要的盈利模式，将自己的粉丝注意力逐渐产品化，将明星产品逐渐 IP 化，营造出潜力巨大的变现空间。

## 2. 自媒体沦落同质化陷阱，内容创业迈入红海时代

在人人都是自媒体的众媒时代，每个人都有了扩音器，每个人都有

机会掌握话语权，开启了万民内容创业的景象。然而，话语权降低门槛，也导致同质化内容的泛滥。一条条的相同新闻资讯刷屏，一条条的搞笑视频霸屏，如何避免内容的同质化，如何独辟蹊径实现题材创新，成为自媒体人内容创业面临的瓶颈。

文毅早期从事证券类报纸工作，在 2014 年年初创建了微信订阅号 "深圳微时光"，主打以深圳为中心的吃喝玩乐资讯，当时自媒体内容创业鲜为人知，做本地生活服务的微信号也很少，深圳生活信息服务的提供处于市场空白。当时，内容无论好坏都很容易涨粉，文毅辞去报社工作后专心运营，公众号已经积累粉丝近 70 万。

但是，在文毅看来，如今涨粉比以前难多了。自媒体上分发的内容沦落同质化陷阱，同一条微信内容被反复拷贝，由此衍生的信息超载造成用户的阅读疲惫。在难以克服创新乏力的瓶颈下，同质化内容的大量滋生导致激烈竞争，自媒体内容创业很快迈入红海时代，此轮内容创业热已经高潮过半。微信公众号在涨粉之后出现供大于求，开始触碰到天花板，用户红利迟早会消耗殆尽。

严重的内容同质化是新兴自媒体的最大阻碍，在 3 个方面有着严重的体现，一是比较优秀的新闻消息和视频一旦发布就被反复转载，对原创不尊重；二是热点事件的分析文章换汤不换药，没有原创独立的观点，写不出新意，榨出水分后的干货有 "撞内容" 之嫌；三是同领域的自媒体内容逐渐趋同，无论是电子媒体、营销干货还是心灵鸡汤文，缺乏具有核心竞争力的差异化特质。

内容创业进入弱肉强食的红海时代，先行者已经嗅到硝烟弥漫的味道。不过，内容创业的门槛低、成本低、随意性强，人人都可以创建自媒体，所以尽管前途荆棘，还是会有后来者依旧赴汤蹈火，希望在内容创业的征途中淘到自己的第一桶金，内容创业的大爆炸时代尚未结束。

### 3. 互联网时代内容创业的自适应模式

内容创业进入大浪淘沙的红海时代，开启进化论的丛林模式，那些能持续产生优质内容、具有市场开拓能力的自媒体创业者，生存下来的概率更大。

深圳高樟资本创始人范卫锋认为，内容创业目前正处于典型的物种大爆炸式发展阶段，内容创业经过物种大发展阶段，接下来是物竞天择，适者生存。

在移动互联网时代，由于获取信息的渠道更加便利和多元化，用户对优质内容的需求大涨。在渠道正在分化重塑的过程中，传统媒体的生产关系被瓦解，先进生产力得到释放，给文字、图片、视频等作为手段的内容创业带来机会，这是物竞天择的时代进步。

目前，新媒体内容创业正处于机会窗口期，资本入局将为内容创业注入新的活力，投资基金的目光开始向能够持续生产优质内容的新媒体创业项目转移。

根据高樟资本创始人范卫锋的说法，对新媒体投资的衡量标准是找对人、做对事、钱到位。"找对人"是指内容创业者需要多方面能力兼备，既是好的总编辑，又是好的总经理，还要有很强的进化能力，能够适应并主动拥抱互联网的变化；"做对事"是指在有一定用户需求的垂直细分领域先进行心智卡位，再开展商业活动，最大程度地区隔行业内竞争对手；"钱到位"就是每个环节的资金投入都要用在刀刃上。

在内容为王的时代，内容创业的本质是内容，越是具有核心竞争力的原创内容，越是追求极致、打破极限的创新内容，就越能吸引投资者的强烈关注，所以内容极客是具有巨大商业价值的强 IP，是投资者眼中的金矿。

在范卫锋看来，基金不是游牧民族，不会跟风热点进行投资，基金在意的是内容创业的投资潜力，而不是内容创业是否正处于风口；基金是扎根市场构筑堡垒的农耕民族，即使风口走了也会选择投资，只要有更好的投资机会、更合理的价格。

现在，中国出现一些有大量闲散资金的创投公司，有兴趣投资优质的新媒体创业团队，从融资的角度出发，内容创业进入天使时代。内容创业者面对的是虎狼争食的丛林法则，面对的是适者生存的残酷现实。只有经得起市场考验的创业者，才能获得天使基金的垂青，给企业发展注入希望和动力。

### 4. 内容盈利的清晰定向

张贴图文和发布视频只是粉丝积累的手段，寻求变现才是内容创业的最终目的。创业者需要有定向清晰的盈利模式，这样才能走得更远。

在内容创业初始阶段主要有 3 个盈利方向可以挖掘：面向个人用户的内容盈利、面向企业的广告盈利、面向产品和服务消费者的电商盈利。

在内容盈利方面，针对更加细分的个人用户群，生产出量身定制的优质内容，用订阅的方式垂直送达给用户，让用户心甘情愿地为内容买单，这就是古老的读者付费盈利模式。

在广告盈利方面，针对偏爱点对点营销的企业，内容创业通过在自媒体页面开设固定广告位来赚取广告费，视频内容只能是硬性广告的植入，而文字内容还可以植入一些软性广告，包括代写品牌推销的软文。内容创业者一般依靠强 IP 的品牌势能，拉动企业广告投放而实现盈利，而企业也往往看中自媒体是细分化的小众市场。

对于内容创业者而言，广告是最唾手可得的变现方式。在自媒体时代，内容和广告进行相互交融，优秀内容可以巧妙地进行广告植入，每一条信息都可以承载广告信息，而且每个人本身都可能是一个广告体，每个人在传播信息的过程中都可能替人宣传广告，社交圈子堂而皇之成为广告场所，去中心化的点对点个体营销大行其道。

在电商盈利方面，针对需要品牌和时尚引导的消费者，内容创业需要进行价值观和生活方式的灌输，潜移默化地培养目标受众的时尚意识和消费理念，最后实现粉转客的电商导流。对内容创业者来说，无论是内容盈利、广告盈利还是电商盈利，关键是寻求市场空隙的清晰定向，通过精准定位来占领目标受众的心智。

微信公众号"餐饮老板内参"，从名字本身看就有一个非常清晰的品牌定位和盈利定向，吸引的都是餐饮行业的精准用户，在营销推广方面很快能袭领心智。

秦帅超和谭野是"餐饮老板内参"的联合创办人，两人于 2013 年辞职创业，创办了这个微信公众号，最初的盈利定向没有从消费端入手，而是从处于蓝海的 B 端（企业端）切入，吸纳消化数十万餐饮老板和创业者粉丝，组建社群生态。基于 B 端的盈利定向，也决定了"餐饮老板内参"的内容生产模式，选择专业标准的 PGC，从老板经营的角度系统模板化写作，而不是用户随意生成的 UGC。

由于"餐饮老板内参"积聚了多年的品牌势能，内容创业的广告盈利往往来自客户主动上门的原生广告，许多忠实用户还签订长期合约，这样在"广告养成"下没有资金压力，能够一心提升原创内容的质量。

另外，秦帅超和谭野还将盈利模式定向在"餐饮产业链社交与服务平台"，其中"舌尖数据研究院"就是一个成功范例。他们与搜狐、尼尔森等联手成立的这个项目，为餐饮商家提供有价值的数据分析报告，由于一开始在盈利模式上定位清晰，得到资本市场的强力认可。其中，2014年 7 月中旬，深圳微玺投资在该项目上就投入了 200 万元天使风投资金。

"餐饮老板内参"自身定位在行业垂直号，盈利定向在用财富换格局的企业端，精准营销为内容创业铺平道路，所以在运营两年就聚集 30 万粉丝，2015 年 7 月还获得 2000 万元的 Pre-A 轮融资，估值 1 亿元。

### 5. 百花齐放的新内容创业

目前，许多看似有远景前途的新锐创业者昙花一现，有价值的内容仍是稀缺资源，各大企业转而从内容的革新下手，开启新内容创业模式。在多平台多场景的新媒体时代，通向罗马的通道可能有很多条，但是自媒体成功创业的赛道只有一条，那就是内容创业。

在这条唯一的赛道上，不少以深耕内容为主的微信公众号估值过千万元甚至过亿元，如熊猫自媒体联盟估值 2.2 亿元，12 缸汽车估值 1.5 亿元，一条视频估值 1 亿元，新榜估值 2.02 亿元、酒业家估值 5000 万元、十点读书估值 3000 万元、灵魂有香气的女子估值 3000 万元……

在众媒时代，互联网持续碾压内容创业：一是结构颠覆，以新环节彻底破坏媒体生意的产业链，把媒体公司挤压为内容制作方；二是创收吸血，把原本收费的内容免费，用免费的号召力吸引网民围观，以获得巨大的用户量。

同时，互联网也给内容创业带来创新元素：一是造新血功能，提供新的生产和分发手段，支持新的内容创作者出现；二是拓展变现平台，提供基于互联网的变现渠道，如网络广告、导购、会员费等；三是增加变现方式，提供内容及衍生产品的电商销售方式，成为内容创业引爆粉丝经济的最新进展。

IP 的内容形态在新时代亟待被重塑，新内容创业的势头，引起投资人的普遍高度关注。如"星座不求人"产品团队的宣讲，就吸引了不少人的注意。

目前，同质化内容分发泛滥成灾，在线直播领域颜值经济一统天下，二次元、弹幕吐槽攻克 90 后心智，在内容创业进入红海时代的背景下，"星座不求人"另辟蹊径，瞄准星座这个细分化市场，制作出"蛋壳"、"蛋蛋家族"的创新动漫形象，开启了新内容创业的盈利定向模式。

带给粉丝快乐是"星座不求人"的核心价值定位，所以制作团队将娱乐性放在核心位置，以星座文化为创作脚本，在动漫 IP、视频内容相融合的基础上制作动画 MV，加入情感、搞笑、音乐等元素，打造出"蛋壳家族"动漫 IP。

在"星座不求人"的新内容创业中，星座动画 MV 是别具创意的新内容，有趣是第一生产力，从用户收集素材的 UGC 成为吸粉利器。"星座不求人"通过社交平台吸粉，向用户发起星座话题等 UGC 方式搜集素材，并结合时下热点话题，提高"蛋壳家族"动漫 IP 的曝光率。

"星座不求人"已经发布了 30 多部作品，新内容创业迅速引起星座亚文化用户的关注，短短九个月时间完成数百万粉丝吸纳，代表作《摩羯座之歌》斩获单集全网最高播放量 6900 万次的佳绩，总播放量超过 6.5 亿次，并积累了 500 万粉丝。

开启新内容创业的，还有坚持图文直播的"open 开腔"，尽管在视频直播日益火爆的今天，"open 开腔"仍受到广大用户的青睐，不少人发现其显现的并非低端落后，反而是超现代的华丽舞台。

"open开腔"以卡片式的条播方式，给用户带来7个不断变化的矩形格子这样的呈现形式。用户通过格子发表言论，发言者的最新言论在格子中呈现。每个格子在新言论产生时会自动变大，拥有的色彩会更加丰富，给用户带来更多想象空间、更丰富内容。

"open开腔"团队正酝酿未来产品以文章的形式将内容沉淀，给用户提供另一种内容消费选择。产品的最终形态会走向UGC，由用户产生原创内容，让每一个人都能够发起并参与话题讨论。当内容质量和数量集腋成裘后，团队会考虑实现内容IP的盈利，将粉丝积累的流量变现。

不过，只有那些满足用户需求的新内容才适合创业，而那些无心打造的劣质内容终将被淘汰出局。截至2016年年初，在庞大的内容创业群体中，选择兼职创业的有53%、选择独立创业的有61%；这些创业者中有8成月收入在万元以下，月薪达到30万缘的创业者仅占总群体的3%。

如今，许多内容创业的初创者陷入"囚徒困境"：做内容的觉得机会在渠道，做渠道的觉得内容更重要。实际上，自媒体创业还是内容为王，一个有价值的优质内容会被粉丝争相转发，产生病毒式传播效应，从而实现人物IP的多平台多场景延伸。

### 6. 内容创业无IP毋宁死

今日头条高级运营总监吴达认为："内容创业做不成IP，就是死路一条。"作为一名具有远大格局的内容创业者，不能停留在内容盈利、广告盈利和电商盈利的初级阶段，只有完成网红向人物IP的华丽转身，只有将内容创业做成强IP，才能聚集起相同调性的忠实粉丝，才能实现粉转客，让用户愿意为内容及衍生品买单，才能撑得起多平台分发并延续生命周期。否则，一个没有IP化的内容创业者，虽然短时间感召用户为内容及衍生品付费，却很难调动起用户的长期购买热情，因为他不具备价值观认同的底层设计，没有完成网红标签向 IP 货币的转化。

IP 在 2015 年成为新媒体行业最火爆的话题，众多网红如雨后春笋般涌现，向广大粉丝输出各种信息，IP 仿佛走上内容创业者的神坛，人人趋之若鹜。

目前，IP 链条的价值都在不断攀升，各家平台纷纷抢夺、囤积 IP 资源，视频行业最为激烈，这些平台用自制或签约的方式与 IP 之间深度捆绑，导致一些优秀 IP 的价值不能快速开发，流通滞后。这种奇货可居的投机行为，也造成 IP 的行情看涨。

吴达表示，内容渠道格局"两微一端"已经基本形成，即微信、微博和今日头条客户端，内容创业正在迎来大爆发。高质量高产出的内容提供商、内容创作者显得愈发重要。今日头条在提出"千人万元"计划后，在内容创业领域的扶持上还推出头条号创作空间、2 亿元内容投资基金等项目，希望挖掘出更多的 IP 资源。

一个自媒体能否成为优质 IP，就要看它自身内容对粉丝用户有没有足够的吸引力，从单一平台向多平台跨界分发，卡位大规模受众的心智，最终掌握流量分配权。也就是说，内容创业要打造 IP，优质内容的创作能力固然重要，多平台分发内容也不容忽视，只有尽可能扩大内容分发面积，才能覆盖足够多的人群。实际上，各个内容平台对优秀自媒体资源的抢夺也是愈演愈烈。

内容创业已经步入红海时代，就仿佛球赛进入后半场，在吴达看来，如果一个自媒体不能升级成 IP，就会在激烈的比赛中倒地，站立着赢得比赛的是 IP。实际上，这种断言已经给那些文字工匠"判死刑"，无论文笔是怎样的神采飞扬，只能死守在微信和微博上爬格子，又如何在多个平台上分发呢？

IP 爱视频，只有视频才能摆脱单一平台的束缚，既能在微信和微博上引发粉丝围观，又能在视频平台上提高点击量。一句话，露脸才是硬道理。

## 6.1.2　内容与电商：IP 化时代的黄金搭档

内容与电商是 IP 化时代的黄金搭档，电商是内容创业者的最好变现方式，内容是电商平台营销的最好吸粉利器。没有电商变现作支撑的内容创业者，是难以自给的网络浮萍；没有优质内容作依托的电商，是硬性推销的冰冷货架。

电商盈利是内容创业的盈利模式之一，通过自媒体人的内容和价值观输出，影响消费者的消费理念和消费需求，在信任营销的基础上实现粉转客的用户转化。

电商为内容创业者拓展广阔的变现渠道，"内容+电商"因此成为 IP 化时代的黄金组合。合一集团与阿里百川联合发布的创业加速计划，正是内容创业和电商平台的一次联姻。该计划将"文娱"和"电商"融合在一起，投入 10 亿元资金及各类资源，在人才专业培训上提供支持。软件上依托于阿里优酷平台提供的大数据、优酷视频生态体系，硬件上有阿里云、无线 App 等底层技术架构做支撑，全方位支持 IP 化的内容创业。

合一百川在联合创业加速计划上制定了 3 个发展方向：①内容的商业变现（网红电商和达人经济）；②多屏覆盖转向无屏占位（VR/AR）；③个性化平台的社群运营（短视频、个人直播）。合一集团高级副总裁李捷介绍说，该计划 3 年内将扶持 100 家年销售额过亿元的创业公司，1000 家年销售额过百万元的创业公司。

电商与内容创业者之间的联袂演出，也呈现在"天下网商"举办的"内容营销：电商新风口"大会上。这场于 2016 年 4 月 19 日举办的大会，由电商人搭台，内容创业者唱戏，实际上是电商人希望升级业务形态，向"视频敛财、笔墨生金"的内容创业者取经。

两个电商代表 "三只松鼠"和"韩都衣舍"，三句话不离互联网品牌如何打造。压轴出场的淘宝达人，也是高谈阔论网红生意经。

目前，在内容为王的时代，一篇感人肺腑的软文、一段发人深省的视频，是吸引粉丝变现的杀手锏。所以，许多电商人急盼自己的内容"放电"，让粉丝瞬间变成顾客。

电商牵手内容创业者的例子，莫过于 2016 年自媒体人的开年第一拍。papi 酱的首次贴片广告，被"丽人丽妆"CEO 黄韬豪掷 2200 万元拍下，成为第一届新媒体标王。黄韬成为各家媒体的座上宾，名不见经传的"丽人丽妆"也引起舆论广泛关注。与其说是欣赏 papi 酱背后的人格力量，不如说是看中内容创业者的粉丝含金量。

至于内容创业者的电商情结，实际上早就在酝酿。多数内容创业者都是前媒体人的变身，以前就是妙笔生花的内容写手，其中许多人是有备而来，在创业之前就已经酝酿自己的盈利模式，在微信公众号上链接微店、淘宝和天猫网店是惯用手法，并不是什么商业秘密。

"与其说我是个文化人，倒不如说我是个生意人"，打造"新媒体排行榜"的幕后推手、原东方早报副总编徐达内，给了内容创业者一个鲜明的形象诠释：内容不过是载体，粉丝变现才是目的。

总而言之，内容创业的电商渗透，同样是一种人物 IP 化创业道路：内容的产出塑造人物 IP 化，朋友圈等渠道的宣传扩展人物 IP 化，粉丝的累积提升人物 IP 化，产品的设计制造体现人物 IP 化。

内容创业者在 IP 化的道路上，最大限度地拓展知名度和聚集粉丝，打造良性口碑，对内容进行人格化传递，对人物 IP 进行多平台多场景分发，实现创始人 IP 化，产品代言人 IP 化，甚至产品消费者 IP 化，寻找爆点并引领消费，在打造人物 IP 的过程中塑造公司文化。

### 自电商的 IP 化创业

自媒体内容创业是通过优质内容吸引用户，在多种商业模式的相互组合上进行盈利；如果我们在自媒体上不仅输出优质内容，还进行硬性或软性的产品宣传，带有物美价廉的广告目的，这就成了自电商。

自电商是在自媒体上分发优质内容，通过价值观输出凝聚粉丝，开拓产品需求并实现用户转化。自电商是自媒体的衍生产物，两者都具有粉丝经济的属性，自电商不过是比自媒体多了一层商品展示环节，更具有内容营销的显性特征。对自电商可以理解为自媒体摆脱了百家及广点通等广告平台，通过自平台向受众推荐商品并从中获利。

自电商通过社交媒体平台进行产品宣传，采用这种物美价廉的宣传途径，提高商品转化率。按照张旭良在虎嗅网中的说法，就是 "任何人都可以随时随地从事任意商品销售，人人可以是直销者，人人都可以是创业者"。

粉丝是衣食父母，在这一点上自电商与自媒体是如出一辙的。自电商也需要优质的内容吸引眼球，需要人格魅力吸引粉丝，并依靠强大的粉丝基数作为支撑，通过粉丝的口碑传播扩大影响力，最终将粉丝转化为实际购买力。

在移动互联网时代，优质内容的稀缺给自媒体的兴起带来机遇，人们需要某个垂直类领域的专业人士分享信息，这一需求催生自媒体人的出现，内容创业也就应运而生。自媒体通过从粉丝积累的明星效应向用户推销某种产品，由于是信任营销，因此减少了用户与品牌沟通的障碍。

从内容创业的角度，自电商与自媒体没有根本上的区别，只不过是一块硬币的两面，自电商只是更加商业化而已。众多成功的微信自电商，就是通过微信朋友圈进行营销获利的。

在品牌定位上，自媒体关注的首先是依据个人专长而产出什么内容，期望达到什么样的个人宣传效果，内容排在优先地位；而自电商则考虑更多的是卖什么东西，如何做出让人铭记于心的宣传内容，内容是围绕产品而产生，产品是第一位的。

自电商的内容创业，也是一个人物 IP 化的过程，虽然以商业推广和产品销售为先，但是自媒体内容的输出仍是核心竞争力。在优质内容的产出和传播过程中，自电商聚积粉丝流量，塑造人物 IP 化。

## 6.1.3　IP 化将内容生态推向竞争制高点

在大视频、大传媒、大娱乐的产业环境中，内容的重要性空前提升，IP 化已成为泛娱乐化战略竞争的制高点，催使自媒体创业者纷纷构建自己的内容生态。

乐视已经形成七大子生态的颠覆性布局，其中内容生态将完善生态型 IP 商业模式，囊括大量热门 IP 资源。乐视很早就签下吴宗宪、田朴珺、苏芒、郭璟泽等组建工作室，以互联网产品经理思维全新打造节目。

腾讯的泛娱乐战略以 IP 授权为核心，跨越多个平台进行商业拓展，构建共生共荣的内容生态，打造腾讯资讯产品矩阵，整个架构主要包括天天快报、腾讯新闻客户端、微信新闻插件、手机 QQ 新闻插件等，日活跃用户数超过 3 亿。企鹅媒体平台不仅为自媒体提供多出口多场景的分发渠道，还提供独特的专业服务和工具支持，包括优质媒体运营、BD、编辑联动服务、24 小时快速响应、运营指导、问题解决一条龙服务等。

百度宣布架构大调整，首次提出内容生态的 IP 化竞争策略，成为 2016 年的重要举措之一，其中包括百度 hao123 隆重推出的"百度好看"。在打造内容生态的 IP 战略布局中，作为核心竞争力的内容随处可见，一方面追寻搜索结果的内容化，推动内容生态发展；另一方面，自媒体可以凭借优质内容，公平获取百度的庞大流量红利。

阿里的泛娱乐布局最为全面，涉及游戏、文学、影视、音乐平台等多个领域。在虾米音乐和天天动听合并一年后，阿里音乐 2016 年推出第一个产品 IP "阿里星球"，聚集艺人、粉丝和商家，形成完整的内容生态闭环，打造出完整的内容生态闭环架构，其泛娱乐商业生态在全球范围内相当卓越。

作为第一个省级卫视百亿元频道，湖南卫视将构建生态式发展的土壤视为关键因素。芒果生态圈借助"互联网+"体系，催生强内容 IP，在电视剧首播的收视率上频频出现逆势上扬的姿态。

IP 争夺战始于游戏界，随着互联网公司内容生态的风起云涌，而逐步延伸至动漫、影视、衍生品、文学等多个领域。在互联网战场上，IP 运营和内容生态才是强势的角斗阵型，为 IP 价值的深度挖掘提供基调和广阔空间，从而延长 IP 的整个生命周期。

在全媒体的格局下，内容生态急剧加剧，电影、电视行业互相渗透，视频网站进军大荧幕，网络小说原创内容衍生 IP 化思维，基于内容盈利的商业模式不断拓展，从 IP 到内容生态，跨越文化创意领域的泛娱乐产业链条初具规模。

在互联网战场上，内容生态成为竞争的战略制高点，无生态、无内容的平台已经没有未来。

### 1. 乐视：扇动翅膀的超级IP蝴蝶

乐视影业打造超级IP的内容生态运营战略，表现为线上线下立体化构建的蝴蝶模式，将内容制作、营销推广、多平台发行等业务一网打尽，让电影产业这只蝴蝶的翅膀伸展得更广、更深远。

这种超级IP孵化的蝴蝶模式，反映出乐视影业内容生态拓展的翼状架构：蝴蝶的头部代表内容制造，突出"内容为首"的重要地位；左上翅代表互联网线上推广，左下翅代表线下城市驻地系统推广；右上翅代表互联网线上发行平台，右下翅代表地面影院终端发行平台。蝴蝶模型完美诠释了乐视连接线上平台和线下系统的互动结构。

为了打造内容生态的超级IP，乐视并未效仿当前视频行业盛行的UGC模式，而是采用专业水准的PGC生产模式，由制作者、推广方和平台方生产内容，在线上线下内容营销一体化的基础上打造互联网电影。

乐视扇动的蝴蝶模式，呈现在"乐视大屏购"这个生态级产品上。"乐视大屏购"是全球首个家庭场景式大屏生态购物平台，该平台不仅是一个桌面产品，还体现出平台、内容、终端、应用所支撑的翼状结构，具有显著的视频化、场景化、生态化、平台化的个性特征。内容资源方面更是全方位覆盖所有内容品类，包括电视剧、电影、综艺、动漫、音乐等，在包罗万象的生态布局上打造泛娱乐全产业链的超级IP。

乐视内容生态的构建，基于对IP资源的囤货式收集，从成立之初就开始注重引进影视剧版权，包括独家和非独家版权。在上市之前，乐视已经成为 IP 的大收藏家，拥有 2324 部电影版权，43097 集电视剧版权，其中不少经典剧集都拥有独家网络版权。

乐视影业不仅广收 IP 资源，还在内容创作方面进行 IP 人才储备，2013年 5 月签下张艺谋这位电影界的强 IP，担任公司的艺术总监；2014 年 3月与陆川导演签约，双方将展开全方位合作，2015 年 10 月陆川执导的《九层妖塔》上映，取得不俗的票房成绩。

乐视的内容生态拓展，涉及众多强档资源的收集，对影业、自制、音乐、体育、版权等领域进行整合，不断巩固其在内容领域的强势地位。乐视的内容平台已构成生态体系，包括乐视垂直生态的版权内容平台，如花儿影视、乐视影业、乐视自制内容以及乐视版权库中的所有内容。

为了落实乐视的"平台+内容+终端+应用"战略，乐视豪掷 16 亿元收购花儿影视，补足内容生态的短板，全力打造内容精品化战略，提升乐视网的优势壁垒。同时，还将包括郑晓龙导演等在内的优秀制作团队收入麾下，进一步加大内容方面的 IP 人才储备。乐视网收购花儿影视后推出的电视剧《红高粱》，成为 2014 年第四季度的收视热点，标志着乐视网精品剧大自制时代的来临。

乐视网早在 2013 年 1 月就推出乐视午间自制剧场，全年不间断播出700 集剧目。2014 年 7 月，乐视公布乐视自制二次颠覆战略，宣布与吴宗宪、田朴珺、时尚教母苏芒和韩国导演郭璟泽签约成立一线工作室，联手成立颠覆者联盟，共同打造三大类自制节目：移动走着瞧、Social造话题，超级大制作。

乐视的自制内容可以横跨五屏的智能终端，为用户呈现极致体验，实现与观众零距离交流。同时，基于内容的衍生品，在乐视商城与乐视生态天猫店等电商平台上有了输出渠道，无形中拓展了内容产业链的纵深影响力。

乐视的内容生态还延伸到体育产业，全面打通体育产业链，2012 年 8 月上线体育频道，为用户提供足球、篮球、网球、高尔夫等赛事的直播、点播和资讯的视频服务，实现精品赛事的完整覆盖。在过去几年，乐视体育大力购买优质赛事的转播权，目前拥有欧洲五大联赛、中超、NBA、CBA、F1、MLB、NFL 等 200 多个赛事版权，覆盖 10000 多场比赛。

乐视以音乐视频和演唱会直播方式，将内容生态布局切入音乐产业，早在 2012 年就开始小规模试水在线演唱会，推出了互联网音乐会品牌 "live 生活-音乐会"。乐视音乐还进军在线演唱会领域，2014 年 8 月在乐视 TV 超级电视和乐视网上同步直播汪峰"峰暴来临"演唱会。2015 年 3 月 26 日，乐视音乐在香港正式宣布成立，以"音乐+科技+互联网"定位于音乐产业的垂直纵深发展。

乐视影业内容生态的构建，触角还伸向海外市场，进行全球范围的布局。2013 年 4 月，乐视影业宣布与好莱坞文化创意公司 Radical Studios 合作，合资成立 Radical Vision China 乐视野文化创意知识产权研发公司，中外合璧孵化超级 IP；2014 年 10 月，乐视影业斥资 2 亿美元在洛杉矶成立子公司，意图进军好莱坞市场。

## 2. 腾讯：孵化泛娱乐圈 IP 生态

马化腾曾经在全国两会上表示：基于 IP 所蕴含的文化元素与品牌影响力，以优质 IP 为轴心、多种互动娱乐内容形态协同发展的泛娱乐趋势日趋明显，一些精品 IP 甚至还突破了国别和文化的界限输出到韩国、东南亚等地，成为令人深思的文化现象。

腾讯互娱是泛娱乐概念的倡导者，在互联网多领域共生的基础上，打造以明星 IP 为轴心的粉丝经济，构建出文学、游戏、影视、音乐、动漫等共荣共生的泛娱乐内容产业新业态，形成泛娱乐业务矩阵。以内容为核心，以 IP 为轴心的泛娱乐生态，才能在不同的领域和文化产业方向进行 IP 价值的深度挖掘和持续输出。

泛娱乐是内容产业的未来发展方向，作为热门 IP 孵化场的阅文集团，是腾讯泛娱乐生态的内容策源地。阅文集团平台上的网络小说和动漫 IP，积累起超人气的原著党粉丝，导流到腾讯游戏、腾讯影业和企鹅 FM 等平台载体，创造出视频、音频、电影、游戏等多元化业态的产品。

在腾讯泛娱乐生态的矩阵中，内容和 IP 是原动力，是生命之源。腾讯互娱依靠阅文集团的内容作引擎，为泛娱乐生态战略保驾护航。阅文集团孵化出的 IP 资源，正是泛娱乐相关产品线的最核心内容。

阅文集团本身就是一个巨大的 IP 资源库，这里储备有大约 1000 万部的作品、吸引 400 万名的内容创作者，内容品类高达 200 多种，注册用户数已经突破 6 亿，运营渠道超过 10 家。阅文集团的造神功力也非常惊人，聚集高达 90% 以上的网络文学大神级作者。在 2014 年网络作家富豪榜的前 20 名榜单上，阅文集团签约的作者占据 15 席。

为了打造媒体共赢的内容生态圈，腾讯宣布正式启动 "芒种计划"，媒体和自媒体发布和运营的内容，可以通过腾讯媒体开放平台，在天天快报、腾讯新闻客户端、微信新闻插件和手机 QQ 新闻插件等渠道进行一键分发。

在泛娱乐生态战略的牵引下，改编经典 IP 成为腾讯跨界多元变现的营收来源。2015 年，腾讯的总营收达到 1028.63 亿元，其中网络游戏收入达 565.87 亿元，这些部分主要归功于经典 IP 共营模式的跨界引爆。改编自阅文集团同名小说的动画《择天记》，在腾讯视频的播放量达到

11195.1 万，还以 154 万的周播放量增加，在企鹅 FM、喜马拉雅 FM 两大音频平台上的播放量超过 1000 万，腾讯泛娱乐生态圈促进了核心粉丝的导入和 IP 势能的拉动。

### 3. 阿里巴巴：内容店铺打造 IP 爆款

与拥有先天入口优势的腾讯和百度不同，阿里巴巴以电商起家，只有依靠一系列战略投资收购传媒公司，才能补齐内容生态的短板。鲸吞内容平台的扩张战略，成为阿里巴巴打造内容生态圈的不二之选。

2014 年阿里巴巴媒体开始大规模扩张帝国版图，3 月收购文化中国 60% 的股权，斥资 62.44 亿港元；4 月 8 日联手史玉柱，收购华数传媒 40% 的股权，耗资 65 亿元；4 月 28 日，与云锋基金宣布认购优酷土豆，投资 12.2 亿美元；6 月份向科技评论媒体虎嗅注资，占股 15%；10 月注资封面传媒，占股 30%；11 月认购华谊兄弟 8.8% 股份，花费 15 亿元，随后推出娱乐宝。

阿里的内容生态扩张步伐在 2015 年势头不减，10 月通过蚂蚁金服注资约 1.5 亿美元给互联网创业公司服务商 36 氪，11 月对优酷土豆的收购达成最终协议，其估值高达 56 亿美元，成为迄今为止国内传媒领域金额最高的一单收购案。在音乐内容方面，阿里先后收购虾米、天天动听，进一步布局音乐内容生态。

阿里巴巴通过资本收购的方式，已经全面构筑起媒体内容生态。这种战略式大跃进实际上是一种逆生态内容构建模式，对内容生态的并购、对传统媒体的战略掌控、对新媒体的战略再布局，都是直接跨越对内容生态的重构，令战略资本直接进入操纵层面，闪电般形成泛娱乐生态圈。

在一轮轮并购风潮的同时，阿里巴巴在内容生态战略布局上还进行角色转换，从内容提供商向内容服务商过渡，构建新媒体平台，帮自媒体人开内容店铺，打造爆款 IP，借此促进阿里的泛娱乐生态战略进程。

自媒体创业者在 UC 浏览器平台上构建内容店铺，通过输出优质内容聚集粉丝，将内容价值进行变现，把店铺作为自己长期经营的阵地。阿里在 2016 年宣布将全面升级 UC 浏览器，利用阿里大数据的精准流量，为自媒体内容创业者提供服务。

阿里移动事业群总裁俞永福表示，在移动互联网出现之后，信息大爆炸，人与信息连接方式正在经历重构，未来五年，互联网产品必须从"人找信息"到"信息找人"升级。

目前，UC 浏览器在全球拥有超过 4 亿的月活跃用户数，在印度和印尼等新兴市场也拥有超过 50% 的市场份额，旗下移动应用分发平台 9Apps 在海外进行规模化运作，月活用户数超过 1.6 亿。

### 4. 湖南卫视：借力互联网打造内容生态闭环

湖南广电前台长欧阳常林表示，互联网时代，内容仍然为王，传统媒体需要借力互联网打造内容生态闭环。

欧阳常林将湖南卫视的成长分为 4 个阶段：一是 1996—2002 年的现象期，《快乐大本营》和《还珠格格》把电视湘军展现在大众面前；二是 2002—2005 年的定型期，在一片质疑声中，湖南卫视确定"锁定娱乐，锁定年轻，锁定全国"的方针；三是 2005—2010 年的高峰期，《超级女声》和《快乐男声》这两档选秀节目让湖南卫视做到了"全民参与、草根娱乐"；四是从 2010 年一直持续到现在的鼎盛期，真人秀热潮掀起，《爸爸去哪儿》和《我是歌手》等现象级节目增多。

欧阳常林认为，互联网时代让内容更多元更有新意，传统媒体需要具有互联网意识，与新媒体融合，利用互联网手段帮助内容传播。湖南卫视推出芒果 TV，采取的是版权独播不分销的策略，目的就是要打造媒体融合的内容生态闭环。

湖南广电构建的全新发展模式，在原有的产业界限上做出突破，实现全面跨界链接、融通共生的新生态，在生态型频道的发展历程上步入 4.0 时代。湖南卫视自发展到现在培养出 20 多个制作团队，在内容生产上有着强大的资源储备。2015 年，湖南卫视获得的 270 个全天第一，《我是歌手》、《爸爸去哪儿》、《偶像来了》、《花儿与少年》等节目平均收视份额均超过 7%；《快乐大本营》、《天天向上》在 IP 塑造上进行升级，收视率有了明显提升。

湖南卫视在自有 IP 版权上精心打造的全媒体服务云多屏，无论是在机场、高铁、火车站、地铁、公交站牌等户外主打广告宣发的固定大屏幕，还是手机端、Pad 端、PC 端的全内容输出型小屏幕，湖南卫视都在内容和渠道上建立优势，在每次推出综艺节目、季播活动和电视剧集时达到强势霸屏的效果。

湖南卫视的内容生态，还体现在完备的产业链支撑。这条产业链在影视制作、演艺经纪、游戏开发、电影院线等业务上有很大的包容空间，每一环都在 IP 产品链中发挥重要的作用，同时也为湖南卫视在不同领域和产业的开发上提供了便捷渠道。

## 6.1.4  IP 重塑突破文字局限的内容生态

微信公众号的人格化写作，重塑移动互联网的内容形态，不仅内容的表现形式颠覆传统，就连内容的生产环节也发生变革。如果你看不懂当今的网络语言和思维方式，你就读不懂"暴走漫画"火爆的原因。

暴走漫画是目前颇受年轻网络群体喜爱的漫画社交网站，借鉴于欧美国家 Rage Comics 的暴漫风格，把搞笑图片打造成一个知名动漫品牌，在没有太多推广的情况下就风靡中国。

暴走漫画的 IP 重塑，突破长篇累牍的文字局限，形成以漫画为载体的新内容生态，利用的正是移动端用户的碎片时间消费，所以在手机和平板电脑的用户群中传播甚广，积累起数量庞大的粉丝。

暴走漫画采用自媒体 UGC 的运营模式，上线以来深受广大年轻人的喜爱，稳居新浪微博网站类排行榜首位，目前微博总粉丝量超过 1000 万，移动客户端装机量高达上千万，视频产品总点击量数十亿次，出版图书单册销量数万册。

暴走漫画是个兄妹档，创始人是王尼玛和王尼美，当年两人远赴英国伦敦政经学院攻读本科，这所学院是盛产金融界精英的地方。在就读大一的时候，兄妹两人就开始构思暴走漫画，王尼玛在伦敦电影学校学过美术，最初的四个著名表情就是他的手笔。

在 2008 年金融危机发生时，兄妹两人都进入投行界工作。王尼玛参与过迪士尼和漫威的合并项目，期间王尼玛创建了暴漫社区，回国时在西安注册了一家公司，暴走漫画工作室正式成立，中国式暴漫的新征途从此起步。

### 1. 崇尚欧美画风的品牌定格

王尼玛和王尼美的性格特质，决定了暴走漫画的品牌性格，这些漫画已经注入了两人的人格化属性。暴走漫画选择的不是日韩风，而是欧美的 FML 自爆囧事风格，国内一些网友译音为"发霉啦"。FML 风格充斥野生、粗鄙的冷幽默，以笑话段子为主题，毫不遮掩的恶搞方式让人爆笑喷饭。

创业之初，暴漫团队主要做 IP 开发、采购和延伸品，扶持了很多四格漫画作家，在很短时间内获取了 400 套 IP 的周边产品开发权。IP 积累成量后，暴漫团队推出了 MOMO 这一漫画平台，虽然受到网友的关注，但是作品被盗图者盗用，即使覆盖有 20% 的水印，也被山寨得了无痕迹。

由于起步时默默无闻，又缺乏创业资金，加上连掏钱积攒的 IP 产品也被盗版，2011 年公司顿时陷入断粮的困境。暴漫团队开始放弃扶持漫画创作者，转而推出一款简单的漫画制作器程序，让每个网友都能成为平台的漫画家，实现零成本投入。

在推出制作器之后，暴漫平台迅速拉拢了不少爱玩的暴漫粉丝，这些粉丝在平台上挥洒自如地自由创作，给暴漫官网贡献出大量有趣的漫画作品。暴漫微博号也很快成为首个超过 100 万粉丝的微博大号，据统计，从新浪微博引导过去的 PV 高达 11 亿。

在逐渐走上正轨后，2013 年暴漫团队推出了其他暴漫产品，如《暴走大事件》、《暴走动漫动画》、《编辑部的故事》等 15 个系列，打造出一个集漫画、视频、创意、社区为一体的矩阵布局。优酷是《暴走大事件》的独播平台，双方展开了深耕合作。

王尼玛给自己的用户界定成三个层次：第一层次是"死忠粉丝"；第二层次是对其他漫画平台也有持续关注的泛品类粉；第三层次是对自己内容感兴趣，但轻易不愿意付费的路人粉。他试图用不同的产品类型去覆盖不同的目标用户群，App 针对 9～24 岁，微博面向 18～30 岁，暴走大事件则覆盖 45 岁以下的用户群。他希望推出的每一款产品都能波及第三圈，将路人转成粉丝。

暴漫团队在开发制作器的同时，还对网站内容分类、网站专区活动、表情中心、作者级别胸章、尼玛币（暴漫专属虚拟代币）、暴漫官网论坛等进行设计开发，凭借优质内容的各种组合吸引移动端的粉丝，建立高黏合度的社群。

暴漫团队还在视频节目上先后推出《暴走漫画》动画系列和《暴走大事件》新闻吐槽类作品，将暴走风格多元化输出。实际上，暴走漫画不是一种单纯的漫画，而是一种情绪状态或风格样式，已经被赋予品牌的价值。暴漫已经衍生出各种各样线上和线下的新产品，如手游和小游戏的开发，意图让喜爱暴走的用户在不同领域都能感受到"暴走"的品牌气息。

在创收方面，王尼玛希望吸引到优质的广告主，能够把广告融入漫画或视频产品之中，至少不会让用户产生排斥感，在一笑之间和不经意之间看了广告。

### 2. 站在地头儿上的"暴走"亲民文化

为什么暴走漫画会如此火爆？很多人的回答是接地气、搞笑、创作容易。王尼美认为，表情加上文字的形式能符合不同语境，你摔了一跤用这个表情，别人摔了一跤也可以用同一个表情，只需配上不同的文字，就能达到不同的传神效果。

暴走漫画采取 6 个月的快速迭代，了解并及时满足市场的需求。表情先在 App 里测试，好的东西才放到 QQ 里。

暴走漫画是在重塑互联网的内容形态，希望做成中国第一个互联网原生的、属于中国年轻人自己的文化品牌。互联网、年轻、文化，3 个关键词体现出暴走漫画的用户聚焦和精神内涵。

王尼玛是内容创业者，是粉丝追捧的网红，在其超强 IP 的光环笼罩下，暴走漫画总会被人归为一家内容制作公司或 IP 开发公司。实际上，王尼玛的背后有多渠道多产品的支撑，现在拥有 4 个 App 和 2 个网站。

暴走漫画的社区生态圈搭建已经初具规模，用户 UGC 社区的月活跃用户接近 2000 万，每天内容生产 10 万余条。经典视频节目《每日一暴》已经做到用户生产内容，编辑当天只需对每日优质 UGC 内容进行筛选加工就可以完成制作，《每日一暴》在优酷平台的播放量就已经接近 6 亿。

暴走漫画塑造内容形态，还体现在内容 IP 的培育上。他们基于 UGC 社区的内容，创建了一套专属热词系统，能够对用户热搜、使用度高的图片模板、制作器生成的文字、浏览文章等进行热度统计，从而快速高效地获取用户关注话题，为内容创作提供原材料。

满足年轻人的审美情趣，是暴走漫画塑造内容形态的市场定位。暴走漫画的创始团队是一群 80 后，为了更精准把握年轻人的喜好，公司员工已经大部分都是 90 后、95 后。他们是沉浸在网络世界的一代人，对年轻人在流行时尚上的需求有更精准的判断，了解大家的兴趣爱好。交付给新人主导创作的两个节目《暴走撸啊撸》《暴走恐怖故事》，播出后迅速占领视频网站有关游戏和恐怖这两个关键词。

暴走漫画的目标用户会随时间进行更替，2012 年前的用户以年轻白领和大学生为主，他们对外国人自爆囧事的文化潮流及英式冷幽默很是了解，创作品味出众。之后，大批中学生涌入暴走漫画网站，迅速成为主流用户，具有强烈的表达意愿，对暴走漫画表现出更强烈的痴迷。

# IP化科技创业捕捉"创新红利"

做"机器人眼睛"的平台级项目 DE-LiDAR，能应用在无人机、各种机器人上面，推动智能机器人走入千家万户。这款服务机器人雷达在巅峰对决中夺魁，获得"2016创新中国春季峰会 DEMO CHINA"决赛冠军，开发者是北醒光子科技。

网红搜索引擎"Robin 8"，用"蜘蛛"抓出 150 万个公开 KOL 网红数据，商业模式就是通过数据分析，帮广告主找到最合适的 KOL 网红，然后和网红分成。创始人是来自美国的女生 Miranda Tan。

大数据+气象遥感的组合可以建立金融风险管理平台，利用大数据可以对过去 30 年的气象遥感数据进行分析，量化评估气象变化，从而对农业和农业金融进行预测，提出规避方案。

Revdo 增强现实摩托头盔，在摩托头盔上应用智能眼镜，帮助智能眼镜找到落地场景，可以通过高科技技术解决摩托车骑行中没有导航的问题，让行车更为便利。

这是 2016 年 5 月 11 日 "2016 创新中国春季峰会 DEMO CHINA" 比

赛上看到的场景，峰会由创业邦主办，主题是"科技改变世界"，吸引超过 3 万名创业者与投资人的目光。许多创业者希望借助这个平台进行 IP 化科技营销，用自己发明的作品和开发前景来打动投资者，在 IP 化科技创业的风暴中捕捉创新红利。

在规模化生产掀起的工业时代浪潮中，科技创新是创业机会大爆发的原动力，是制造、汽车、航天、通信等领域创造就业机会的幕后推手。而在互联网引爆的工业 4.0 时代，随着中国制造向中国智造的转变，创新更是给科技创业带来强大动力，从技术创新、产品创新、模式创新到业态创新，都蕴藏着巨大的"创新红利"。

创业邦 CEO 兼出版人南立新认为，每一次大规模创业机会爆发的背后都是科技创新，下一波创业热潮也将在科技领域爆发，科技创新是改变经济结构、实现经济增长的根本。目前，利用科技创业，打造强势专利创新 IP，正是中国许多科技创客的梦想。这些创业者希望赶上创业热潮即将在科技领域爆发的风口，将自己的发明创造实现专利化营销，尽早吸引投资者的目光，撬动创新红利。

科技创业是一个让人脑洞大开的创业领域，是用头脑闯天下的 IP 化创业。在当今科技产品迭代迅速的时代，创业者必须拥有货真价实的科技发明，或者具有前瞻性的科技构想，才能实现创新营销的口碑效应，才能挖掘出 IP 化的科技创业路径，并拓展出产品 IP 化的广阔前景。

## 6.2.1　90 后 CEO 开创智能出行

如果从家里到地铁站，坐地铁到公司，只有 2 站公交的距离，何以代步呢？打车不划算，坐公交车太挤，骑自行车担心会丢，步行耗时间……90 后 CEO 刘峰开创了智能出行。

2016 年 5 月 25 日，快轮科技创始人、90 后发明达人刘峰在北京召开快轮 F0 发布会，正式宣布电动滑板车 F0 面世。创投圈很多大佬到现场为快轮科技助阵，其中就有极客帮创投创始合伙人王峰、真格基金合伙人李剑威、LKK 洛可可创新设计集团董事长贾伟。

刘峰是典型的 IP 化科技创业者，其发明的产品具有丰富的科技含量。快轮 F0 的设计目的，是要解决都市年轻人群五公里内的出行需求，核心诉求是便捷。在轻便上做文章，解除的正是都市白领的短途出行痛点。

快轮科技创始人刘峰，曾被媒体称为 "废品收购站里走出来的发明小伙"，他在读小学时就获得第一项专利，到大学毕业时已经拿下 18 项专利，身上蕴藏科技创业者的潜质。2014 年 8 月快轮科技刚刚开始成立，刘峰就推出了一款独轮平衡车，主推流线概念，当年圣诞节在京东上线，预售 1 个月收获 100 多万元。

电动滑板车 F0 的外观设计更加简单轻便，车身整体设计也更为简约，并配备超轻超薄一体拉伸型材工艺踏板。整体车身可轻松折叠，不方便行驶时可直接拖走。产品的便利性、实用性本身具有极强的吸引力，同时创始人刘峰对此产品的娱乐性、智能性也有所要求，F0 不仅是轻便出行的代表，也成为大众娱乐的一种方式，也是时尚生活的标志，引发一种生活潮流。

而这款电动滑板车 IP 化的过程，也是创始人科技创业的 IP 化过程。90 后 CEO 刘峰向众人传递智能出行的价值理念，传递时尚生活的潮流，成为科技界的 IP 人物，在互联网上引起媒体关注热潮，短时间内撬动创新红利。以新东方创始人、著名投资人徐小平为首的投资者解囊相助，从快轮创立到 F0 的惊艳发布，不到两年时间就吸引到融资。

快轮科技成立一年，估值已经近 2 亿元。2015 年，快轮科技在京东股权平台发起众筹，完成 Pre-A 股权融资 500 万元只用短短 1 周的时间，估值 1.5 亿元，随后又获得 2000 万元 A 轮融资。

## 6.2.2  数码测评"捧红"科技 IP

王自如认为，既然自己不是一个颜值型的网红，所以内容就必须以专业性角度切入，致力于做工具类 IP，产生广泛的科技文化内容，把自己塑造成 IP 化的科技创业者。

王自如是 ZEALER（载乐网络科技）创始人，但是在很多人的印象中仍是科技评论人，是科技界的意见领袖。不过，他创办的手机测评网站从香港起家，如今已成为落户深圳的科技创业公司，并经历了多次迭代，从一个人的科技测评转化为完整的"内容—社区—电商"闭环生态。

王自如从 2009 年开始做数码产品的开箱视频，后来事业拓展到科技评论，迄今已完成近 300 个开箱视频，每个视频的访问量在 15 万以上，成为科技界的 IP 人物。他全神贯注地建立自己的科技自媒体，雷军名下的顺为创投基金为其投下第一笔投资。

王自如最开始做视频测试时默默无闻，没有厂商愿意提供产品，全部是自己掏腰包埋单。后来，他采取代购方式，先垫钱购买产品，开箱评测完后再带到深圳寄给网友。由于不收代购费，加上路费和邮费的开销，王自如一般每部手机赔两三百元。

如今，ZEALER 已成为中国权威的科技电子产品测评网站，测评内容涉及手机的安卓、iOS、WP 等周边数码产品，致力于还原科技本质，通过闭环战略来输出行业标准，引导科学消费，构建生活潮流，这些都体现出 ZEALER 的价值观。

而在这些价值观输出的 IP 化创业过程中，王自如也实现了个人品牌的 IP 化，成为受网民关注的科技达人，基本奠定了数码评测界的一哥地位。王自如在新浪微博上的粉丝数即将过 23 万，当人们打开他的任意一条微博，都会看到整屏网友在叫完 "老大" 之后，开始向他请教各种与数码相关的技术问题。

作为科技界 IP，王自如也受到业界知名人士的关注：他对小米手机的评论视频被雷军多次转发、推荐；罗永浩尊称他为王老师，多次邀请他加盟其手机团队。

对于自己的个人品牌定位，王自如更愿意被称为科技创业者 IP，而不是网红或测评人。他认为，IP 是价值观的具象载体，价值观是更能聚集人的一种方式。每个时代都有相应的价值观绑定，而现阶段价值观变得多元化，如 ZEALER 传递的是一种价值观，严肃认真、嬉笑怒骂都是一种表现形式，每一种具象载体，聚集的人群都有所不同。

ZEALER 有一定的网红孵化器属性，源自多元内容制作和粉丝们的要求。王自如表示，ZEALER 的每一个 IP 都因为我们生产的内容，具有一定的科技范儿，但最重要的是做自己，如小辛是精通各种电子产品的技术男，曾老师保持嬉笑怒骂的形象，梁 Sir 负责颜值担当，每个主播都有自己独特的风格。

王自如的科技创业是从评测视频起家，借助社交媒体及各个视频网站散播流量，通过原创的视频内容来聚集粉丝，并在 ZEALER 的社区中拓展话题、沉淀用户、发酵 UGC 内容，并开始布局拓展创新红利，是典型的人物 IP 化创业过程。而且，王自如的科技文化输出创业，已经从单品延展到非标的科技周边，并挖掘出大众商品中缺少的新产品以及替代品。

## 6.2.3  全球 VR 生态布局下一个 IP 爆款场景

VR（虚拟现实）技术带来的强大复现功能和新颖操作方式，体现的不仅是技术创新，还有产品创新和业态创新，在"科技+娱乐"的跨界融合模式下实现业态转向。以 VR 技术为先导的科技创业，将引爆下一场内容革命，可以跨平台在多个领域撬动创新红利。

2016 年被称为"VR 元年"，全球科技巨头、上市公司和许多科技创业公司都纷纷涉足 VR 领域，打造全新的 VR 生态，希望在 VR 生态战略布局中抢占先机。

Facebook 最先开启 VR 生态布局，豪掷 20 亿美元天价收购 Oculus，然后开始收购与 VR 技术相关的科技公司，包括手势追踪公司 Nimble VR、3D 技术公司 13th lob、计算机视觉初创公司 Surred Vision、以色列手势识别公司 Pebbies Inter Faces 等，并在业务上支持 360 度全视觉视频内容。与此同时，索尼、微软、谷歌和三星等科技巨头，也意识到 VR 很可能成为新一代计算平台，开始进行 VR 生态系统的布局。

在中国，VR 技术也被炒得火热，VR 竞争渐成红海状态，2016 年中国首个 VR 教学软件正式面世，第 38 届中国特许加盟展北京站设立 VR 主题公园，2016 年 7 月 8 日成都举办首届国际 VR 高峰论坛。

在 VR 技术掀起内容变革的大趋势下，科技创业者争相打造 VR 游戏 IP，以"VR+游戏"方式撬动创新红利。Vsensory 公司开发的 VR 游戏《黑盾》，讲述的是星际英雄题材，公司在围绕黑盾重点打造热门 IP

方面不遗余力，与全国 15 万家网吧、万达广场的大玩家合作推广，并在重庆仙女山建了黑盾星际主题乐园，占地 2000 多亩。

《黑盾》的演示画面效果可与很多好莱坞星际大片相媲美。黑盾在 HTC 全球性开发者大赛中表现出色，在全球 900 多家竞争者的产品中高调亮相，夺取 HTC ViVE 最佳作品奖。同时 Vsensory 公司还邀请明星参演单人剧情模式、多人联机对战，进行一系列产品规划开发活动，计划在 2016 年举办三场以上 50 万人规模的竞技比赛。

Vsensory 是内容制作公司，未来方向之一就是打造超级 IP。《黑盾》只是 Vsensory 公司的一个 IP，他们与美国千亿元收入级别的顶级娱乐公司洽谈合作，得到好莱坞的顶级 IP 资源，力求在 IP 影视作品上给全球玩家带来极致的视听体验。

作为前沿高端技术，VR 技术正应用到各个行业的不同场景中，在医疗、教育、娱乐领域等较为普遍。特别是在影视娱乐领域，VR 技术具有临场参与感和交互能力，将 VR 技术应用到影视娱乐的场景中，重新开发出影视 IP 的新形态，从而形成"IP+VR"的全民娱乐新消费模式。

奥飞动漫进行跨界科技创业的重磅布局，宣布战略入股乐相科技，就是瞄准了乐相科技自主研发的 PC 接入式 VR 头盔。这一跨界延伸的 IP+VR 布局，重点是围绕 VR 内容制作、VR 软硬件制造、VR 产业支撑等方面进行深度的资源对接，共同探索 VR 生态构建的新模式。

奥飞动漫将与 B 轮投资者迅雷、恺英网络，一起构建起乐相科技的强大股东方阵，一起推动"科技+娱乐"产业的多元融合。

乐相科技自主研发的这款头盔，在国内市场占有率稳居第一，其硬件的各项指标均接近或超越 Oculus DK2，成为目前国内移动 VR 硬件领域的最高标准。乐相科技研制的 VR 产品形态，还有大朋头盔+大朋助手、幻影眼镜+3D 播播、VR 一体机等。

以 IP 为核心，用科技元素"包装"IP 进行反复开发，是奥飞动漫推动"科技+娱乐"产业融合的出发点。奥飞动漫将旗下的动画制作、电影拍摄、游戏开发等基础业务，与前沿的 VR 技术进行系统联结，通过"IP+VR"模式把家庭场所变成欢乐无限的游乐场。

如果将 VR 技术产品普及到二次元人群中，二次元粉丝就可以通过 VR 设备和智能电视，并肩观看弹幕网站更新的动画，实时进行 4D 的弹幕，体验手动扔鸡蛋的现场感，还可以面对面地体验同名 VR 游戏场景。奥飞动漫副总裁王晶说："这是一种全新的娱乐体验，更是一种颠覆式的社交。"

目前，奥飞动漫在虚拟现实 VR 生态领域完成大规模的布局，探索用 IP 来驱动家庭 VR 消费，这种尝试可能是当前 VR 走进千家万户的有效推广途径。

# IP 化教育创业收割 "在线红利"

皮影客的创始人胥克谦表示，教育 IP 未来一定会越来越多，教育的场景符合 IP 诞生的条件，而且教育又是一个极度的品牌化市场。

嘿哈科技的李熙认为，IP 诞生的一个核心条件就是出现频率足够高，在这一点上教育 IP 和动漫 IP、游戏 IP 无本质区别，就是必须保证传播量。教育 IP 绑定教学教材，就会对孩子进行心智卡位，一路伴随孩子的成长历程，构成强大的品牌传递优势。

随着移动互联网的兴盛，IP 在教育行业的重要性只会越来越突出，这是未来的一个大趋势，学习内容线上化将是一个广阔 IP 化教育创业途径。新东方在线做的多纳、好未来投资的小伴龙，两者的巨大优势就是 IP 化。但是，目前教育创业在内容上出现短板，小孩子的许多英语学习绘本都是线下出版公司出版的，手机或 Pad 版本的数字出版物却是凤毛麟角，那种同时提供语音和图像教学的好 App 更是千金难觅。

中国的 IP 化在线教育创业相对滞后且处于混乱状态，创业者们大都对新媒体认知过浅，内容创业者不适应互联网营销已是常态，他们更习惯于印刷体；同时走互联网创业的人群中很大一部分不愿意踏实做内容，视频和游戏等细分领域还鲜有成功的创业案例。

在教育创业和互联网之间仍存在一道鸿沟，对于教育创业的 IP 变现前景，有业界人士感叹道只有慢慢熬。

在儿童早教领域的创业者是在线教育创业的先行者，创业者们都在尝试塑造全新的教育 IP。从 2010 年开始，儿童应用市场以内容 App 为核心，渐渐形成了一系列的互联网教育 IP 形象，如宝宝巴士和 Dr.Panda。

新东方多纳的品牌创作团队，从一开始就酝酿未来的 IP 孵化方向，不仅在形象选择上煞费苦心，在 IP 的源头设计上也进行多元化延伸，创意设计出"动物"+"甜品"的结合，希望在狮子形象的基础上加入美食元素。多纳品牌围绕甜品方向作为切入点开发 IP 形象，慢慢衍生出"饼干兔"、"巧克力羊驼"等优秀作品。这些多元化塑造的 IP 形象，帮助多纳品牌最大化地收割在线红利。

百看早教 Babycan 创始人李白在挖掘 IP 形象时，考虑到幼儿家庭的成员延展性，罐头形象延伸到包含爸爸、妈妈、哥哥和妹妹在内的四个小人，希望 IP 在未来变现方面有更广阔的空间。

在嘿哈科技创始人李熙看来，娱乐型 IP 的玩法是教育 IP 不堪重负的方法，娱乐 IP 诞生的一个主要方式就是刷存在感，娱乐型动画想要塑造强势 IP，并围绕成型 IP 开发衍生产品，至少要生产 300 集的内容，如"喜羊羊"、"熊出没"等。但是，教育 IP 的创业之路，最直接和最有效的方式是占领课堂和家庭，即将自己的 IP 植入中小学教材中。

### 6.3.1　在线教育：酝酿中的超级 IP

中国在线教育市场价值高达 1100 多亿元，目前已经成为炙手可热的创业方向。经历过名师录播的传统网校 1.0 时代，及线上搭桥、线下授课的 O2O 式 2.0 时代，在线教育如今迎来全民直播的 3.0 时代，成为互联网创业者新的风口。

在线教育的风口，也吸引资本投资纷纷涌入。2015 年上半年，中国教育投资再创历史新高，投资个案达 20 起，金额 7.9 亿美元，其中最大的一笔投资来自中国家教 O2O 创业公司轻轻家教，凸显出资本对基础教育和 O2O 教育模式的强烈兴趣。

不过，中国在线教育仍面临四大问题：师资力量匮乏、习惯应试教育的学生对在线教育兴趣不高、培训机构良莠不齐、盈利陷入瓶颈。其中，盈利瓶颈仍是悬于在线教育头上的达摩克利斯之剑。

中国教育市场是块大蛋糕，新东方、好未来、学大等品牌企业总共只抢得市场份额不足 10%，大部分市场份额分散在全国中小型培训机构的手中。这些散兵游勇徒有线下的课程资源，却难以支撑起一个独立的技术团队，不能将这些资源搬到线上录播，成为在线教育之殇。不过，互联网思维对教育领域的入侵已经开始，在"互联网+"的时代大潮下，传统的教育机构不得不谋求向互联网转型。

作为教育培训领域的领头羊，新东方采取保守策略，选择线上线下同时布局的 O2O 整合模式；好未来尝试渐变策略，一边完善学而思网校，一边投资几十个在线教育项目；做职业培训的尚德机构则选择休克式策略，断然停掉面授业务，阵痛式转型为纯在线教育公司。

然而，"中国教育在民间"的现象仍未打破，大部分市场份额仍分散在全国中小型培训机构手里，它们横跨母婴、学前、少儿英语、K12、职业考试、职业技能、兴趣等领域。值得一提的是，它们仍徘徊在互联网之外，其中大部分机构仍绝缘于在线化。

面对各自为战的混乱局面，云朵课堂决定成为打造超级 IP 的助推器，专为这类中小型培训机构提供完整的在线解决方案。对于注册成为云朵课堂用户的企业，云朵课堂将提供套餐式的在线转型服务，包括完全独立的学员报名收费系统、在线直播系统、高清点播系统、教育 ERP、在线题库、问答社区、会员积分、课程打包售卖等。

云朵课堂瞄准中小型培训机构的在线转型痛点，力图打造一个转型平台，帮助中小型培训机构实现线上线下结合，通过线上线下过渡的 O2O 模式，实现从传统面授课程到在线教育的转型。

对于很多中小型培训机构来说，无法自主搭建网校的痛点是要钱没钱、要人没人，同时又不敢贸然借助 BAT 等打造的在线教育平台。

不过，中国在线教育如今已迈入全民直播的 3.0 时代，未来在线主流课程的提供形式，势必将变成直播为主、录播为辅。直播模式具有很多优势，不仅教师与学生之间的互动性强，同时也会增加学生的参与感，丰富在线课堂的娱乐性，因此会受到学生的欢迎。一旦直播模式的教学成本固化到一定程度，其带来的高盈利能力将无与伦比。人人皆可主播的万民直播模式，也为中小机构进入在线教育降低门槛。

云朵课堂采取初期大量锁定客户、将盈利后置的方式，所以对小微教育机构的收费并不高，基础版本仅需几千元，专业版报价仅为每年 6 万元。而且，云朵课堂从一开始就没有寄希望于通过建网校赚钱。创始人李昱认为，线下机构互联网化，目前还是一个前景广阔的增量市场，国内有十几万家 200 万元至 2000 万元左右流水额的中小型培训机构，这个市场还有共同把蛋糕做大的空间。

实际上，云朵课堂打造的是一个在线教育的平台生态圈，借助在线解决方案和生态圈的延展，引导散布全国的中小型教育培训机构将课程上线，孵化出更多的在线超级 IP。

## 6.3.2　DaDaABC：斥资千万的"跨界 IP"尝试

与电视台合作打造"跨界 IP"，玩"教育+娱乐"跨界营销，是在线青少儿英语教育品牌 DaDaABC 实施教育创业多元延伸的新举措。

跨界 IP《妈妈是超人》是湖南卫视的大型励志亲子真人秀，这款明星育儿观察类节目，集结了董洁、冉莹颖、梅婷、贾静雯 4 位不同类型的明星妈妈，在节目中展示原汁原味的家庭生活和真性情的育儿经历，是 2016 年度唯一的明星亲子真人秀节目。

DaDaABC 斥资千万元注入这档跨界 IP，与湖南卫视芒果 TV 达成战略合作伙伴关系，成为《妈妈是超人》的独家在线教育合作伙伴。

DaDaABC 主要是打造少儿英语教育的在线品牌，专注于 K12 细分领域的英语教育，在国内也是首个在少儿英语教学上应用在线多媒体技术的机构，专门为 5～16 岁青少儿提供欧美外教英语教育，通过计算机或 iPad 在家就能上一对一的欧美私人外教课，将妈妈从各种培训班中解放出来，在家就能拥有私人定制的外教。

DaDaABC 创始人郅慧是一位 80 后妈妈，曾在 4A 广告公司、上市互联网公司工作数年，有丰富的市场公关经验。郅慧每周都跟学生家长进行沟通，营造强有效的互动环境。她要求助教老师尽可能地在家长找慧慧老师时，把电话转给她，在最早的一批客户树立了自己的 IP 形象。

郅慧认为，在线教育产品的设计，应该以学生和家长为本，给用户家庭提供一套完整的教育方案，让家长和孩子在整个教学过程中，都能掌握知识和最有效的学习方法，在正确的学习方法中取得进步的满足感。

没有狂轰滥炸的广告宣传，也没有买搜索引擎流量，DaDaABC 的每月销售额呈几何级数增长，单月销售额已经突破数百万元。目前，DaDaABC 的在线学员有几千名，客户的口碑传播带来了 90% 的流量，平均每个家长在完成上课周期的过程中，会给 DaDaABC 带来 8 个客户。

通过郅慧自我 IP 的塑造和优质的内容输出，DaDaABC 不断壮大，同时也吸引了资本的关注。DaDaABC 已经完成 A 轮数千万元融资，由腾讯 A 轮投资人杨小雯所在的龙腾资本领投，驴妈妈董事长杨振宇、天使投资方青松基金跟投。

目前，DaDaABC 已经拥有注册学员 10 万名，许多明星也成为其忠实粉丝，他们的孩子成为学生后更加强化了 DaDaABC 的 IP 影响力。学员中有很多小明星 IP，如《爸爸去哪儿》走红的森碟、《神雕侠侣》中饰演小龙女的张籽沐、《虎妈猫爸》中饰演罗茜茜的纪姿含、以及《芈月传》中小芈月的扮演者刘楚恬。

与湖南卫视合作，DaDaABC 豪掷重金捆绑超级 IP，尝试在线教育搭配明星亲子真人秀，实际上是一种营销上的深度定制。投下千万元的渠道推广费，换回来的是品牌和口碑。

《妈妈是超人》暴露出的社会问题还引爆社交媒体，节目中的贾静雯、梅婷和冉莹颖都是二胎家庭，梅婷与老公曾剑因育儿问题产生分歧，令二胎难题再次刷爆微博话题榜。同时，在节目中衍生的育儿经、亲子关

系等话题，引起众多网友参与讨论。通过明星 IP 的巨大影响力，DaDaABC
在剧中带有广告色彩的小零食、折叠婴儿车、奶瓶等用品，成为网友们
争相购买的首选。

《妈妈是超人》还吸引一些红人、大 V 开始谈论，目前在天涯、豆瓣
上有关"妈妈是超人"的讨论贴不下百万个，明星妈妈教育孩子的方式
也被网友广泛借鉴，助推这档暖心节目迅速成为热门 IP。

由于节目契合当下热点，收视率一路走高，自开播以来播放量已突
破 2 亿。根据芒果 TV 数据统计，20～30 岁年龄段的年轻人占据了受众
群体的 38%，这部分群体就是将要成为爸妈身份的新生代。节目不仅在
感性的女性群体中大受欢迎，男性粉丝也占到庞大粉丝群体的 4 成。

DaDaABC 也借势这个跨界 IP 掀起话题营销，炒热二胎议论，凸显
家庭矛盾，将每期节目的内容与 DaDaABC 的教育理念进行契合联结，
在网络媒体上展开舆论造势。

### 6.3.3   babycan：早教 IP 的层次定位

百看早教（babycan）创始人李白认为，她的名字是由爸爸和妈妈的
姓氏组合而成，他们希望她在社会上行走，把名字一亮出来就容易被人
记住，这就已经在打造 IP 了。

李白是北京师范大学学前教育系毕业生，在毕业后从事了 11 年早幼
教行业，对学前教育有着深层次的认知。2009 年，她和其他联合创始人
一起人创办了京狮幼儿园，LOGO 就是一组小狮子：爸爸妈妈、哥哥和
妹妹。在进行宣传营销的过程中体现了 IP 价值的运用，幼儿园经常给小
朋友发一些宣传品，小朋友不见得会记住京狮这个品牌，但他会给家长

和其他小朋友说"我要去上小狮子的幼儿园"。"小狮子"不仅是一个图标，还是这所幼儿园的 IP。

2012 年，李白看好在线教育的发展前景，踏入了在线教育的行列。2014 年年底，她创建了 babycan 项目，一共做了 800 集的动画内容，都是罐子宝宝的大眼睛形象，这就是 babycan 被 IP 化的呈现形式。babycan 也是宝贝可以的意思，这也正是 babycan 的教育理念。

babycan 的这个形象，被赋予了人格化属性，在形象和用户之间建立起情感联结。与百看早教拗口的品牌相比，小朋友更愿意接受皮皮、皮小妹、皮皮爸和皮皮妈这些生动的 IP 形象。每一个形象都有自己的性格，遇到问题时做出不同的选择，孩子可以在形象和故事当中找到自己，从而形成情感上的共鸣。

李白认为，早教 IP 有多种呈现形式：①最简单的就是文字，如儿童类的图书产品；②比较悦耳动听的音频，如睡前哄睡的小故事；③在幼教领域常用的图片，如年糕妈妈、粥悦悦；④生动感人的视频；⑤多纳做的交互游戏形式。

百看早教推出的皮皮一家这一中国教育 IP 的形象，在 0～6 岁年龄段孩子的家长中广为流传，从而带动了早教的招生。在李白看来，教育创业 IP 化，首先要用心做优质的内容；其次靠流程进行管控，在每一个环节上都有标准；最后内容要体系化。

有的发展线和每一个发展线上的发展点，都细分到月龄，再给出非常优质的内容，并且基于这个内容定义出不同的评价标准。

优质的内容，人格化的输出形式，IP 化的营销方向，为早教市场带来全新的产品营销和产品设计方法，助力品牌的传播和课程效果的呈现。

### 6.3.4　动画 IP 的教育应用

动画是中国早教内容产品的天然载体，许多伴随儿童长大的卡通形象都是强 IP，如喜羊羊、葫芦娃、神笔马良等深入童心，从小就占领儿童的心智，巧虎和朵拉更是富于早教意义的卡通形象，是长期品牌积累的强 IP，很容易引起孩子们的情感认同和学习兴趣。

将动画 IP 应用到教育领域，通过可爱的卡通形象进行内容输出，较容易打开儿童心智的入口，相信会成为成效显著的教育方式，儿童爱听故事，动画是生动叙述故事的最佳载体；儿童喜欢栩栩如生的卡通人物，动画正好能提供色彩绚丽的角色场景。

从儿童教育的角度出发，动画 IP 可以分为两大类，以教育为目标的寓教于乐，可以称为教育 IP，如巧虎和朵拉；以娱乐为目标的寓乐于教，可以称为娱乐 IP，如喜羊羊。

动画形式中的教育 IP，是在线儿童内容创业者所依赖的重要变现资源。动画在教育领域的应用，是追求教育游戏化的一个方向；动画的大众化生产，则是实现教育游戏化的一个基础。

皮影客创始人胥克谦对教育 IP 的前景充满希望，他认为教育 IP 在未来一定会与日俱增，一方面因为教育的场景符合 IP 诞生的条件，另一方面源自教育是一个极度的品牌化市场。

动画 IP 在教育领域的应用推广，对移动教育有着重要意义。一是促进教育内容移动化，形象生动的动画视频代替教学中的枯燥文字，能够增强用户的场景体验；二是加快课件的视觉化和交互化，令教学变得直观生动，浅显易懂，教学效果因此更具有趣味性和吸引力。

为了便于动画的大众化生产，皮影客将动画制作的过程模块化，分为场景、分镜、人物、动作、对话等不同的模块，用户不需要太复杂的操作，只需要将这些模块相互组合，在短短五分钟之内就可以制作出一个时长 1 分钟的动画。模块化的制作，不需要美术基础，也不需要故事构造和行为处理，连 4 岁孩子都可以独立完成操作，自己动手做出动画。在实现动画制作便捷化后，皮影客开始进行动画与教育的嫁接。

胥克谦对动画教育的未来自信满满："在过去的 3 年里，皮影客动画云几乎是最慢的创业公司，未来谁都没我们快！2 年后，皮影客平台每天的动画制作量将超过原来全国全年的生产量；3 年后，皮影客的一天，等于全世界的一年！"

在胥克谦看来，动画形式对少年儿童具有天然的吸引力，交互化、游戏化课程制作简单，动画教学可以让完全不懂影视语言的普通人亲手操作，呈现画面美观、角色表演能力强的影视课程。

皮影客将这种动画制作工具变成教育行业的重要教学方法。孩子也好，家长也罢，绘画的人物来源于生活中的卡通、家人、邻居、明星等人物，这些动画人物的使用，其实是人物 IP 化的一种方式。教育行业可以设计出代表自己教材的卡通人物，作为人格化的输出，塑造品牌的同时塑造 IP 人物，延续到游戏、教辅、周边产品等方向，发展多平台分发，这将成为动画 IP 教育的未来。

Part 7

# 经典IP化案例剖析

作为众人瞩目的超级 IP，乔布斯、贾跃亭、董明珠、刘强东、王健林、王思聪，都具有超凡脱俗的人格魅力，都是独树一帜的具象化品牌，以"I Park In Your Mind"的豪气，袭领并驻留在亿万大众的心智，成为一个行业的偶像标志，成为一个领域的象征人物，成为一家企业的无形资产，成为一代网红的创业偶像。

他们在自身的垂直领域上出类拔萃，具有刷新大众认知的能力，启发别人顿悟的心智。

他们是所在行业的超级 IP，在 2C 上以人格化魅力迅速占领目标人群的心智，在 2B 上以远见卓识成为行业领军人物。

他们的身上洋溢着激动人心的优秀品质，引领人们愿意追随和赞美，在垂直领域显出舍我其谁的霸气，在专业圈内又有娓娓道来的感召力。

一个人物 IP 必然有其强烈鲜明的个性气质，与众不同的人格化属性，以及感召他人的价值内涵；这些人物的 IP 化之路，就是对他们独特个性的精度重塑、价值观的完美诠释。

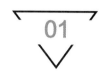

# "时代教主"乔布斯

世界失去了一位有远见的人，他改变了我们每个人看待世界的方式。

——美国总统奥巴马给予乔布斯高度评价

当我们驾乘一艘船在漫无边际的大海上航行时，我们急切盼望有一个手持航标灯的人，给我们指引岸的方向，否则我们不知会在海上漂泊多少天，乔布斯就是这样一个指点科技航向的领路人。

"宁可在自己的眼光上赌一把，也绝不做人云亦云的产品"，乔布斯告诉我们，"哪怕是微小的东西，我们也要使它令人难忘"、"你必须对你所做的事充满激情，否则你就没办法坚持下去"。

乔布斯具备启发大众心智的卓越能力，超凡的人格魅力永久驻留在全世界果粉的心底，在新品发布会上那种威仪天下的气势令人为之疯狂，他当之无愧成为全球科技界的超级 IP、引领时尚潮流的时代教主。

乔布斯在计算机领域是具有最疯狂标签的人，他对硅谷的风险创业起了很大的影响，职业生涯充满了丰富的传奇色彩。他不仅有一个工程师的头脑，还有一颗艺术家的心灵，在全世界范围推广美学至上的设计理念，对简约便利设计的推崇受到众人追捧。

乔布斯用品位打动你，用价值观感染你，他是举世敬仰的时代教主。

## 7.1.1 领袖魅力袭领大众心智

我们知道人物IP化是占领心智的唯一路径，人物是IP的灵魂和内容缔造者，人物是IP的载体和品牌传递者。而行业领袖、第一品牌的领先优势和独特魅力，能够聚拢更多的社交媒体粉丝，以刻骨铭心的心智卡位，造就IP甚至成为某个产品或某个行业领域的代名词。

乔布斯身上就具有这样卓越的个性特质和领袖魅力，这些个性和魅力印有乔布斯的个人标签，难以复制和普适化；这些个性和魅力已经嵌入苹果产品中，对苹果公司的价值观产生深远影响，成为苹果公司走向成功最重要的源泉。

（1）追求高贵的品位主义。乔布斯在美学上有着尽善尽美情结，对待苹果产品总是强调必须高贵而尖端。比尔·盖茨最欣赏乔布斯的也是品位，公开声称"我愿意牺牲很多东西换取Steve的品位"。

（2）崇尚激情与感染力。乔布斯认为："除非你对此充满激情，否则你将无法生存下来，你终将放弃。因此，一定要有一个充满激情的想法或你想纠正的错误，否则你将不会有坚持这一项目的毅力。我认为，做到这一点也就成功了一半。"乔布斯曾滔滔不绝地讲述2个小时，向音乐大师温顿·马萨利斯展示 iTune，希望招募对方参与他的 iTune 计划。受乔布斯魔法般演讲的影响，马萨利斯答应与乔布斯合作并被其深深折服。乔布斯曾说，"当我 23 岁的时候，我的财富达到 100 万美元；在我 24 岁的时候达到 1000 万美元，而在我 25 岁的时候达到一亿多美元"，然而乔布斯并不为钱而活着，"每晚入睡前都能自豪地说：我们的确干了一番事业，这才是我最在乎的"。

（3）具备敏锐的洞察力。乔布斯超越常人的高瞻远瞩，具备一位领袖人物 IP 的优秀特质，当别人紧盯着计算机中的字节或电路板时，乔布斯已经意识到计算机是大众的工具，而不是极客的玩具。这种洞察力源自乔布斯看世界的角度与众不同，能够站在思维的制高点引领大众。比尔·盖茨曾说："乔布斯似乎总能够了解行业下一步会向什么方向发展，他拥有难以置信的品位和高雅。"

（4）特立独行的另类。这一鲜明个性反映在 1997 年 7 月苹果推出的"致疯狂的人"广告词中。"致疯狂的人。他们特立独行，他们桀骜不驯，他们惹是生非，他们格格不入，他们用与众不同的眼光看待事物，他们不喜欢墨守成规，他们也不愿安于现状。你可以认同他们，反对他们，颂扬或是诋毁他们，但唯独不能漠视他们，因为他们改变了寻常事物"。其中有几句还是乔布斯亲自撰写的。

这一段广告词凸显了乔布斯生性叛逆，是众人眼中的另类人物。在乔布斯看来，那些疯狂的、不合时宜的叛逆者及麻烦制造者，虽然被世俗眼光看作异类或疯子，但是他们具有远见卓识的视野，能够改变一切，推动人类前行，是引领世界的天才。这种卓尔不群的另类，正是人物 IP 鲜明个性的写照。

（5）极端的精英主义。乔布斯常挂在嘴边的一句话就是："人要么是天才，要么是笨蛋！"从这一点可以看出乔布斯对员工存在极度偏见的同时，内心深处也隐藏着绝对的精英主义。YouTube 上的乔布斯专属视频也曝光其毒舌的一面，直骂早期员工是笨蛋。乔布斯在这段视频中说："我们走了出去，并聘请了一群专业的管理人员。但这完全没有用，他们大多是笨蛋。他们知道如何管理，但他们不知道如何做事情。"

在每一代苹果产品从设计、生产到流通到用户手中的过程中，乔布斯一向拒绝与平庸的公司合作，因为他不愿意苹果产品的品质受到影响；乔布斯对产品有着苛刻的追求，他认为只有精英人才才能帮助他完成这个过程。乔布斯的一个重要任务就是寻找最优秀的员工、寻找精英中的精英，然后在他的天才指挥下实现最完美的设计，追求最美好的远景。

## 7.1.2 用一生诠释苹果

乔布斯在美国硅谷成长和创业，从穷小子变成科技界亿万富翁，在不平凡中经历了三个阶段：开创苹果公司，在所有人没有看清个人计算机的情景时，在科技界掀起浪潮；巅峰时期遭遇封杀，几经大起大落，始终坚持自己的信念，保持专注的状态；重掌苹果公司，将公司打造成全球市值最高的科技公司，一举超越微软和谷歌。

乔布斯用一生诠释苹果的产品和价值观，向全球果粉讲述苹果的"高贵而尖端"，告诉世人成功要追求完美，每一件事都要做到精彩绝伦。他用一生证明激情是事业之源，怀着强烈的使命感，拯救了一个"烂苹果"，创造出一个"新世界"。

### 1. 乔布斯式激情造就未来

乔布斯崇尚激情，本人也永远处于激情"创业态"。那股感染世人的激情，体现出商业型人物 IP 开拓事业的进取心，是人物 IP 的个性标签。

你想一辈子卖糖水，还是改变世界？这是乔布斯邀请百事可乐公司前总裁约翰·斯卡利加入苹果公司时的大胆询问。正是这句直白的问话，深深触动斯卡利，最终决定加入苹果公司，接受乔布斯"改变世界"的激情挑战。

爱默生曾说过：没有激情，就没有任何事业可言。法国哲学家基拉尔也认为：人有激情，才能对事业充满兴趣和热情，才能激发出创业的进取心，才能持之以恒地创造出辉煌的业绩。人在激情的支配下，才能调动全部身心的巨大潜力。

"激情对于成功非常重要"，2005 年乔布斯在斯坦福大学毕业典礼上清晰表达了这一点，"你必须要找到你所爱的东西。工作必将成为你生活中的重要组成部分。唯一能使自己得到真正满足的是，做你认为伟大的工作。做一份伟大工作的唯一方法是热爱你所做的工作。如果你还未找到你感兴趣的工作，就请继续寻找吧。不要停下来。用心去寻找，就会发现你最热爱什么。"

乔布斯曾对员工表示，人有激情就能让世界变得更美好。在兴趣和激情的驱使下，苹果这样一个伟大的品牌在车库里诞生。1976 年，时年 21 岁的乔布斯心血来潮，顶着家人的不解与责骂，与朋友沃兹尼艾克在车库里一番折腾，组装了世界上第一台苹果计算机，这也是苹果公司的起源。乔布斯对电子的热爱，是苹果问世的机缘。乔布斯在斯坦福大学的一次演讲中曾自豪地说："我非常幸运，因为我在很早的时候就找到了我钟爱的东西。"

在乔布斯看来，成就一番伟业的唯一途径就是热爱自己的事业；生命的价值和意义，在于拥有一种使命感和目标感。使命感是激情产生的源泉，目标感是激情迸发的方向。乔布斯从小就是一个富有激情的人，做每件事时都有一种强烈的使命感，他的志愿就是改变世界，职业生涯的信条一直坚守"让世界变得更加美好"。正是这种乔布斯式激情，创造了苹果，也改变了世界。

激情会焕发出创业家的执着精神，培养出做大事的冒险意志。乔布斯有句名言："伟大的艺术家，像迪伦、毕加索、牛顿，他们都喜欢冒险，不怕失败。要想做大事，我们也必须冒险。"这种无畏无惧的性格在乔布斯年轻的时候就已经显露无遗。

12 岁的乔布斯曾打电话给惠普公司创始人比尔·休利特索要计算机配件。这种行为让休利特颇为欣赏，不但给了他一些配件，还特意给他安排了一个暑假工岗位。初中时乔布斯在同学聚会上认识了沃兹尼艾克，比乔布斯大 5 岁的沃兹尼艾克和他情投意合，常常被乔布斯邀请到在自家的小车库里共同琢磨。1976 年 4 月，乔布斯、沃兹尼艾克及乔布斯的另一位朋友龙·韦恩 3 人决定成立一家公司，并将公司命名为苹果。

乔布斯这种独特的激情和感染力，已经成为苹果的一部分。乔布斯每做一件事情都富于使命感，对自己的工作充满激情，这种激情感染到包括员工、顾客在内的许多人。他爆发时会对员工高声喊叫，但是很多人有一种被他训斥的快感，因为他们喜欢乔布斯带来的工作激情。

## 2. 乾纲独断诠释创新文化

乔布斯个性上的特立独行，也融入苹果公司独特的创新文化当中，相信"一个人，一张桌子，一台计算机，就能改变世界"。

特殊的成长经历会让一个人拥有异于常人的心境和判断力，也导致乔布斯从小就不守常规、离经叛道，与周围环境格格不入。苹果公司成立后，乔布斯这种我行我素的风格依然没有改变。

苹果公司成立之初，乔布斯毫不掩饰地向团队宣传海盗精神，并在公司的大楼顶部悬挂起一面海盗旗，并声称"做一名海盗，比参加海军更有趣"。在重返苹果后，乔布斯又故技重施，提出不同凡响的口号，鼓励苹果的员工放开思路，大胆创新，追求标新立异。乔布斯信奉和推崇海盗精神，就是随时随地挑战规则，打破规则，做一个不墨守成规的异类。这种海盗精神，是苹果追求创新的化身，是公司产生创造力的引擎。

这种特立独行的品性，给乔布斯植入鲜明的个人品牌标签，也使他陷入曲高和寡的困境。乔布斯的超前远见，导致麦金塔计算机的销售业绩差，因此卷入公司的人事纷争，1985 年 9 月被迫离开自己一手创办的苹果，从此进入长达 10 年的事业低谷。

乔布斯对这段记忆刻骨铭心，"在 30 岁的时候，我被炒了，在这么多人的目光下我被炒了。在而立之年，我生命的全部支柱离自己远去，这真是毁灭性的打击"。他感到"就像有人在我的肚子上猛击了一拳，打得我不省人事"，"我到森林里走了很久，不想和任何人说话"。

人物 IP 的价值观构建，有时需要一次颠覆人生的阵痛，只有惨烈的阵痛才能觉醒，领悟到超凡脱俗的人生真谛。经过这段惨痛的经历，乔布斯犹如自我救赎般脱胎换骨，当重返苹果公司时从头再来，开始生命中最有创造力的一个阶段，没有了年少的轻狂，浑身散发着对理想的坚持、对信念的坚守。作为拯救者，乔布斯开启了苹果的创新永动机。

1996 年，乔布斯重返濒临破产的苹果公司，面对困境仍然保持着高昂的斗志，对未来的科技发展抱有先知先觉的洞察力，表现出一个人物 IP 在面对风雨时应该有的迎难而上、勇往直前的进取精神。

当人们对平板电脑还一知半解时，乔布斯却预见到平板电脑的火爆前景，坚持对平板电脑的开发研究；当苹果公司面对破产困境时，他依然逆势前行，坚持开设一家又一家的苹果商店；2000 年时苹果公司再度陷入危机，乔布斯敏锐地捕捉到时代信息，对即将到来的数字娱乐革命做出准确预判，在之后的时间里带领苹果公司全力投入数字娱乐市场上，在数字音乐领域大展手脚。

乔布斯个性的特立独行，培养出作为人物 IP 乾纲独断的领袖气质，对产品创新和质量把控发挥掌控力，坚信"制造好产品不能靠民主，得靠有能力的暴君"。乔布斯一直认为苹果的创新在于对每一个零件的掌握，因此苹果公司从硬件到软件，从设计到功能，再从操作系统到应用软件，乔布斯对苹果内部的运营管理都进行着全方位的把控，几乎所有产品都由自己打造。

苹果公司的不断发展，也促进了乔布斯不断升级的控制欲望。乔布斯重返苹果之时，对董事会进行了大换血，苹果公司管理权空前集中，在对苹果的绝对领导上得到了保证。乔布斯认为，真正的大企业家，就要对产品的挑选进行独自判断。

乔布斯成为苹果创新的代言人，创新已经成为苹果公司不可磨灭的印记，"苹果的创新就在于我们能够掌握每一个零件，从 1976 年就开始了，就像命中注定"，这就是乔布斯对待创新的态度。

### 3. 品位主义塑造品牌精神

在乔布斯看来，一切东西都要有品位，伟大的产品是品位的胜利，而商业就是把最出众的艺术品卖出去的过程。苹果产品从工业设计、使用体验、搭载软体、生态圈规划、行销文案、价格一直到旗舰店的摆设，都是由乔布斯亲自拍板定案，决策的依据就是他个人的品位。

乔布斯对苹果产品内部配件的美学迷恋，几乎达到苛刻的程度，甚至是"美不惊人死不休"，曾嫌"丑陋"而拒用某块电路板，从细节上反映出乔布斯对美观的极致追求。乔布斯对包装盒的设计也做了非常细致的要求，甚至细致到盒子的边缘和手感层面上，他希望苹果公司消费者在打开 iPhone 包装盒时，就有非常惊艳的体验。

苹果是一个消费性电子精品，产品背后蕴含着一种品牌精神，既要"入世"，又不能"流俗"，显示出与众不同的"高贵而尖端"，而乔布斯本身就是这个精神的化身。苹果公司一直保持着这种无法复制的高雅品位，每款新产品都力求打造成令人惊叹的艺术品。苹果独特的高雅品位不仅在审美上有着不凡的表现，更在精神层面上有着惊人的穿透力。

专注、自我陶醉和完美主义，是乔布斯的座右铭。乔布斯会要求员工反复修改新品发布会上的主题演讲、新产品的外观设计，直到他满意为止，以确保每一个细节都准确无误。

乔布斯的品位主义还感染了身边的其他人。1986 年，乔布斯收购了皮克斯动画工作室，首次与迪士尼首席创意官约翰·拉塞特见面。当时拉塞特还没有坐上迪士尼的首席动画师的位置，正在为制作动画短片《锡玩具》而苦闷。乔布斯告诫他，人的一生中要做好多事情，目前既然我们选择做这件事情，我们就要把它做得尽善尽美。

《锡玩具》后来成为首部荣获奥斯卡奖的动画电影，并为日后的卡通大片《玩具总动员》夯实了基础。拉塞特曾多次向公众表示，在皮克斯动画工作室出产的每一部动画电影中，都体现出尽善尽美的精神。

"你身边一切被你称为生活的事物，都是一些不如你聪慧的人创造的。而你，可以改变这一切。你可以做出自己的影响，可以凭自己的双手创造出给予别人福祉的事物"。乔布斯就是遵守这样的信条，打造着苹果产品的高贵品质。

### 4. 人性哲学：做正确的事

乔布斯的哲学是做正确的事。在乔布斯的心目中，这个正确不是通常的产品技术，不是美学品位，而是对人性的洞察，是追求用户体验的极致设计。

苹果产品打动消费者的不仅是技术内核，不仅是产品外观，更重要的是用户体验，那种将移动通信技术与实际应用完美结合的用户体验，成为苹果品牌的核心竞争力，成为占领消费者心智的第一驱动力。

乔布斯眼中正确的事，在当时都是一反传统，并不是主流的价值观。乔布斯是创意家，他的长处在于精确地把握人们的消费心理和时尚潮流，从用户体验的角度洞察产品设计，从细微处入手袭领消费者的心智。

1998 年，乔布斯推出第一台 iMac 时，计算机配置上竟没有软驱，这个现在看来无关痛痒之举，却在当时引起媒体和顾客的强烈抗议。缺少软驱被认为是苹果的一个致命错误，注定这款计算机会失败。乔布斯却从用户体验的远景出发，发表了一个言辞激烈的演说，据理力争地指出软驱将逐渐被淘汰，USB 接口将是便携式存储的未来，使 iMac 超前了一步。乔布斯正式凭借这种对消费者心理的把握，不断创造出颠覆性设计。

乔布斯的用户体验哲学，表现在对用户心智的认知上，要求产品设计从体谅用户入手，追求极致简约，了解用户的使用特征和行为习惯，不要浪费用户的时间，不要打扰和强迫用户。

作为占领心智的第一驱动力，用户体验哲学还体现在 iPhone 的设计上。iPhone 的多点电感触屏，采用的并非笔触屏（电阻式触摸屏），而是更为先进的指触屏（电容式触摸屏）。用手指轻点屏幕表面上看和用笔尖点差距不大，实际上由于触摸屏工作原理的不同，指触屏会极大地减少误点或漏点。乔布斯讨厌笔触屏，认为用户一定不会喜欢拿出来还要插回去的繁琐。以微小的方式改变世界，这正是乔布斯的人性关怀之道。

### 5. 完美主义复活"烂苹果"

一只狮子率领一群绵羊，可以打败由一只绵羊率领的一群狮子，拯救苹果脱离破产边缘的乔布斯，就是一只号令天下的狮子，让一个"烂苹果"重获生机的背后，源于他对完美的执着追求。

苹果公司的工作环境相对宽松，崇尚开放、自由，不制定太多规则和规范流程，鼓励员工最大限度地发挥想象力和创造力。但是外宽内严，对待具体的产品设计，苹果却非常严格，不容许出现任何差错，这主要源自乔布斯近乎疯狂的完美主义。

苛求细节的尽善尽美，凸显了乔布斯的个性特质。在乔布斯看来，产品的一切细节都反映出企业的精神与品格。他为技术人员树立很高的要求，迫使他们不断地追求极致，做出一些超越自己能力的成果。这种对完美的偏执追求，才使这个"烂苹果"走出低谷，令苹果产品达到高贵品位的境界。

乔布斯率先将美学至上的设计理念融入产品，提出"科技要和人文、艺术融合，才能产生让我们的心为之歌唱的结果"。他不是细节管理者，但他知道哪些细节是重要的，全神贯注地把这些细节做到最好，其专注程度堪比最细致的原子能工程师。

如果将苹果比喻成一间充满艺术气息的工作室，那么乔布斯就是一名熟练的工匠。他有着卓越的设计感，这几乎影响着他所做的每一件事。他追求每个步骤和细节的精确，无论是外观设计、用户体验、工业设计，还是系统设计，甚至主板如何摆放，所有的一切都必须尽可能美观。

在 Mac OS 界面的设计过程中，乔布斯每周都会逼迫柯戴尔·瑞茨拉夫带领的设计团队拿出最新的设计方案，包括新界面中每个要素的多个备选方案，如菜单、对话框、按钮等。乔布斯在设计过程的每个细节都会进行详细勘察。有时他会在员工设计时俯身向前，几乎将鼻子贴到计算机屏幕上，仔细检查程序和动画演示之间是否流畅，甚至要看每个要素之间是否匹配。

乔布斯曾要求几乎每个大项目都推倒重来。他在第一次看到 iPhone 的封装设计时，对这个设计不满意，直截了当地表示："我就是不喜欢这个东西。我无法说服我自己爱上这个玩意儿。而这是我们做过的最重要的产品。"尽管这个时候 iPhone 已经面临上市，他仍然要求 iPhone 团队返工，并在最短时间内拿出不同的封装设计，直到他满意。

乔布斯说过，哪怕是微小的东西，我们也要让它令人难忘。

一个"烂苹果"能起死回生，一个产品被用户视为掌上明珠，这一切说明追求完美是一个人达到目标的最大动力，追求完美是乔布斯和苹果成功的关键因素。

### 7.1.3　气势磅礴的新品发布会

从 2000 年 1 月介绍全新 G4 PowerBook 便携计算机，到 2004 年与 U2 乐队成员一起为新版 iPod 造势宣传，再到 2010 年发布全新 iPhone 4 智能手机，乔布斯出席过一场场新品发布会。这些发布会不仅是向外界诠释苹果产品的舞台，也是乔布斯个人 IP 的势能蓄积平台。

苹果以行业领袖的地位吸引全球粉丝，虽然没有专门做过小米式的粉丝营销，但是在全球范围催生庞大的果粉，市值高达 4.4 万亿美元，因而被奉为粉丝营销战略的佼佼者。

苹果的粉丝营销是点对面的营销，每年举行的苹果产品发布会，都会受到业界内外的广泛关注，在世界各地凝聚成百上千万的果粉，被称为最具分量的粉丝节。每场发布会都是苹果新品向全球展播的一次盛大汇演，被中国网友戏称为科技界春晚，具有居高临下的宣发气势，产生强大的吸睛效果。

#### 1.　媒体邀请函预热

在万众瞩目的每场发布会前，乔布斯都不会进行大张旗鼓的宣传，擅长用饥饿营销吊足果粉的胃口。即使媒体透露出的一些新品预测消息，也不过是制造话题。

乔布斯将饥饿营销策略用到极致，平时就培养起苹果内部的保密习惯，并在全公司上下流行。据员工回忆，乔布斯曾说："本次会议如果有人泄露，不只是会被解雇，我们的律师还会尽力起诉。"所以，对于乔布斯举行的苹果发布会，外界总是充满对未知的期待，在发布会大幕拉开后顿时起到令人惊喜的效果。

苹果发布会前的另一种预热手段，就是邀请函。按照惯例，在发布会正式开始前的一两周，苹果官方会向全球有关媒体发出电子邀请函。寥寥数字的邀请函，往往在图案设计上巧妙构思，某些暗示让人浮想联翩，自然会引发各家媒体纷纷解读内在信息，为发布会前的第一轮宣发进行预热。

2007 年 1 月，苹果在 Macworld 大会上发布第一代 iPhone 智能手机。发布会邀请函上写着："前 30 年只是开端，欢迎来到 2007"。图案是黑色的被咬一口的苹果，背景是投射的白色光晕，黑白对比十分强烈。发布会上，乔布斯把 iPhone 描绘成苹果第三款改变世界的产品，与 1984 年的第一代 Macintosh、2001 年的初代 iPod 相媲美。当年 6 月份，在全球开发者大会（WWDC）上，苹果公布了 iPhone 的售价和上市时间。

苹果在 2008 年发布 iPhone 3G 和 App Store 应用商店之前，邀请函写上着：里程碑式的事件，在不止一条路上。图案是两座跨河大桥，分别延伸到对岸的两侧，结合文字说明，暗示会有不止一个重大新品发布。

苹果在 2009 年发布 iPhone 3GS 和最新 iOS 之前，邀请函的文字说明是：一年之后，数光年领先。图案中间是醒目的 WWDC 字样，背景以苹果各种产品的图片加以点缀。

苹果在 2010 年发布第一代 iPad 之前，邀请函上看不到苹果任何产品的影子，只写上"来看看我们的最新作品（creation）"，油画幕布上是露白的苹果 LOGO，不过"creation"暗示苹果将会发布全新产品。

苹果在 2010 年发布被奉为经典的 iPhone 4 之前，邀请函的文字是"应用世界的中心"，黑色字体 WWDC 被无数 App 图标所包围，仿佛进入时空隧道。

苹果在发布第二代 iPad 之前，邀请函写明："来看看 2011 年谁唱主角"。图案是折角的 3 月 2 日日历，右上角露出的是 iPad 标志。

在乔布斯之后的苹果发布会邀请函，也继承了这种若隐若现的风格，目的就是引发媒体遐想，起到发布会预热的效果。如苹果 2013 年发布 iPhone 5c 和 iPhone 5s 之前，邀请函的文字是："这一天，注定是光彩夺目的一天。"图案上的空心圆巧妙地传递了 iPhone 5s 的指纹识别功能。

发布会前预热是势能的积聚，是在产品引爆前的人气积累。无论是饥饿营销还是"邀请函遐想"，预热都是为了提前蓄势待发，达到发布会时势如破竹的宣发效果。

### 2. "科技界春晚"反复彩排

新品发布会是苹果每年一次的全聚焦重大展示，对苹果的品牌推广来说意义非凡。所以，在每场发布会前，完美主义者乔布斯都精心准备，反复彩排，争取奉献一场精彩纷呈的"科技界春晚"。

乔布斯准备每一场发布会的秘诀是：排练，排练，再排练。在发布会之前，乔布斯会大声排练数小时，反复演讲，不厌其烦。

乔布斯要求每一段演示都要精确无误，每一张图片都要达到震撼的视觉冲击力，每一个手势都要恰到好处地传递力量，在细节表现上找到最具影响力的契合点。科技记者施兰德曾看到乔布斯彩排的全心投入：花了一整天展开了数次彩排，并对演讲稿色调、聚光灯角度及提高演讲节奏的 PPT 顺序等细节进行微调。为了发布会达到完美效果，乔布斯通常会提前数月就开始准备，进行事无巨细的预演，连其他一些公关场合的出席安排也不例外。

为了在发布会上营造开门见山的效果，乔布斯会对提前设定好的演讲主题反复揣摩，并把主题放在发布会开头。他还会有条理、有逻辑地列好大纲，并在演讲之中时时展示大纲，以便让观众一目了然。清晰的大纲表述，往往给与会者留下深刻印象。

乔布斯在发布会上使用的 PPT 会尽量保持简洁的风格，在每张 PPT 上只有一些启发性、相关的图片和简单的文字，和苹果简洁的产品风格相对应，比如乔布斯在讲到"我今天想要告诉你们的第一件事"时，幻灯片上只显示了一个数字"1"。

对发布会的高潮场景，乔布斯更是精心准备。高潮场景往往是发布会的重头戏，乔布斯会提前设计好每一个细节。如 MacBook Air 的出场情景，乔布斯一边介绍说它非常薄，可以装进一个信封，一边从一个信封里拿出了一台 MacBook Air，令全场观众为之惊叹。

彩排期间，如果出现某些技术问题的话，乔布斯会非常恼火。有一次，乔布斯对现场灯光布置表示不满，曾双手托腮在台上坐了整整 15 分钟。虽然那次没有一如既往地大发雷霆，但现场几乎所有人都感受那种气氛，都在等着乔布斯冷静下来。

### 3. 超凡魅力引爆发布会

乔布斯被形容为"科技救世主"、"天生推销员"、"现实扭曲力场魔术师"，一旦他站在新品发布会的讲台上，所有这些称谓都得到诠释。他展示着轻松活泼的推演，在温馨感人的气氛中娓娓道来，用点对面营销的发布场景触及观众神经，偶像 IP 的超凡魅力积聚品牌势能，引爆一次次的苹果发布会。

乔布斯是一位天生的演说家，他能够准确把握演讲的节奏和尺度，营造出诙谐有趣的气氛，让与会者无意间沉迷其中，让消费者不由自主地向往产品。而且，在发布会上的乔布斯，总是一袭黑衬衫、牛仔裤和白球鞋的标配，形成鲜明的个人品牌特征。

乔布斯举办的每一次新品发布会，都成为对苹果品牌的诠释舞台。他在台上娓娓道来，向全球果粉阐述苹果产品的价值和魅力；他确立焦点，每次发布会都会用出乎意料的出场方式展示主角；他清晰表达主题，用经典语录语惊四座；他传递激情，用跌宕起伏的风格锁住观众目光。

清晰的脉络，娴熟的转场，简洁的幻灯片，有条理的展示——新品发布会不仅是苹果产品的造势舞台，更是乔布斯超凡个人魅力的大释放。无数媒体人士被他的激情所吸引，无数消费者被他的感染力所折服。

乔布斯高潮迭起的演讲风格，在 1984 年 1 月 24 日的新品发布会上展露无遗。他在推出 iMac 之前进行了大量铺垫，"1958 年，IBM 拒绝购买那家羽翼未丰的年轻公司。两年后，施乐公司诞生了。10 年后的 60 年代末，DEC 等公司发明了小型计算机，IBM 开始对此并不看重。又过了 10 年，苹果发明了 Apple Ⅱ，IBM 认为并不重要。1981 年，Apple Ⅱ 成为最流行的计算机，IBM 也通过 PC 进入个人计算机市场。"

然后，关键角色准备出场，"今天，1984 年，IBM 想独吞这一市场，IBM 正在将枪指向行业控制的最后一个堡垒——苹果公司。蓝色巨人会主导整个计算机行业、整个信息时代吗？乔治·奥威尔说得对吗？"台下的观众立即发出"NO! NO! NO!"的尖叫声浪，在万众屏息期待之下，乔布斯身后的屏幕开始播放苹果最著名的广告之一《1984》，iMac 以横扫一切的气势隆重登场。

　　每场发布会上，乔布斯和新产品都是绝对的主角，没有管理团队的精彩亮相，乔布斯的气息散布在发布会的每个角落，新产品围绕发布会的所有主题，乔布斯像介绍心爱的孩子一样，向世人展示新产品，层层推进，让它成为烘托之下的高潮。每场发布会都是乔布斯一个人的舞台，整个会场的灯都是暗下来的，亮光聚焦在台上，舞台中央是众人瞩目的焦点，只有乔布斯一个人在介绍产品，一个超级 IP 精心准备的脱口秀。

　　乔布斯从一开始就进入场景状态，一刻不停地告诉观众有关产品的各种细节和信息，还有产品创新带给使用者的各种感受，而且还会不惜借助各种溢美之词表达赞美，如不可思议的、太酷了、疯狂的伟大等，用自己点燃的激情去感染观众。

# "前瞻大师" 贾跃亭

现代营销之父菲利普·科特勒告诉我们，一个品牌要想占领消费者的心智，就必须定位精准。没有准确的定位，心智占领就失去了靶心。

贾跃亭就是这样一位企业战略目标的定位大师，精准定位源于他敏锐的前瞻意识。他选择电视剧作为主打的内容资源，在硝烟弥漫的行业竞争中站稳脚跟；他瞄准颠覆性的产业转型，从视频网站转战互联网制造，力排众议在孤独中坚守；他以卓越的前瞻力，5 分钟打动郭台铭，架构起庞大的乐视生态布局。

贾跃亭曾表示，乐视习惯"用未来定义未来"，不是"用现在定义未来"，乐视习惯于忘掉自我，忘掉现在，只需要考虑全球下一代用户需要什么，下一代的用户价值到底在哪里。

## 7.2.1  精准定位"本土化"

乐视网坚持本土化，定位以长视频尤其是电视剧为主打，与优酷土豆等美式基因的视频网站走出不同路线，让乐视网在江湖中得以立足。

贾跃亭的早期创业史充分说明，心智占领的前提是准确的市场定位。

在创办乐视网之前，贾跃亭已是阅历丰富的老江湖，曾做过公务员，办过计算机培训班，跑过运输，也做过种子生意，甚至还开过快餐店，辛苦打拼中赚到人生的第一桶金。

对 3G 时代即将到来的前瞻意识，促使贾跃亭远赴北京谋求发展，结识了时为中国国际广播电台记者的刘弘。两人一见如故，开始做基于 3G 网络的手机视频生意。但是他们没有等来工业和信息化部发放的 3G 牌照，只好曲线救国，投身到 PC 视频的创业中。

2004 年 11 月，乐视网宣布成立，是国内最早购买影视剧版权的视频网站。随后土豆、优酷、酷 6 相继上线。此时，距离内容创业的黄金时代还有数年时间，距离 iPhone 诞生还有 3 年，距离中国进入移动互联时代还有 10 年，而贾跃亭已经开始"用未来定义现在"。

根据当时国泰君安的研究报告，Top 20 的电视剧流量，是 Top 20 电影流量的 10 倍。电视剧流量还是整个视频网站的支柱，长视频带动短视频往前走。最大热播剧还是中国电视剧，然后是 TVB、韩剧、自制剧和美剧。贾跃亭决定主打电视剧，不盲目复制美国的 UGC 模式，不追求电影和美剧的高格调，用本土化内容策略增加用户流量。

那时已经是草莽与贵族混战的时代，贾跃亭和刘弘这对现实版的"废柴兄弟"，既没有名校海归背景，又没有雄厚的启动资金，同时身兼 CEO 与员工身份，却能在创业之初立足江湖，关键是做出了正确的抉择：只有准确定位，才能占领消费者的心智。

当时视频网站已进入血拼流量的红海时代，行业内至少有 500 家视频网站，无数双眼睛都在紧盯流量，收入来源则主要依赖广告，而先发企业往往已经垄断市场，僧多肉少造成竞争激烈。业界排行前两位的优酷和土豆则是两虎相争，都想将对方铲除市场，独享这份大蛋糕。

夹缝中生存的乐视网意识到，内容是视频网站的根本，若无内容则视频网站就成为无源之水。贾跃亭决定将资金花在版权的刀刃上，四处奔走进行收购版权的洽谈，积聚了在内容产业领域的先发优势，制定企业发展战略上已经具有"用未来定义未来"的气度和胸怀。

乐视网的版权模式起步艰难，没得到风投公司青睐。2004—2009 年之间，中国视频网站正处风口之上，国内获得风投支持的视频网站至少有 35 家，累计融资金额在 10 亿美元以上。

联想创投和联创策源曾一起对乐视网进行过一轮调查，结论是：根本不会有人傻到掏钱买版权，对用户收费更是天方夜谭。他们对乐视网的发展前景感到担忧。贾跃亭的正版之路出师未捷，却陷入最严重的资金危机。裁员后的主干人员挤在 120 平方米的房间里，贾跃亭也被迫卖掉从山西开进北京的宝马汽车。直到 2010 年乐视网上市时，贾跃亭才暂时摆脱资金短缺的厄运。

## 7.2.2　成就颠覆的长期规划

99%的人不看好的事情，才有可能成就颠覆。

——贾跃亭

"怎么大风越狠、我心越荡"，当贾跃亭在 2016 年乐视体育生态中心年会上高唱一首《野子》时，这句歌词一遍遍的重复，诉说着过往的艰难时刻。

中国互联网自 2010 年起发生巨变，从 PC 时代迅速跨入移动互联网时代，用户在搜索、社交及购物上陷入狂欢，BAT 三巨头乘势崛起，开始逐猎网络视频的粉丝红利，百度收购爱奇艺，腾讯视频异军突起，阿里入股优酷土豆，瓜分着网络视频行业版图。

乐视网并未选择被人待价而沽的命运，贾跃亭开始转战互联网制造，此时距离国家鼓励智能制造产业化还有 3 年时间，这位前瞻大师又一次"用未来定义未来"，塑造着行业颠覆式创新者的形象。这种前瞻意识，因为过于超前而陷入曲高和寡的窘境，在乐视网内部也遇到重重阻力，几乎所有高管都投了反对票，包括当时担任乐视首席运营官的刘弘、乐视网副总裁高飞、乐视首席技术官杨永强等。贾跃亭只好孤军奋战，拉上一个副总慢慢做产品研发，从内容切入智能电视的蓝图逐渐清晰。

同时，贾跃亭偶然间寻找到外援，定位未来的前瞻意识在对岸获得知音。2012 年 6 月中旬，他前往中国台湾参加一个采购团，原本的拜访名单里并没有富士康，但是郭台铭碰巧出席在世贸中心举行的一次晚宴，贾跃亭预约到 3～5 分钟的拜访时间。

两人同为山西人，给人的印象都是非常固执、信念坚定。贾跃亭几乎只用了"乐视生态"这 4 个字就打动了郭台铭。短短 5 分钟的交谈，他讲述了"乐视生态"的现状和未来。郭台铭直接询问："由一家互联网公司生产电视机，全球并无先例。"贾跃亭当场给出答案："内容。"电视的核心应用是长视频，而乐视网恰恰是中国最大的长视频内容库。

按照贾跃亭的设计，乐视生态将是一个"平台+内容+终端+应用"4 个层级紧凑的架构系统，乐视网只是其中一个环节，还有云视频平台、乐视影业、乐视电视及盒子、LeTV Store 等各种生态布阵。其中，硬件是乐视终端最重要的一个环节。

贾跃亭用 5 分钟打动郭台铭，受邀参观郭台铭的鸿海集团总部，在中国台湾停留 7 天。7 天过后，郭台铭和贾跃亭就在土城签订了合作框架协议，其中一项条款就是为了垄断"平台+内容+终端+应用"系统，规定在中国大陆范围内，郭台铭不能再为其他互联网公司制造智能电视机。

2012 年 9 月 19 日，在"颠覆日"的发布会上，乐视宣布推出自有品牌"乐视 TV·超级电视"。同年 11 月，乐视超级电视获得李开复创新工场的首轮投资。2013 年 3 月 5 日，乐视正式宣布与富士康达成战略合作，5 月 7 日乐视正式推出乐视 TV·超级电视机。

短短 3 年的时间，乐视超级电视机击败三星和索尼等国际巨头，累计实现销量达 500 万台，占据互联网智能电视机线上霸主的宝座。营收结构从原来的内容运营变为"终端+会员及发行+广告+云服务"，营收规模保持年均近 150%的高增长。

在贾跃亭的身上，颠覆可以是一种个人品牌广告，可以是人物 IP 的调性和姿态，更是一位前瞻大师用未来定义未来的胆识。贾跃亭在坚持中证明了自己卓越的前瞻力，并成长为万众瞩目的商业领袖 IP。乐视形成"平台+内容+终端+应用"的生态体系，体现出贾跃亭对企业长期目标定位的高瞻远瞩。

法兰斯·约翰森在《命运生猛》里写道："你有必要抛弃专心于某件事情，这样才能看见周遭的各种可能性。"星巴克主管霍华德告诉我们，喝咖啡的关键不只在于咖啡，它承载着社交与分享经历等美好功能。

贾跃亭乐视生态的多元化发展，是在寻找产业链拓展的各种可能性，寻找乐视生态所能承载的各种美好功能，希望在乐视的单一品牌感召力下，维持心智资源的集中占领，让乐视生态这块蛋糕越做越大，全力推进超级手机计划，同时提前布局物联网时代，决定制造智能汽车。

2015 年 4 月 14 日，贾跃亭举行了一场盛大的超级手机发布会，乐视试图在互联网生态时代颠覆苹果。乐视超级手机在上市 245 天里实现销量 500 万台，并在 919 黑色乐迷节、"双十一"创下行业销售纪录。乐视超级手机登陆香港和印度后，受到当地人追捧抢购。

2016 年 2 月 28 日，贾跃亭在乐视体育生态中心万人规模的盛大年会上对过去一年的成绩做了回顾：乐视付费会员数达到 2000 多万，是单会员价值最高的互联网企业；总营收超过 200 亿元，生态总估值突破 3000 亿元；乐视影业、乐视移动、乐视体育及乐视云，估值都超过 10 亿美元。

贾跃亭之所以有巨大的魄力，敢于进行颠覆性的产业转型，这一切都源于他超凡脱俗的前瞻意识，能够对企业的长期发展目标进行准确定位。在核心产业快速崛起之后，一个企业若试图扩大规模，进行多元化拓展，就往往面临长期目标定位的困惑：是选择单一化品牌战略，将所有的目标都承载于一个品牌之上，还是多元化品牌战略，把目标分别承载于不同的品牌之上？

乐视在 2010 年之后的发展转型期，也面临同样的难题。尽管内部高管对企业发展的多领域延伸表示疑虑，贾跃亭还是抛弃"品牌专注"，采取多个产品共用一个品牌名称、一种核心定位的单一化品牌战略，不是用某一特定产品（视频网站）来聚焦消费者的认知，而是用乐视的价值内涵来占领他们的心智资源。

# "营销女王" 董明珠

从晚会现场与雷军的 10 亿元赌局，到头像霸屏的开机画面问候语；从做手机"分分钟灭掉小米"，到格力手机开售半小时后玩失踪……让人雾里看花的格力手机，成为董明珠取之不尽的炒作题材。

然而，在一个让眼球变现的注意力经济时代，董明珠的话题营销引起了病毒式传播，换来了格力品牌的媒体曝光度，单凭"耍嘴皮子"就起到广告效应，仅从这一点就足够证明董明珠是千金难寻的"营销女王"。

## 7.3.1 一个人的奇葩营销秀

董明珠的手机情结始于 2013 年的那场 10 亿元赌局。2013 年 12 月 12 日在央视年度经济人物颁奖晚会现场，在有关实业和营销的争辩期间，小米创始人雷军表示，如果 5 年内小米的营业收入击败格力，希望董明珠赔自己 1 块钱；而董明珠则在现场强硬回应："1 块钱不要再提，要赌就赌 10 个亿。"

这场赌局被炒得沸沸扬扬，被看作互联网模式与传统制造模式之间的一次正面交锋。后来，董明珠在深圳卫视财经节目中谈到这场 10 亿元赌局，并夸下海口：格力做手机分分钟灭掉小米。董明珠此后准备偃旗息鼓，声称小米现在已经进入房地产行业，所以自己与雷军之间的 10 亿元赌约宣告作废。但是雷军仍未善罢甘休，直言小米并未涉足房地产。

这场赌局不过是一个娱乐化的噱头，胜负结局并不重要，关键是董明珠赚取了话题，获得自推广的 IP 营销机会，并多次借势引爆话题，提升了自己的曝光度和关注度。

但是，格力手机玩失踪事件，又将董明珠推向风口浪尖。2015 年 8 月 24 日，格力手机在聚划算 10 点准时开卖，但仅仅过了半个小时后，手机便从聚划算上突然消失，就好像从未在这世间走过一回。尽管格力方面回应称这是经销商未经授权擅自发布，但是格力手机的此次"跳票"，还是被人怀疑是一次奇葩的营销伎俩，是一次低调的借势营销。

其实，董明珠通过制造话题借势营销，已经由来已久，格力与美的就因挖人事件展开过一场唇枪舌剑。美的集团董事长方洪波在接受媒体采访时称："只要是珠海那家企业（指格力）的人，我们绝不会用。"格力董事长董明珠闻言立即反唇相讥："有没有到珠海挖人，到（珠海前山的）北京酒店一查便知。"中国两大空调巨头的口水仗，立即引发媒体关注，给惨淡凄凉的空调行业添加了一丝舆论温度。

自董明珠宣布做手机以来，就频频在手机上做文章。2015 年 3 月底，她宣称格力手机很快将会上市，并做出用户 3 年不用换手机的大胆承诺。5 月，董明珠对外界宣称格力手机已经投放市场，但各家商城上架货品中也未发现格力手机的身影。6 月，董明珠在股东大会上宣称"未来目标 5000 万台应该没什么大问题"，但遭遇滑铁卢的格力手机首销仅数万台。

曾经有网友爆料格力手机的开机画面，竟是格力董事长董明珠的问候语，此外还有董明珠的头像和亲笔签名。董明珠的任性发挥，令格力手机噱头不断，网民们直接吐槽"叫董明珠手机好了"

格力手机的第一轮风暴尚有余热，董明珠再曝猛料：格力手机二、三代即将来临。随后，格力决定二代手机于 2016 年 6 月 1 日启动销售，售价定在 3300 元，每天要卖 10 万台，一年出售 3600 万台。格力手机二代的开机画面不再是大头照，而是要求输入注册格力用户的登录界面。

没有任何公关，没有官网主页的宣传，也没有专门的产品发布会，董明珠式的宣发手段，总给人感觉是董明珠一个人在博眼球，一个人的营销秀。卖什么不重要，重要的是炒红自己，炒红格力空调。

在注意力高度分散的碎片化时代，董明珠深知话题营销之道，只有制造话题来高密度释放信息，才能在浩如烟海的信息世界里博取眼球。而且，董明珠本人就自带明星效应，头顶光环闪耀：中国最佳 CEO、多年度 CCTV 中国经济年度人物、全球十大最具影响力华裔妇女、全球最具影响力 50 名商业女强人等。在明星的光芒照耀下，董明珠走到哪里，都能像明星一样吸引大批目光。确实，无论是 10 亿元赌局还是格力手机玩失踪，都引发各大媒体竞相报道，造成董明珠和格力空调霸屏，长期保持很高的曝光率。

目前，借势营销火爆网络，社会化媒体平台上充斥着借题炒作的捆绑式营销。有企业借助北京雾霾，在朋友圈发布"黄天不负有情人"等煽情图文，借势达到某种公益化的营销效果，在博得"赞一个"掌声回馈的同时，进行潜移默化的企业形象输出。

不过，搭台唱戏的借势营销，纵然让董明珠和格力名噪一时，但是 IP 营销最终拼的还是价值内涵。董明珠单凭制造话题和个人影响力，就能宣传格力手机，不需花 1 分钱广告费；单凭耍嘴皮子，就能给格力和自己做了一次炫目营销。但是，这种借势营销并未给格力手机带来价值输出，没有给格力手机带来口碑效应。对于格力手机的空穴来风，很多网友纷纷吐槽：它顶多就是个"会打电话的遥控器"而已。

## 7.3.2 女汉子标签私人定制

吴晓波在一篇朋友圈爆火的文章《网红董明珠》中预言：在可以想见的未来，一切商品都将同时呈现特定人格和工匠精神。

董明珠身上具有鲜明的特定人格，她与传统女性美的"高颜值"、"亲和力"相距甚远，保持着硬派、狠性、拼劲的个性标签，有人评价她"霸道强悍，六亲不认"，甚至有人调侃"这个女人走过的地方，寸草不生"。

人物 IP 的个人特质是自成品牌，个人 IP 化是标新立异的特色塑造过程，一切 IP 诞生都是围绕人物私人定制：只有足够特别，才会让人印象深刻。作为中国企业界的超级 IP，董明珠的背后是一批骨灰级事件营销高手，他们深谙"特色是金"的奥妙，从董明珠的自身特质出发，将她的个性挖掘到极致，并不断强化这一标签。

在董明珠的个人品牌势能构建时，董明珠个人最核心的价值观显然被加以提炼，与所代言产品的品牌气质相契合，突出一股坚忍不拔的执着、奋不顾身的硬气。而格力一直也是高举格力中国造的旗帜，大打民族品牌精神牌。

36 岁的董明珠走进格力，从一名普通业务员开始干起，创造一个个商界神话，个人销售额曾高达 3650 万元。她带领格力在中国制造业史上留下不少佳话，格力曾连续 10 年保持全国销量第一。

董明珠的职场生涯，堪称一部女性职场逆袭的励志传奇。36 岁是董明珠的一个人生分水岭。36 岁，放弃稳定的研究所行政岗位，进入全新领域从基层干起，显示出一般女性不具备的毅力。

董明珠的个人特质，也反映在她的经典语录中。比如"放弃 8000 万元年薪，打造自己的自主品牌，成为世界 500 强企业"，"在支持中国制造业发展的企业中，没有马云不行，但是马云不能多，董明珠可以多"、"不讲真话，中国制造没有未来"，"工匠精神就是要挑刺"等。

作为商业型 IP 的代表人物，董明珠凭借的不仅是自推广的借势营销，更重要的是 IP 化品牌构建的底层设计，那种追求品质极致的工匠精神，形成格力企业文化的共同价值观。正是对匠心品格的坚守，正是这种价值观的输出，获得用户的价值认同，使董明珠成为舆论关注的 IP 人物。

所以，董明珠的勇往直前和硬朗坚韧，已经与格力的调性融为一体；董明珠的品质坚守和匠人情怀，已经与格力的品牌精神融为一体。董明珠给格力注入差异化的个性标签和价值内涵，因此成为格力的无形资产。

04

# "爱情营销专家"刘强东

2015 年新年伊始,"京东爱情故事"的女主角奶茶妹妹章泽天,被网友发现悄然清空了自己的新浪微博,男主角刘强东也神同步地删除去年公布两人恋情的微博,"东茶分手"的传闻甚嚣尘上,甚至传出"奶茶妹妹索要 3000 万元分手费"的说法。

刘强东对此当然不能忍气吞声,委托律师发函声明类似说法纯属造谣,要求网友删帖,否则将采取法律手段。而不肯罢休的网友依然盯住删帖一事不放,一句煽情的"他从全世界删除了你,你却为他删除了全世界"走红网络。本是一个无中生有的谣言,却成功炮制出舆论话题。

京东商城 CEO 刘强东与章泽天的恋情故事,就这样被端上爱情营销的盛筵,在互联网写手的演绎下变得荡气回肠。在这方面长袖善舞的刘强东,不愧为爱情营销专家,同时因为借势屡次霸占娱乐版头条,又被媒体称为娱乐营销大师。

## 7.4.1　爱情营销引爆病毒式传播

刘强东并非第一次制造话题玩爱情营销，在京东商城赴美上市的窗口期，他与 90 后网络红人奶茶妹妹的恋情曝光，用一起跌宕起伏的爱情故事为公司造势，既展现铁汉柔情的一面，又为公司做了一个价值连城的免费广告。

2014 年 3 月，有网站爆料刘强东约会比自己小 19 岁的奶茶妹妹章泽天，猜测两人正在热恋，花边新闻瞬间惊爆网络。对于"无图无真相"的传闻，章泽天矢口否认，而刘强东则矜持地沉默以对，还借题发挥将矛头指向马云，说是竞争对手在背后使坏。

然而就在 4 月 7 日，剧情出现大反转，环球网记者晒出一组照片说明一切：刘强东与奶茶妹妹牵手纽约街头、相拥相亲，神态亲昵。但在外界看来，这又是刘强东的一起爱情营销。且不论后来故事的结局是圆满的，刘强东和京东商城当时的话题营销已经赢了。

在有图有真相的事实面前，刘强东 4 月 7 日终于开腔，在微博上承认与奶茶妹妹的恋爱关系。而在"东茶恋"之前，刘强东还有两段恋情故事，前女友包括龚小京及 2012 年著名"西红柿门"女主角庄佳。

刘强东的初恋女友，在刘强东早期下海打拼时，曾在经济上给过刘强东帮助。由于不被女方家长认同，这段恋情走到了尽头。2010 年 12 月 8 日，刘强东在微博中说："如果有一天京东上市了，我更应该邀请初恋女友来庆功。因为京东的京就是来自初恋女友名字的最后一个字。"

这是刘强东第一次讲述自己的爱情故事，与当当网创始人李国庆争花边新闻的头彩。李国庆在当当网美国上市挂牌的兴奋时刻，自爆曾邀初恋女友出席上市发布会。

当年闹得沸沸扬扬的"西红柿门"事件，是刘强东爱情营销的另一杰作，庄佳是刘强东的第二任女友，京东商城小家电采销总监。两人恋情的曝光，缘于阳台上的西红柿照片。2012 年 7 月 15 日，庄佳在微博上发布了三张熟透的西红柿照片，11 分钟之后刘强东的微博也发布了一张西红柿照片：阳台上的西红柿终于熟了。细心网友比对发现，二人照片上的西红柿高度相似，可以断定就是同一株象征爱情的西红柿。

刘强东断然否认"西红柿门"是一种营销，辩称与庄佳是正常恋爱关系，两人谈恋爱已经三年。然而，爱情营销的痕迹却是欲盖弥彰，就在京东公司承认恋情事实的 7 月 17 日，京东公司宣布上线生鲜频道，主打蔬菜瓜果、鲜肉、鲜蛋。借题营销的时间点简直是无缝连接，再次显示出刘强东的"爱情营销大师"封号名不虚传。刘强东体现出营销大师的全才素质：既是一位擅造悬念的编剧，又是一名宠辱不惊的导演。"西红柿门"的娱乐轰动效果，是给生鲜频道造势的最好营销事件。

"东茶恋"的曝光时机，可谓营销大师刘强东的巅峰之作，处处透露出精心布局的痕迹，让人又一次感受到爱情营销的影子。这次恋情的媒体曝光不早不晚，正赶上京东申请美国 IPO 的窗口期，令外界猜测这是为京东上市增加曝光度。

2014 年 1 月 30 日，京东秘密递交了 IPO 招股书，选择在农历大年三十公布计划，被认为是对企业上市不自信，因为在春节长假过后就会失去新闻时效性。面对这样的负面预期，刘强东开始高调出手，先是进行一次资本联姻，京东获得互联网巨头腾讯入股，并为公司估值 157 亿美元，刘强东仍是京东商城最大的股东。为了让美国上市的消息再高调一点，刘强东终于拿出自己的杀手锏爱情营销，热炒"刘强东与奶茶妹牵手纽约街头"，用一场轰轰烈烈的爱情为公司上市造势。

无论是"西红柿门"还是"东茶恋"，刘强东都是有意无意地进行话题营销，利用花边新闻的关注度和煽动性，推动热点新闻升温和网友情绪蔓延，期望达到病毒式传播的宣发效果。这与飘柔炒作品牌代言人杨幂结婚事件有异曲同工之妙，制造出"用飘柔，马上有真爱"的话题，瞬间在网友间引发病毒式传播。

病毒式传播是一种网络营销的常用手段，利用用户口口相传的口碑效应，让信息如同病毒裂变般急剧蔓延和扩散，通过快速复制的方式传播给数以万计的受众。病毒式传播是人物 IP 引爆口碑效应的绝佳方式，能够瞬间积累起百万甚至千万量级的粉丝，成为一夜间爆红的超级 IP。

必须强调的是，要想达到病毒式传播的宣发效果，关键在于内容，而不是渠道。飘柔充分利用代言人结婚这一社会热点制造话题内容，很容易引发用户的自发传播，大大提高了品牌的社会关注度。

刘强东也是善于挖掘内容并予以利用，是当之无愧的爱情营销高手，因为名人的绯闻或爱情故事，最能引起网民的关注，最容易让人集体围观，产生转发的兴趣，因而快速引发互联网上的病毒式传播。

## 7.4.2 独裁个性成"京东沙皇"

在整个电商行业的眼中，刘强东无视规则，锋芒毕露，从一名小电商跃升为国内电商界的殿堂级人物，与马云分庭抗礼，是不断谋求企业版图扩张的"侵略者"；在京东人的眼中，他一言九鼎，强硬推动公司转型，直言创始人的价值观就是京东的价值观，是喜欢独裁的专制主义者。刘强东的专制个性，具有强烈的人格化属性烙印，并以攻势凌厉的强势风格，影响了所有靠近者的心智。这种个人价值观凌驾企业的专制，成功打造出京东的铁血执行力，凝聚了高管团队和 7.5 万名员工的向心力。

刘强东在中关村创业之处，就显露出狮子般的霸气，有人说京东商城是"一头狮子带领一群绵羊打仗"。刘强东事事躬亲，用超强的执行力奠定了京东起步的根基。这种大包大揽的管理风格，一直持续到 2008 年京东开启全品类扩张战略，刘强东才改变事无巨细的亲力亲为方式，从独裁式的霸道管理变成京东战略的引路人。但刘强东仍是不折不扣的"京东沙皇"，这是他的个人品牌标签，体现出一位商业型 IP 的领袖气质。

刘强东特别看重企业的执行力，认为执行力是一个企业长远发展的关键因素。在"沙皇式"的铁腕管理下，刘强东的专制个性保证了组织执行力，依此强制推行京东历史上的几次转型："如果我要推动的事情，那绝对是强硬推动，就是一旦形成决议时，我们决定来做这个事，那可以说真的是排山倒海"。

在大部分员工难以接受的情况下，刘强东曾力排众议推动京东从代理商到零售商的转型。刘强东还不顾投资人和员工的反对，推动京东销售品类从 3C 扩充到百货，甚至动用董事会的权力来压制反对意见。凭借这种强势的"沙皇作风"，刘强东用个人的强大意志做出重大决策，使京东迎来一次次发展的契机。

刘强东的专制个性，决定了他有很强的掌控欲，曾经不愿将企业管理的方向盘交给别人。他非常钦佩铁娘子撒切尔夫人的做事方式，坚持铁腕治企的强势管理风格。比如他会在某一天突然选择亲自给用户送货，还坚持每天抽一小时查看投诉或留言，以掌握公司的细微状况。

正是刘强东的专制和强势，保证了京东对正品价值观的坚守。2015年"双十一"之夜，京东集团关停拍拍网，停止 C2C 模式电子商务平台服务，用壮士断腕的实际行动拒绝假货，杜绝伪劣。实际上，刘强东是在输出自己的价值观，也是京东的价值观，让正品的概念一下子袭领消费者的心智，在人们心目中留下"京东=正品"的深刻印象。

刘强东的另一个人品牌标签就是"好斗"，在多次电商大战中，他都站在风口浪尖，个人挑起行业战争。他在微博首页的签名显露其粗犷风格：奋斗目标：穿越世界所有的沙漠。

刘强东的全品类战略，决定了他跟整个行业争夺饭碗，也决定了全行业的商人都会把他当做竞争对手，视为商场上的敌人。2012 年 8 月，京东与苏宁的一场价格战，就是刘强东用不到 140 个字的微博约战书引爆，被人称为史上最惨烈的价格战。

在刘强东的身上，"好斗"是鲜明的个性标签，"好斗"也是调动网友情绪资本的利器。如果这是一次话题营销，刘强东制造的话题震动整个电商行业，与爱情营销如出一辙，又是零成本、零广告费的口水轰炸，却引发各大网站的流量飙升，成为许多网友茶余饭后的谈资。能否产生路转粉、粉转客的威力，尚不得而知，但是一场无谓的"约架"，再次发挥强大的吸睛震撼力，再次引爆刘强东的个人品牌势能。

# "摇滚首富" 王健林

一条王健林在万达集团新春联欢会上的摇滚歌曲视频，三个月时间风靡全球，截至 2016 年 4 月 18 日全球点击量高达 25 亿次。亚洲首富一展歌喉的品牌穿透力巨大，势头压过加拿大著名偶像巨星 Justin Bieber 的全新专辑，及韩国鸟叔的火爆金曲《江南 Style》。

实际上，王健林的摇滚视频在短短 10 天内就已经吸引 11 亿次的目光，刷爆朋友圈，创造新纪录，其中通过国内新媒体渠道吸引的点阅量高达 8 亿人次，在新浪微博热门话题总榜上稳居第一。网友纷纷力推直通春晚，有人感慨"很多专业演艺明星也难比肩国民公公"。大批网民踊跃围观，相信有许多人一瞬间完成路转粉、粉转客的过渡，成为万达的忠实顾客。

一切营销的终极目标都是心智占领，王健林显露出不为人知的个性魅力，展示出一个超级 IP 的魅力人格体。台风自如的一展歌喉、接地气的真性情表演，袭领亿万大众的心智，让人感到首富"平静外表下，有一颗摇滚的心"，首富也可以"西装革履一本正经的卖萌"，瞬间增加粉丝的粘合度。特别是《假行僧》的歌词，道出王健林的鲜明个性。

## 7.5.1 "苦行僧"锻造铁血执行力

王健林 17 年的军旅生涯，既养成斯巴达式的生活方式，赋予他硬朗霸气的独特气质，又培养出颇具军事化管理色彩的执行力，以及高效模块式的企业管理风格。坚韧不屈的性格、坚定不移的目标，是王健林在军队中锻造出的成功素质，成为其 IP 底层设计的品牌构建基础。

王健林早在 16 岁参军，年轻时就对军队生活的记忆刻骨铭心："开始的时候特别艰苦，入伍第一年就遇上了野营拉练"。艰苦的磨练经历令这位四川少年脱胎换骨，培养出一位超级商业型 IP 所具有的意志力。

凡事身先士卒、以身作则，是部队成长给王健林打下的深刻烙印。他过着近乎严苛的斯巴达式规律生活，每天早上 6 点前一定起床，不喝酒、不抽烟，没有夜生活；他对万达员工也是斯巴达式的严格管理：要求早上 8:30 上班，大多数人在 7:30 已经到了，因为在万达公司迟到是件很不光彩的事情，"昨晚陪客户喝酒到凌晨 3 点"从来不构成迟到的理由。

在王健林的心目中，商学院培养不出真正的企业家，能够真正培养企业家的摇篮只有"西点军校"。王健林对以身作则精神的坚守，形成个人品牌的核心价值观，构筑起万达文化的基石，更锻造出比京东更具铁血军魂的超强执行力。

在万达公司内部，王健林敢喊出"一切向我看齐"的口号，他要求手下员工做到的，自己一定会严以律己首先做到。王健林在进行公司反腐时，就是自己率先严格遵守，不在公司岗位上安插亲属，不在公司内部搞裙带关系。王健林公开表示，我没有任何亲属在公司工作。他们也想过好的生活，那我给他们钱去创业。现在我在公司里不报销一分钱，我个人的花销都是用自己的钱。

2010 年王健林曾向王建忠、王建可、王建春、王建川兄弟 4 人分别转让了 300 万股股权，转让总价格均为 1 元，现在王氏 4 兄弟共计持有万达影院 1200 万股，合计持股比例达 2.4%。不过，王氏兄弟尽管持股待富，均没有在万达院线任职，因为王健林不想将万达打造成家族企业。

另外，王健林"异常铁血"的军事化管理风格，在公司内部形成强有力的执行文化，培养出每个人强烈的执行意识。这种执行文化的积淀，成为公司制度的铁律。

在商业形象代表人物中，中国商人普遍崇拜胡雪岩，而王健林并不欣赏，相反他更喜欢汉武帝刘彻。他认为，汉武帝奠定了中国现在的历史制度、法治制度，包括管理制度的一些基础。这可以商业的眼光去看待，何况在当时刘彻也使中国变得更加强大，扫平了外患。

万达在制定公司发展目标时，采取的是科学决策，在提出第二年计划后要在上下级和同级部门之间进行两三个月的讨论，最终由公司董事会拍板定案。经过讨论博弈后制定的目标一旦形成制度，每个人就必须尽责完成。任务完成的情况和进度，不仅涉及收入水平，还关系到荣辱。

作为商业型 IP，王健林将集团年会作为传递价值观的最佳场合，不仅在会场内灌输公司的核心价值内涵，还会在集团年会的会场外设置展板，公布当年开业的万达广场、酒店等项目的品质，对排名靠后的总经理产生鞭策作用。无论是场内还是场外，王健林都是意图强力推动价值观认同和执行力文化输出。

## 7.5.2　价值观营销打造"万达帝国"

话题营销只是一时的借势炒作，即使短时间的病毒式传播营造出口碑效应，也难以形成持久的品牌关注度和影响力；价值观营销则能帮助 IP 实现价值观凝聚和品牌构建，引起目标群体的情感共鸣和认同，塑造出增强消费者归属感的品牌文化。

王健林是万达价值观的缔造者，并在集团年会、万达学院、对外演讲和企业活动等不同场合展开价值观营销，向企业高管和员工诠释公司的价值内涵，向社会各界输出万达的价值观。

王健林用"三个高于"定义万达的核心价值观：一是人的价值高于物的价值，即万达重视人才的价值，视人才为第一资本；二是企业价值高于员工个人价值，即员工要服从万达安排，服从公司的异地调动；三是社会价值高于企业价值，即做社会企业是万达发展的终极目的，万达的存在是为了社会更加进步。

为了传递万达集团的核心价值观，旗下每个公司每年都举行扶贫活动，组织在高档写字楼内工作的员工，到所在地的贫困地区考察，体验底层人们的生活，借此进行心灵的洗礼。

每年一次的盛大年会，是万达企业文化的第一品牌，也是王健林进行价值观诠释和输出的最佳场景。王健林正是在年会上展现出"摇滚首富"的魅力，让全球病毒式传播的摇滚歌曲视频，帮助企业的价值观营销在多个平台延伸，也帮助王健林一夜成为网友心目中的超级 IP。

颇具凝聚力的核心价值观，强有力的企业文化，不仅成就了王健林的个人品牌构建，也塑造了公司的核心竞争力，确立了同行竞争的优势地位，支撑着"万达帝国"的快速发展。

万达集团目前已经形成购物中心、五星级酒店、文化产业、旅游度假等四大核心产业，2013 年的企业资产高达 3800 亿元，年收入 1866 亿元，净利润 125 亿元。2013 年 10 月，王健林凭借 860 亿元的净资产，荣登 2013 福布斯中国富豪榜榜首。

在企业发展的长期目标上，万达采取了单一化品牌战略，通常用单一品牌覆盖所有项目产品，用"一个名字打天下"，并没有造成消费者的认知失调和形象模糊。关键原因在于，"万达帝国"战略扩张的背后，有核心价值观作强力支撑，企业的价值之魂始终凝聚未散。

创立于 1988 年的大连万达集团，经历过王健林所说的四次转型。第一次是 1993 年，万达跳出大连到广东发展，异地注册遭遇政策壁垒，后来一年交 200 万元，借壳注册了一个分公司。第二次是 2000 年，鉴于房地产业的现金流不稳定，万达开始从住宅地产向商业地产转型，还曾涉足制造业，生产过电梯和变压器。第三次转型是 2008 年，万达开始进入文化和旅游产业，最初找美国时代华纳院线合作，又因外国政策的水土不服而夭折，与上海广电签订协议也是半途而废，最后万达被"逼上梁山"，决定自己经营电影院线。截至 2016 年 6 月 30 日，万达院线拥有已开业影院 320 家，2789 块银幕，2016 年上半年累计票房收入达 40 亿元，观影数量 9665 万人次。第四次转型是 2012 年，万达集团在跨国经营上踏出脚步，以 26 亿美元收购了全球第二大院线 AMC，这也是中国在美国娱乐业最大的一起并购案。

旅游产业是万达集团第四次转型的重点发展产业，争取 5 年内成为世界最大的旅游企业。万达花三年时间、斥资 160 亿元打造万达西双版纳国际度假区，其中的万达欢乐主题乐园设计成"陆上乐园"和"水公园"两个部分，于 2015 年 9 月 26 日中午 12 点开园，游客络绎不绝。

西双版纳国际度假区属于万达文化旅游城产品体系，简称万达城。目前万达已经启动建设 10 个万达城项目，长白山、武汉、西双版纳 3 个项目先后开业，青岛、南昌、合肥、无锡、广州、成都等地在建，预计全国总共开发不会超过 20 个。2016 年，南昌和合肥的万达城将会开业。

万达打造的无锡万达文华旅游城，项目总投资超过 400 亿元，比上海迪士尼总投资至少高出 60 亿元，而且预计年接待量为 2000 万人次以上，超过上海迪士尼开园第一年的预计流量（1000 万人次）。

万达主题乐园遍地开花，难怪王健林放出豪言："有万达在，上海迪士尼 20 年难盈利。"他认为，迪士尼的优势是 IP 比较多，这反而成为一个包袱，只会就原来的 IP 产品做扩张。

目前上海迪士尼的投资规模已经达到 55 亿美元，折合人民币 350 亿元。相比之下，万达西双版纳国际度假区的总投资规模也不过 160 亿元，其中囊括了住宅区、酒店群、酒吧街、万达广场和主题秀场等各种配套设施，主题乐园只占其中很小的一部分。有人说，对付迪士尼，万达采用的是群狼战术。

从王健林打造的"万达帝国"来看，共用一个品牌名称、一种核心定位的多元化品牌战略并不是定位的"殉葬品"，万达的广场、院线、主题公园、体育产业等都使用的是"万达"这个品牌，是一套基本品牌识别，却没有导致品牌定位的多领域分散，也没有引起消费者的认知混淆而导致定位失焦，因为占领消费者心智的关键是万达的企业精神和价值观，这种价值观是万达的核心竞争力。

06

# "网红"王思聪的 IP 化创业

网红型 IP 主要通过优质内容来吸引粉丝,实现粉丝经济的转化,所以必须高频输出人格化的内容。只有输出人格化的内容,才能打造出人格化的 IP,两者相辅相成。

王思聪是自带品牌的网红型 IP,身上贴满一系列标签:首富之子、"国民老公",微博红人、"娱乐圈纪委书记"、"王校长"、"知名投资人"……所以,王思聪天生就不缺明星光环,他的一举一动都被人关注和评论,都会引起网民的病毒式传播。

而王思聪的 IP 化创业之路更令人瞩目,父亲王健林给他 5 亿元创业,他几年时间赚回 40 亿元。王思聪投资英雄互娱 8000 万元,又高调注资游戏创客营,正全力打造一个庞大的移动电竞帝国。

作为网红型 IP,王思聪大举进军移动电子竞技行业,走的是一条内容创业之路,撬动的是粉丝红利,需要完成网红向人物 IP 的华丽转身,需要将内容创业做成强 IP,才能聚集起相同调性的忠实粉丝,才能实现粉转客的巨大跨越,让用户愿意为内容及衍生品买单。

## 7.6.1　投资电竞打响名气狙击战

2015 年，各家直播平台上演一幕幕争夺主播的闹剧，但是直播平台的核心竞争力，归根结底是游戏内容。现阶段出名的 PC 电竞游戏，像 LOL、DOTA2、魔兽争霸都在大公司的手上，未来电竞产业内容创业的爆发点，可能是移动电竞游戏。像《我的世界》《虚荣》《炉石传说》等移动内容，成为直播平台的爆款，既可带来差异性的内容播放，又能培养新的手游主播成为其独有的资源。未来的优质电竞直播内容，可能在手游中诞生，王思聪赌的就是这张牌。

所以，王思聪怀揣父亲给的 5 亿元，开启一名网红的内容创业征途，有意打造移动电竞帝国的强 IP，聚集起相同调性和兴趣的忠实粉丝，撬动粉丝红利，从而实现网红向人物 IP 的人生蜕变。

王思聪成立投资公司普思资本，以投资人的身份进入游戏相关产业，以电竞为核心展开战略布局，通过横向收购的方式打造电竞生态，三年间先后投资近 20 家游戏企业，其中云游控股和乐逗游戏两家游戏公司均已上市，而且其中已经出现投资回报率超过 10 倍的公司。

普思资本对英雄互娱注资达 8000 万元，表明王思聪开始把战线扩展到移动端。英雄互娱是中国手游集团前总裁、COO 应书岭创立的手游公司，也是主板和创业板上唯一一家主打移动电竞概念的公司。王思聪在英雄互娱公示完成的定增融资中，和全民枪战制作人冉曦一起出任监事。

作为网红型 IP，王思聪具备与众不同的个性特质，在他人眼中是一个雷厉风行的人，逻辑思维强、办事效率高，而且喜欢直接进入主题，从不客套寒暄。王思聪的这种鲜明个性，塑造了他的投资哲学，即先做朋友再谈生意，注重理念和气场，企业负责人是否理念相同是投资的前提。而普思资本通常与被投企业只进行一轮谈判，谈判时间不超过半小时，显示出王思聪直接爽快的办事风格。

王思聪的内容创业之路，是从一个点切入再进行纵向布局，首先选择投资粉丝人气火爆的电竞游戏，是为了快速打响名气狙击战，再投入到文化创意行业，从更广泛领域挖掘粉丝经济。

近年来，依托电竞赛事、明星直播、长尾游戏（包括未来的移动端游戏）组成的游戏直播市场，已经在 2015 年完成一个沉淀过程，可能在 2016 年会有爆发式增长。

王思聪在短短几个月的闪电布局，正是预见到这一迅猛势头，其投资英雄互娱，为了形成一套较为完整的产业链条，涵盖游戏的制作、推广和赛事的举办、播放，希望快速凝聚粉丝效应，为自己实现 IP 爆款做好人气累积的前期准备。

2015 年 7 月，王思聪成立上海熊猫互娱文化有限公司，开启内容创业纵深延展的序幕。王思聪先推出直播平台熊猫 TV，以明星直播平台为主变现，后在 8 月签约韩国美少女组合 T-ara，并成立经纪公司香蕉计划，横跨游戏、体育、音乐、文化、演出经纪等多个娱乐产业，可以进行电竞明星的培养、明星代言和周边衍生品生产。

至此，王思聪的电竞生态产业链布局已现雏形，包含有游戏版权方（英雄互娱）、赛事方（英雄互娱）、战队（IG）、主播（小智等）、直播平台（熊猫 TV），电视游戏频道。电竞的生态闭环产生后，便利用香蕉计划圈粉圈用户，实现粉丝经济的多元变现。

作为微博红人，王思聪深谙明星能发挥娱乐的最大效应，未来会利用熊猫 TV 这个新兴渠道，帮助游戏内容产生更大的影响力和品牌效应。

王思聪成立娱乐经济公司，邀请周杰伦 LOL 直播，就是希望借助明星的影响力，把更多的用户带到直播平台中来，通过明星效应带动粉丝经济。

## 7.6.2　另类内容创业博眼球

王思聪本人是自带品牌的网红，微博的个人简介是"为人低调的网红小王"，本是容易被草根阶层反感的富二代，却凭借自己的傲娇、纯真和靠谱赢得这一群体的尊敬与拥护。王思聪在微博上发文 1393 条，获得惊人的 1971 万粉丝量。

具备一切招黑因子的 80 后首富之子，竟然成为众人乐意观赏的一朵"好奇葩"，原因何在？关键是高频率的人格化内容输出，调动起网友的情绪资本，激发起网友强烈的围观热情，实现黑转粉和路转粉的转化。

注意力碎片化的众媒时代，是内容为王的时代，内容才是核心竞争力。王思聪在微博上发布的内容，呈现出触动人心的人格化内容，成为具有吸引力的传播源，引起用户的围观和转发，从而凝聚和积累粉丝，撬动粉丝红利。

比如，"近距离偷窥沪上名媛"的链接，来自王思聪的一条微博分享。"偷窥"一词让网民在好奇心理作用下疯狂转发该博文，也侧面证明了王思聪的网红特质，点击进去后就会发现页面却跳转到熊猫 TV 的直播间，为自己的网红直播吸引粉丝。

实际上微博中提到的"名媛"只是王思聪养的一条哈士奇，令众多网友发出"人不如狗"的感叹，王思聪借用一个"欠扁"的名字，让自己和狗同时占据舆论的风口。而这一切不过是王思聪制造的话题营销。当人们猎奇般热搜、谈论这只狗的生日宴会的奢华视频时，其实已落入王思聪巧设的商业陷阱：直播自家狗，根本目的是为自己出任 CEO 的熊猫 TV 带来流量。

王思聪还不惜用电脑桌制造话题，凭此成为微博上的人气转折点，完成富二代走向平民化的华丽转身。事情源自王思聪在京东上买了一个 200 元的电脑桌，很久都没发货，最后忍无可忍发出一条微博，吐槽京东送货慢，要对方必须给出一个说法。这条微博迅速被置顶，引发病毒式传播，网民们纷纷转发并发表评论。

腰缠万贯的人，竟然还计较一张区区 200 元的电脑桌。网民们阿 Q 式的不解风情，让首富之子王思聪成功地走下公子哥的神坛，通过一次接地气的话题营销完成身份的转变。

嘴含金钥匙出生，子凭父贵，王思聪却在微博上"得瑟"，还孩子般耍个性，幽幽自怜地说："我无法选择出身，这辈子竟然只有当富二代这一条路能走。"再配上一个哭泣的表情，这好像是告诉大家："我不管你仇不仇富，我用傲娇打败你。"

后 记 ›

人，生而自由，却无往而不在枷锁之中。卢梭的这句名言，对营销界似是一句谶语。

我们在前言中提到，营销的终极目的，并不仅仅只是颜值、内容、宣传的斗争，而是大众感知的斗争。

从出生一刻起，我们就开始接收许多外在的刺激：声音、颜色、形状、动作……我们不断成长，渐渐习惯这种刺激。当我们看到自己喜欢的事物，甚至只需一个念想，就会刺激我们的肾上腺髓质分泌肾上腺素和去甲肾上腺素，再加上皮质醇，形成强烈感知，甚而促成我们行动。

这是否说明，人们是生活在一个被动影响的世界：每一天，我们既在影响他人，也被他人所影响。假如抛开名利商业不谈，更加真实的你到底是谁？你是否有时候看到一些事物，就会自然而然地说："啊！这一定是某某了？"

因此，即便在这个被动影响而又多姿多彩的世界，要成为更真实的自己，你就需要让自己更具辨识度。明确感知，正是叩开这个时代大门的一把秘钥。所以，卢梭的话，是否可以这样诠释：既然无往而不在枷锁之中，更自由的你，就需要更专注成为你自己。

这正是我们出版本书的初衷。德叔常说，好好先生毕竟一无是处，有人厌恶方可成就基石。明确感知正是个人 IP 的辨识度，你的气场、硬实力、软实力、存在感、活力、能量、语气、兴趣、偏好……越是风格化和两极化，越容易被记住，并成为引领大众感知的重要节点。

认识自我，就是定位；完善自我，就是塑造；演绎自我，就是发布；坚持自我，就是传播。IP 化四部曲，其实和成就一个更自由的自己有关。假如一个人要让人喜爱，极具吸引力，就和如何察觉到人有关；假如一个人可以专注自己的所长和兴趣，硬实力就会延伸至软实力，在这些方面你就自然拥有气场。

本书所列的林林总总，只是一个方法总结，我们最大的心愿，是希望可以帮助你在成就的道路上建立路标，然而最重要的，还是期望获得最大自由的你自己。

香港知名时尚专家黎坚惠有一句话：找到了自己，就找到了动力、支持和答案，能信，就能开启这个宝藏，自然无忧，当然生猛。

以此作为后记，并衷心祝福你能体验自己独一无二的人生。

如想联系我们，直接关注微信公众号"一招"，即可获得联系方式。

一招创始团队